集人文社科之思　刊专业学术之声

集 刊 名：中国社会心理学评论
主　　编：杨宜音
副 主 编：王俊秀　刘　力　张建新
主办单位：中国社会科学院社会学研究所

(Vol.24)Chinese Social Psychological Review

编辑部

联系电话：86-10-85195562
电子邮箱：chinesespr@cass.org.cn
通信地址：北京市东城区建国门内大街 5 号中国社会科学院社会学研究所

第24辑

集刊序列号：PIJ-2005-005
中国集刊网：www.jikan.com.cn/ 中国社会心理学评论
集刊投约稿平台：www.iedol.cn

中国
社会心理学
评论

第24辑

Chinese Social Psychological Review

(Vol.24)

○ 杨宜音 / 主　编
　　佐　斌　温芳芳 / 本辑特约主编
　　王俊秀　刘　力　张建新 / 副主编

社会科学文献出版社　SOCIAL SCIENCES ACADEMIC PRESS (CHINA)

主编简介

杨宜音　博士，中国社会科学院社会学研究所社会心理学研究中心主任、研究员、博士生导师，中国社会心理学会理事长（2010～2014），《中国社会心理学评论》主编。2016 年起任哈尔滨工程大学人文与社会科学学院教授、博士生导师，中国传媒大学新闻传播学院传播心理研究所教授、博士生导师。主要研究领域为社会心理学，包括人际关系、群己关系与群际关系、社会心态、价值观及其变迁等。在学术期刊和论文集中发表论文 100 余篇。代表作有：《"自己人"：一项有关中国人关系分类的个案研究》[（台北）《本土心理学研究》2001 年总第 13 期]、《个人与宏观社会的心理联系：社会心态概念的界定》（《社会学研究》2006 年第 4 期）、《关系化还是类别化：中国人"我们"概念形成的社会心理机制探讨》（《中国社会科学》2008 年第 4 期）。

电子邮箱：cassyiyinyang@ 126. com。

本辑特约主编简介

佐　斌　博士，中山大学心理学系主任、二级教授、博士生导师；华中师范大学心理学院博士生导师、社会心理研究中心主任。教育部新世纪优秀人才，湖北省有突出贡献中青年专家，中国心理学会认定"心理学家"，英国巴斯大学博士后研究人员、美国普林斯顿大学富布莱特访问学者。担任中国社会心理学会会长（2020～2026），中国心理学会常务理事、社会心理学专业委员会主任（2012～2021）与学术委员会主任。主持国家社科基金重大项目和教育部重大攻关项目、国家自然科学基金面上项目、教育部人文社科规划项目多项，研究领域为社会心理学、刻板印象、文化与群体认同、儿童青少年发展与心理健康等。出版《社会心理学》《刻板印象内容与形态》等教材著作12部，在SCI/SSCI、《心理学报》、《心理科学》等专业期刊发表论文140余篇；研究成果多次获得省部级奖励。

电子邮箱：zuobin@ mail. suysu. edu. cn。

温芳芳　博士，华中师范大学"桂子青年学者"，心理学院副教授、硕士生导师，美国东北大学访问学者。担任中国社会心理学会常务理事、执行秘书长、中国心理学会社会心理学专委会委员。研究领域为社会心理学、刻板印象与社会分类。在SCI/SSCI、《心理学报》、《心理科学》等专业期刊发表论文60余篇，出版著作与教材7部，主持国家自然科学基金面上项目和青年项目、国家社科基金项目、教育部人文社科规划项目等8项并参与多项国家及教育部重大课题攻关项目。

电子邮箱：wenff@ ccnu. edu. cn。

中国社会心理学评论　第 24 辑
社会群体印象评价

2023 年 6 月出版

《中国社会心理学评论》 第 24 辑
第 1~15 页
© SSAP, 2023

社会群体印象评价的理论构建 与研究探索[*]

（代卷首语）

佐　斌^{**}

摘　要：群体是社会心理学研究的基本范畴，是多学科关注的领域。群体刻板印象研究形成了一些有影响的理论，由于"群体"与"社会群体"概念的混用，社会群体印象评价的理论和方法需要做进一步探索。在大量研究的基础上，中国学者依据群体的社会属性，将社会群体定义为由相同社会身份与行为特征的人所构成的具有一定规模和边界的人群集合，指出社会群体的客观属性和知觉属性直接影响对社会群体的印象评价，并从社会分工和社会角色的视角，构建了中国社会群体印象评价的位置－贡献两维模型。本书的 13 篇文章，即围绕社会群体印象评价主题，分别探讨了社会群体属性对印象评价的影响、文化变量在现实社会群体印象评价中的作用、群体刻板印象的心理加工机制等问题，对探索当代中国社会群体心理，发展社会群体印象的理论与方法都具有一定的启发，也为社会群体印象评价研究提供了参考方向。

关键词：群体　群体刻板印象　社会群体印象评价　位置－贡献两维模型

---

* 国家社会科学基金重大项目"当代中国社会群体印象评价及心理机制研究"（18ZDA331）的阶段性成果。

** 佐斌，中山大学心理学系教授、博士生导师，华中师范大学社会心理研究中心主任，通信作者，E-mail: zuobin@ mail. sysu. edu. cn

物以类聚，人以群分。依据生理、心理及社会属性的异同，社会中的人被划分成不同类型的群体，个体与群体之间、群体与群体之间的关系及演化构成了社会运行的基本图景。改革开放特别是进入新时代以来，中国社会经济发生了巨大变化，社会群体的结构与面貌也随之改变。新兴的社会群体不断出现，原有的社会群体也与时俱进，发生着转变。与此同时出现的是，人们对社会群体的印象和看法的更新，这些对社会群体的印象深刻地影响着个体的心理和行为选择。深入研究中国社会群体印象评价的内容及心理过程，揭示社会群体印象评价的机制与模式，对把握中国社会心态、探究社会心理规律具有重要的理论和现实意义。

一　群体与社会群体

关于群体（group）的概念，不同学科的界定不尽相同。有研究者认为群体由两个或多个彼此感兴趣的个体构成，这些个体拥有相似的特征和一体感（Turner，1982），对所属群体存在社会认同。有学者更强调群体成员的相互依赖或客观相似性（Platow et al.，2012）。在心理学领域，通常界定群体是具有共同目标、共同行为规范并相互作用的三个人以上的人群集合。

在国外的社会科学研究中，群体与社会群体（social group）这两个概念似乎并没有被严格的区分，很多情况下是通用的，内容是一致的，群体即社会群体。然而，国外对于群体的定义，应该只适用于小群体（small group）或者任务群体（task group），如幼儿园一起玩游戏的 3 名儿童、学校或组织中的 4 人工作小组，以此类群体的内涵推及"社会群体"，会遮蔽社会群体的核心意义，因此不可替代。社会群体，本质上承担着社会功能，是在社会分工和社会发展中形成的人群。社会群体作为一种社会存在，不仅需要一定的超出小群体规模的成员数量，并且社会公众或者公众的一部分能够感知到这个群体的社会结构性存在。我们依据社会群体的"社会属性"，将社会群体定义为"由相同社会身份与行为特征的人所构成的具有一定规模和边界的人群集合"。具有相同社会身份、能够和其他群体相区分、有一定的规模并对社会产生一定影响，是社会群体的主要特征。

社会类别（social category）、社会阶层（social class）是与出现在心理学研究领域的同社会群体密切相关的概念。社会类别中性别、种族、民族、职业、地域、语言等都是人们对社会群体进行划分的常用标准，社会类别反映了社会的分类愿望、需要和习俗（杨晓莉等，2012）。社会阶层是指由于经济、政治等多种因素形成的在社会层次结构中处于不同地位的群体，这些群体之间存在着客观的社会资源差异（收入、教育和职业）及主观上感知到的社会地位差异（Kraus et al.，2012；胡小勇等，2014）。

　　根据不同的划分标准，群体可以被分成不同类别。例如，美国社会学家 Cooley 把社会群体划分为初级群体、次级群体和参照群体。初级群体是由较为亲密的成员组成的小群体，次级群体规模较初级群体大，包含了正式和有组织的关系，而参照群体（与实属群体相对应）是在评价与判断中起参考作用的群体。根据成员归属的不同，社会群体可以被划分为内群体和外群体。根据群体的组织属性，社会群体分为正式群体和非正式群体。根据维系群体纽带的性质，社会群体分为血缘群体、地缘群体、业缘群体等。这些客观分类在社会心理上会带来相应的主观属性，并具有特殊的内部过程与效应。

二　社会群体的客观属性与知觉属性

　　社会群体都拥有客观属性，同时人们会对社会群体进行感知并形成群体的知觉属性。两种社会群体属性都直接影响人们对该社会群体的印象评价。

（一）社会群体的客观属性

　　群体的客观属性如人数规模、性别比例、年龄比例、民族或种族构成、受教育程度、婚姻状况、地域分布等，规范并反映在预测群体成员的行为及群体的存在与发展变化方面，这些客观属性不受成员的主观思想或意识形态影响而独立存在。客观属性是社会群体必然的、基本的、不可分离的特性，同时也是群体印象的外在体现，不受其成员的主观思想或意识形态影响而独立存在。

　　社会群体的客观属性一般可以通过人口统计学指标得以反映。人口统计学指标体系是由一系列反映人口现象内在关系的统计指标组成的（温勇，2006）。根据指标反映现象的时间属性不同，可将其分为静态指标和动态指标。其中，静态指标反映了该群体在某一时间节点上的状态，包括群体规模（group size），即成员数量、性别比例及年龄分布等，是群体连续变化过程中的一个横截面；动态指标则用于描述该群体一段时间内的变化过程。以性别为例，性别是每个人与生俱来且客观存在的属性，群体成员都有性别特征，群体成员的性别比例关系影响着人们对群体的印象。

群体规模是最直观的群体客观属性之一。研究表明在其他条件相同的情况下，规模较大的群体比规模较小的群体凝聚力低；但群体规模越大，群体特征会越稳定，更不容易受到群体内成员自身特征的影响。关于群体规模与群体印象评价关系的研究发现，群体规模会对群体认同、社会信息加工和群际歧视等都产生影响。例如，当个体所属的内群体相较于外群体规模更小时，被试更容易表现出内群体偏好（Ellemers & Van Rijswijk，1997）。当作为较小规模的群体成员被大规模群体包围时，个体更容易清楚地感受到自己的群体成员属性；但是，当个体所属的群体规模较大时，这种现象就会被削弱。

社会群体的客观属性是相对于其他群体之间的差异性而建立的。具有相同客观属性的群体可形成一类，具有不同客观属性的群体则分别属于不同的种类。日常生活中人们已经掌握根据群体客观属性的相同或相异进行社会分类继而进行群体印象评价的原则和技巧。譬如，根据群体成员自然属性的不同，可以将其划分为男性群体和女性群体、黑人群体和白人群体或年轻人群体和老年人群体，继而形成相应的社会群体刻板印象。群体客观属性在个体进行群体知觉及群体印象评价中发挥着重要作用。

（二）社会群体的知觉属性

相比社会群体的客观属性相对清晰稳定的特点，人们将某一社会群体的实体性感知、社会认同、群际关系知觉等作为知觉属性，受到感知者/评价者自身的特点、情绪与人格特质、动机与价值观等的影响，在不同的情景中群体的知觉属性会有相应变化。

群体虽然是个体的集合，但群体感知并非群体成员个体属性感知的简单相加。作为社会知觉的重要部分，群体知觉就是对群体及群体特征的整体反映，人们通过群体知觉形成群体印象。Campbell（1958）提出群体实体性的概念来表示社会群体被知觉为一个真正的、独立存在的群体的程度；群体实体性程度随着相似性、空间接近性、共同命运和群体显著性的提高而提高。

欧洲心理学家提出的社会表征理论、社会认同理论和自我归类理论为群体知觉提供了一定的分析框架。社会表征理论由法国的莫斯科维奇（S. Moscovici）于20世纪60年代提出，是指群体成员所共有的观点、思想、形象和知识结构。管健等（2007）将社会表征定义为在特定时空背景下的社会成员所共享的观念、意象、社会知识和社会共识，是一种具有社会意义的符号或系统。我国学者通过社会表征对网民、农民工、第一代城市移民、基督新教群体等进行过分析（邵力，2016；杨宜音，2013；管健、戴万稳，2011；方文，2005），他们解释了社会群体形成与互动的社会心理过程。依据 Tajfel 等（1985）提出的社会认同理论（social identity theory）与 Turner 和 Reynolds（1987）提出的自我归类理论（self-categorization theory），人们会自动将事物分类，将他人自动区分为内群体和外群体。群体认同源于人们的群体成员身份所导致的人们争取积极的社会群体认同的心理，而积极认同是通过社会分类（social-categorization）、社会比较（social comparison）和积极区分（positive distinctiveness）建立的。个体通过社会分类认识到自己属于特定社会群体，也认识到作为群体成员带给他的情感和价值意义，并产生内群体偏好和外群体偏见。人们进行社会分类时会将自我纳入，将内群体特征赋予自我即自我刻板化。

三　社会群体印象评价的理论模型构建

对社会群体进行印象评价时，人们往往会依据一定的标准和线索。国外心理学研究总结了社会群体刻板印象评价的一些常用的维度模型，如 Fiske 等（2002）提出刻板印象内容模型中的热情和能力两维度模型，Abele 和 Wojciszke（2014）推广的能动性（agency）和亲和性（communion）两维度模型。除了这两种维度模型外，还有学者进一步提出群体刻板印象评价应由道德（morality）、社交性（sociability）和能力（competence）三个维度组成（Brambilla et al.，2012）。

我国研究者对刻板印象内容模型进行了验证与修正，在建立适合描述社会群体印象的模型方面进行了有益尝试。但研究多在西方主流社会心理学理论框架下开展，缺乏本土化的理论建构。由于中西方在群体内涵、个体与群体的关系等方面的认识上存在差异，沿用西方理论会存在水土不服的现象。事实上，东西方在群体界定上存在差异。西方将群体视为一个独立实体，将个体"本位"扩展至群体；而东方文化背景下人的互依性，决定了必须基于"他位"视角对社会群体进行研究（李抗、汪凤炎，2019；李宇等，2014）。西方研究主要关注自然群体或者以同质性划分的类别群体，因此，以身份认同划分的内外群体以及竞争合作为主要群际关系代表的群体关系类型大多体现出二元对立的特性；而在"多元一体、和而不同、你中有我、我中有你"的东方文化浸润下，群体的边界通透、群体结构多样，导致群体身份呈现多样性，这就意味着群际互动可能会超越非此即彼的二元关系，呈现更为复杂、更具张力、更有转换空间的生态动态平衡模式（佐斌等，2018）。在儒家思想的影响下，社会有序和谐成为主要的社会价值，各类群体也因此具有"各安其位，各司其职"的社会预期。由于东西方在群体的概念界定和研究视角方面存在明显差异，如果直接照搬国外的群体印象评价模型来解释我国社会群体印象评价问题就存在明显欠缺。

社会分工和社会角色为我们理解社会群体印象与评价提供了新的思路。群体由人组成，每个人具有不同的社会角色，同一群体成员有着至少同样的社会角色，不同的社会群体，其成员的共同社会角色不同，由此人们对于不同的社会群体形成的印象和评价亦不会相同。社会群体的印象评价直接依赖于群体成员角色规范与目标内容的实现情况。社会角色意味着在社会关系中的所属位置，社会角色实现社会功能的情况意味着群体的社会价值与贡献。从这一思路出发，结合对中国社会群体印象调查的内容分析，我们构建了社会群体印象评价的位置（position）和贡献（contribution）两维模型并据此进行了实证检验（佐斌，2023）。

位置作为社会群体印象评价的纵坐标，呈现社会群体与其他群体相比在社会中的相对位置评价，是人们对群体客观属性和知觉属性总体评价的结果。位置通过群体所占有社会资源的多少（如社会认可的身份、权力、社会经济地位等）来体现，也可以通过潜在的社会资源如群体成员的能力素质和文化知识来评价。

贡献作为社会群体印象评价的横坐标，呈现群体社会功能的实现程度、满足社会成员需要程度的评价。社会群体的贡献大小是人们通常说的群体"影响好坏"的程度，涉及对人（包括群体成员）和社会的积极或消极影响，反映群体印象的社会效价与性质。贡献的评价指标包括社会贡献度、社会价值符合度、社会获益度、社会需要度等。

当人们感知某个社会群体以及和该社会群体发生联系时，首先会在心理层面确定该群体的客观属性、知觉属性及其存在的结构位置，回答"该群体在哪里"的问题；其次评价该群体对成员及社会带来的好处和利益，即回答"该群体怎么样、好不好"的问题。位置和贡献作为两个基本维度，两者可以单独或共同反映社会群体印象。

第一，位置和贡献决定社会群体印象的分布。人们对社会群体的位置和贡献两个基本维度的评价组合，决定群体印象评价的坐标点位。社会群体位置维度可简单分为高、中、低三类，贡献维度可简单区分为大、中、小三种，人们对某个社会群体的印象由两个维度属性的组合加以定位。第二，社会贡献决定社会群体印象的性质。社会公众对群体社会贡献的感知具有明显的优势效应，在印象评价中权重最大。这一点特别具有中国文化的群体本位特征，即社会群体对个体和社会和谐发展关系具有的价值和道德意义。第三，位置是贡献的效应调节器和放大器，如处于高位置的群体能够增大群体的社会贡献，也能够放大群体的消极影响。在整体性思维风格的影响下，中国人对位置的理解往往包含着评价者对全局的理解及被评价者之间的相对位置关系的理解。在儒家思想的影响下，中国人对贡献的理解往往包含对道德方向的评价。

群体印象评价是社会心理学的重要主题，社会群体刻板印象内容模型、印象形成理论等明显是基于西方社会文化而建立的。相比西方的个人主义和个体本位取向，中国文化更重视人的社会属性，强调人与人之间、个体与群体之间、群体与群体之间的相互联系与合作。我们提出的社会群体印象评价的地位－贡献两维模型，突出了群体的社会属性和社会功能，是基于当代中国社会群体印象评价的一系列实证研究的初步总结和创新。今后，我们需要进一步多方面验证和完善社会群体印象评价两维模型，构建社会群体印象评价的中国理论及方法。

四　社会群体印象评价的研究探索

（一）社会群体属性对群体印象评价的影响

在社会群体印象评价研究中，刻板印象内容模型得到广泛应用和检验，成为群体印象评价的基本理论和范式。本书中，杨翠和佐斌（2023）从自我视角和社会视角考察了中国人提名的 40 种社会群体的刻板印象内容。采用刻板印象内容量表对群体进行印象评价，发现对四种类型群体在两个视角下的热情－能力评价一致；人们对不同印象簇社会群体刻板印象内容评价总体积极（杨翠、佐斌，2023）。该研究修正了中国社会群体的刻板印象内容分布，为社会群体印象评价提供了依据。

社会群体可以是按照不同的社会线索分类的结果，不同的社会分类线索在群体印象评价中并不起到同样的作用，研究发现社会分类线索具有一定的优势效应。由此，社会群体客观属性在人们的感知中也应该具有不同的重要性。哪些客观属性更加重要、不同重要性程度的社会群体客观属性对印象评价的影响，就成为一个值得研究的问题。本书中，佐斌等（2023）关注人们依据什么群体客观属性线索来进行印象评价，通过三项研究对此进行了开拓性探讨。研究一采用半结构访谈法和提名法获得了我国被试对于社会群体客观属性的主要内容并区分出自然线索和社会线索；研究二采用主观评定任务和属性迫选任务发现了群体客观属性三种不同的重要程度感知偏向；研究三发现不同重要程度感知的群体客观属性会进一步延伸至群体印象评价中的相对权重和优势效应。该研究为理解我国社会群体的客观属性与印象评价的关系提供了原创性数据和发现，为后续研究奠定了良好的基础。

亲密关系状态作为重要的社会属性与分类线索，是人们进行群体印象评价的重要依据。温芳芳等（2023）立足社会认知"大二"模型，通过外显和内隐两个层面的系列研究考察了人们对不同亲密关系状态社会人群（从未谈过恋爱的人、恋爱中的人、分手的人、已婚的人、离婚的人）和性别交叉后的热情和能力刻板印象内容评价。研究发现，人们对亲密关系处于联结状态人群的热情和能力评价较高，对处于断裂状态人群的热情和能力评价较低；在外显评价中，热情维度上性别影响存在"优势效应"，而在能力维度上亲密关系状态和性别交叉存在"整合效应"；人们对不同亲密关系状态的男女群体的热情和能力评价存在外显和内隐的分离。研究将刻板印象群体扩展到了恋爱婚姻状态这一社会分类领域，是性别与亲密关系状态类别交叉刻板印象的首次探索，拓展了群体刻板印象的范围和社会分类的研究领域。

群体成员的地域及分布是社会群体的客观属性，地域虽然不能主观改变，但是地域刻板印象确是一种心理表征与评价。2020年初，中国报告新冠疫情后，武汉人由于处于疫情重灾区成为全国关注的人群。全国其他地区的人们对武汉人关心，但出于对疾病的恐惧，一部分人对武汉人也表现出了歧视和排斥。本书中，李诗颖等（2023）以西安人为对比，采用问卷和内隐联想测验方法探讨了我国大学生和职场青年群体对武汉人和西安人的外显态度和内隐态度。结果显示在外显情感态度上，两个青年群体对武汉人和西安人没有群体间差异。在外显认知态度上，大学生认为武汉人比西安人更危险，职场青年在对武汉人的危险认知上持中立态度；两个青年群体均认为武汉人比西安人更值得同情。在内隐态度上，大学生和职场青年两个群体都认同"武汉人很危险和值得同情"。这一研究反映了我国大规模公共卫生事件发生后社会群体之间的态度评价，是在疫情状况下研究社会群体心理的代表之一。

（二）文化因素对现实社会群体印象评价的作用

社会认知受到认知者因素、认知对象特点、情境与文化因素等方面的影响。在社会群体印象评价过程中，由于不存在抽象的社会群体，社会群体印象具有真实性和具体性，人们会对处于特定情境甚至自我卷入、互动中的社会群体印象进行感知和做出评价判断。评价者、社会群体及其交互作用具有一定的共变性，这种共变性会因情境的改变而发生变化（佐斌、张阳阳、赵菊、王娟，2006）。

评价者、评价对象和评价背景都会影响社会群体印象评价的结果。大量研究都证实，印象评价者的社会人口学变量、个体认知水平、动机情绪状态、身份认同与自我卷入，与群体实体性紧密相关的群体结构和规范、群体的社会经济地位（socioeconomic status，SES）等，都影响着群体印象评价（Boyanowsky & Allen，1973；Brewer，1999；王沛等，2015）。根据刻板印象内容模型，群体的社会经济地位能有效预测群体的"能力和热情"维度的评价（Fiske et al.，2002）。

文化作为相对稳定的宏观环境，影响着社会群体印象的评价主体、评价对象、评价方式及人际与群际互动。群体印象评价除受到评价者个人因素的影响外，更受到文化因素和社会情境的影响。不同的语言文字、道德规范、制度体系、价值取向等，直接影响人们对于群体及群体社会功能的评价，是群体印象评价的主要线索和依据。报纸杂志、影视广播、图书音乐和网络新媒体等大众文化，为公众提供了流行或主流价值观，成为社会群体印象评价的重要标尺。中国文化重视伦理道德、公平义勇、合群和谐、社会价值与贡献。由于中国社会关系的差序格局模式（费孝通，2015），中国人普遍重视个人和自己群体的"脸面"（佐斌，1997），这些因素对中国社会群体印象评价都产生着重要影响。

艾滋病患者是真实存在的群体，艾滋病公众污名是公众对艾滋病确诊或疑似患者群体持有刻板印象且表现出一定敌对行为的现象，在世界各地不同程度地存在着。本书中，张彦彦、赵英男、周佳悦（2023）以在校大学生为研究对象，通过两个子研究探讨艾滋病公众污名的现状及影响因素，考察了内隐和外显艾滋病公众污名及两者间的关系，检验了道德提升感对艾滋病公众污名的影响以及无偏见动机在道德提升感预测艾滋病公众污名过程中的中介效应。进一步，段知壮（2023）分析了艾滋病污名影响下感染者的身份认同困境，艾滋病作为一种具有典型非直观表征的疾病，感染者在面对艾滋病污名的压力下，可能因对医学判断标准的强烈抵触而表现出人为的"感染者"身份认同回避。段知壮（2023）认为，如果立法者试图直接采取公共卫生管理领域的判断标准对相关主体进行权利义务界定，有可能会因忽略社会文化意义背景下的"标准"认定差异进而产生与医学判断标准背离的规范内容。这一分析为文化对群体印象评价的影响提供了新的视角。

群体刻板印象与群际关系是相伴随的问题，群体总是可以按照成员身份进行内外群体的区分，群际之间会因为资源的竞争、现实威胁的发生等影响群际互动的性质和水平，同时刻板印象在其中发挥着调节作用。固有的刻板印象和看待不同文化间关系的方式即文化信念可能影响人们对待外群体的态度及援助外群体成员的意愿和行动。如果人们持有"非我族类，其心必异"的文化本质主义信念，就可能基于对外群体成员的消极刻板印象而产生排斥外群体的心理与行为反应。感知到外群体可能带来疾病威胁能够激活人们排斥外群体的心理，此时群际关系是否能够改善？本书中，常乐和陈侠（2023）的研究初步探索了疾病威胁与文化信念对跨文化群际援助的影响。在新冠疫情的背景下，通过设置文化会聚主义、文化本质主义两种文化信念启动情境，选取新冠病毒、诺如病毒、心脏病三种疾病威胁类型组合成六种实验条件，分析被试报告的捐款、志愿服务两种形式的跨文化群际援助意愿。结果发现，感知疾病威胁会抑制被试跨文化群际援助的动机，文化会聚主义信念能弱化疾病威胁对群际关系的消极影响从而提升被试跨文化群际援助的意愿，而在疾病启动的传染威胁情境下文化会聚主义信念对跨文化群际援助意愿的促进效应有可能受到抑制。研究进一步说明，文化信念影响群体刻板印象评价，在感知到威胁的情况下，群际互动会表现出特有的心理与行为反应。

方言是一种文化现象，作为日常交流的一种语言类型，其包含的社会阶层信号对人们的社会互动和群体印象评价有着重要影响。王浩等（2023）采用独裁者博弈范式，以南京和徐州方言为例，研究了个体对来自不同经济水平地区方言者的亲社会行为的差异。结果表明，方言具有潜在的社会阶层信号效应，即相较于来自经济水平较高地区（如南京）的方言者，被试判断来自经济水平较低地区（如徐州）的方言者社会阶层更低，并对其表现出更少的亲社会行为。研究还发现，心理距离知觉在方言类型对亲社会行为的影响中具有完全中介效应。

（三）群体刻板印象的心理加工机制

他人知觉是人类独有的能力，群体刻板印象的激活是他人知觉的核心加工过程。李欣璐、段夏媛、张晓斌（2023）系统总结了近年来群体刻板印象激活机制的相关研究成果，发现刻板印象知识是不同于一般语义知识的独特社会知识，其与一般语义知识在神经基础上存在差异；刻板印象激活的方式会经历从自动化激活向可控激活的转变；N400 波是能更好地标示刻板印象激活的神经基础，但刻板印象激活的皮层定位尚有争论。基于社会分类视角而提出的刻板印象激活两阶段理论模型对未来研究具有重要理论意义（张晓斌、佐斌，2012）。

　　一般认为，观点采择能够有效减弱刻板化并降低对外群体成员的消极评价。但是有研究提出在特定条件下观点采择可能会提升刻板化水平甚至恶化群际关系。本书中，孙山（2023）通过三个研究检验了观点采择对刻板化影响的自我 - 刻板印象双重路径。当观点采择对象与刻板印象一致时，刻板印象易得性提升，进而导致刻板化水平提高；当对象表现出反刻板印象信息时，观点采择导致自我 - 他人重合的增加，进而降低个体的刻板化水平。在观点采择过程中，自我和刻板印象都有可能作为信息资源供观点采择者使用。人们在不同的条件下会使用不同的信息资源或更侧重于某一信息资源，这使得观点采择有时会降低刻板化水平，但有时又起到增强作用。

　　在群体刻板印象评价中，存在着不同类型和不同程度的刻板印象威胁效应。近年来的研究发现刻板印象威胁存在较大的异质性，甚至出现了无刻板印象威胁效应和反刻板印象威胁效应。文化当然是影响对刻板印象威胁的重要变量，在不同国家、不同地域文化的影响下，人们所持有的刻板印象的内容、程度或影响均可能存在差异。本书中，王祯和管健（2023）根据个体主义 - 集体主义、自我建构、辩证思维三个维度系统阐述了文化对刻板印象威胁的具体影响，分析了单纯努力说和刻板印象阻抗理论关于刻板印象威胁"失效"的心理机制。值得关注的是，他们根据本土文化的特点提出中国文化可能是一种保护因子，可以减少或消除刻板印象威胁对中国人的消极影响。

　　影响社会群体印象评价的群际关系，受到群体自身变化特性的影响。本书中，柯文琳等（2023）分析了新近的感知群体变异性研究，发现普遍存在"外群体同质性效应"及导致的内群体偏爱和对外群体的刻板印象、偏见和歧视。但在不同的群体地位和规模、客观群体特征、群际接触与身份威胁下，"外群体同质性效应"会有所改变，甚至出现"内群体同质性效应"。现有研究主要从社会动机和认知加工两方面对其做出理论解释，而感知群体变异性的视角则综合考虑了不同的影响因素对群际关系的作用，为降低群际冲突和群际歧视提供了新的证据和方法。

五　展望

当前国内外群体印象评价研究的对象往往聚焦于少数典型社会群体。国外研究中的群体包括艾滋病人、同性恋、政治家、宗教信徒等，而国内主要涉及留守儿童、农民工、艾滋病患者、大学生等。这些研究将"群体"和"社会群体"混用，没有对群体进行系统分类及严格区分，缺乏对"什么样的群体是对社会具有影响力和重要的群体"这一问题的清晰阐述和量化指标（Cuddy, Fiske, & Glick, 2007）。西方社会的群体可能在中国文化背景中并不存在或不突出，如黑人、白人、西班牙裔、艾滋病患者、同性恋、政治家、宗教信徒等，而国内则更加关注留守儿童、农民工、艾滋病患者、大学生、快递小哥、职场白领等。因此，当代中国社会群体印象评价研究，需要找准中国具有鲜明群体印象的社会群体。

社会群体印象评价有不同视角的刻板印象理论，虽然我们团队构建了社会群体印象评价的"位置－贡献"双维模型并进行了初步验证，但仍需要通过多方面的实证研究对该模型进行确证和完善。社会群体印象评价具有很强的价值取向，不同社会文化背景中的群体形态与运行机制有所不同，而直接把西方群体印象评价理论套用在中国人身上难免隔靴搔痒、水土不服。从中国文化背景和社会现实出发，以中国人为对象揭示具有社会文化特色的社会群体印象评价的心理要素和刻板印象结构模型，构建刻板印象评价的本土心理学理论及方法，对于我国社会心理学的发展与创新具有重大价值。

群体与个体相对，是个体的共同体，人的社会属性决定了群体存在的必然性。个体印象形成是感知者以特质为核心内容建构对目标个体的认知结构的过程，而群体印象不是个体印象的简单汇聚，而是把群体作为整体进行社会知觉的产物。以往研究对个体印象和对群体印象的研究相对独立，针对个体印象的研究大多集中在形成关于个体目标印象的认知过程上，而针对群体印象的研究主要集中在群体刻板印象内容以及刻板印象何时会被激活和运用上。个体与群体密不可分，个体印象与群体印象之间存在关联性。个体印象"堆积"到何种程度可以泛化成群体印象？群体印象又如何影响个体印象形成？因此，对社会群体印象评价进行深入研究，需要借鉴个体印象评价的相关理论，同时也要对个体和群体两者进行区分。

社会群体印象评价的标准不是个体化、暂时性和情境性，而是具有共识性、相对稳定性和时代性。研究当代中国社会群体印象，需要对当代中国社会群体进行现状调查并获得具有典型性、代表性和重要影响力的社会群体；需要通过质化与量化相结合、大数据、抽样调查与实验研究、现场研究与行动研究等多种方法，描绘社会群体印象的坐标图谱及动态演变趋势。

本书焦点是社会群体印象评价，通过征稿评审并收录的 13 篇文章，是我国社会群体印象评价研究的代表作，它们深入探讨了社会群体印象评价的理论假设、群体属性对印象评价的影响、文化变量在评价现实社会群体印象中的作用、群体刻板印象的心理加工机制等问题。本书是国家社科基金重大项目"当代中国社会群体印象评价及心理机制研究"（18ZDA331）的阶段性成果之一。同时，我认为，尽管这些文章尚存在一些问题和不足，但也从不同角度提供了社会群体印象评价未来进一步研究的参考问题和方向。

采用国外现有的理论来解释社会群体印象评价、印象形成与变化的心理机制，如社会认知理论、社会认同理论、归因理论等，能对社会群体印象评价的某些问题提供一定的合理解释。但是，以唯物辩证法、中国化和时代化的马克思主义为指导，基于中国文化和社会现实的社会观、道德观、群体观、脸面观、价值观、人格观等构建的有关社会群体印象评价的理论和思想，应该对中国社会群体印象评价具有更强的解释力。这正是我们所担负的新时代中国社会心理学者的文化自觉与历史使命。

参考文献

常乐、陈侠，2023，《疾病威胁与文化信念对跨文化群际援助的影响》，载杨宜音主编《中国社会心理学评论》第 24 辑，社会科学文献出版社。

段知壮，2023，《艾滋病污名影响下感染者的身份认同困境》，载杨宜音主编《中国社会心理学评论》第 24 辑，社会科学文献出版社。

方文，2005，《群体符号边界如何形成？——以北京基督新教群体为例》，《社会学研究》第 1 期，第 25 ~ 59、246 页。

费孝通，2015，《乡土中国·生育制度·乡土重建》，商务印书馆。

管健、戴万稳，2011，《中国城市移民的污名建构与认同的代际分化》，《南京社会科学》第 4 期，第 30 ~ 37 页。

管健、乐国安，2007，《社会表征理论及其发展》，《南京师大学报》（社会科学版）第 1 期，第 92 ~ 98 页。

胡小勇、李静、芦学璋、郭永玉，2014，《社会阶层的心理学研究：社会认知视角》，《心理科学》第 6 期，第 1509 ~ 1517 页。

柯文琳、温芳芳、戴钰、何好佳，2023，《"我们"与"他们"谁更同质？群际关系的感知内外群体变异性新视角》，载杨宜音主编《中国社会心理学评论》第 24 辑，社会科学文献出版社。

李抗、汪凤炎，2019，《探寻中国人的多重互依自我：理论、挑战与整合》，《心理科学》第 1 期，第 245 ~ 250 页。

李诗颖、魏旭阳、文移，2023，《新冠疫情初期青年人对"武汉人"和"西安人"的外显和内隐态度》，载杨宜音主编《中国社会心理学评论》第 24 辑，社会科学文献出版社。

李欣璐、段夏嫒、张晓斌，2023，《他人知觉过程中群体刻板印象激活的机制》，载杨宜音主编《中国社会心理学评论》第 24 辑，社会科学文献出版社。

李宇、王沛、孙连荣，2014，《中国人社会认知研究的沿革、趋势与理论建构》，《心理科学进展》第 11 期，第 1691 ~ 1707 页。

邵力，2016，《微博网络聚集过程的社会表征释义》，《南京邮电大学学报》（社会科学版）第 4 期，第 21 ~ 27、36 页。

孙山，2023，《观点采择对刻板化的影响：自我刻板印象的双重路径》，载杨宜音主编《中国社会心理学评论》第 24 辑，社会科学文献出版社。

王浩、孙迅、丁毅、纪婷婷，2023，《方言线索对亲社会行为的影响：社会阶层与心理距离知觉的中介作用》，载杨宜音主编《中国社会心理学评论》第 24 辑，社会科学文献出版社。

王沛、王雪枫、陈庆伟，2015，《情绪对内隐刻板印象表达的调节》，《心理学报》第 1 期，第 93 ~ 107 页。

王祯、管健，2023，《文化对刻板印象威胁的影响机制》，载杨宜音主编《中国社会心理学评论》第 24 辑，社会科学文献出版社。

温芳芳、佐斌，2021，《刻板印象威胁研究》，华中师范大学出版社。

温芳芳、韩施、鞠一琰、王晶，2023，《亲密关系状态与性别交叉的刻板印象内容》，载杨宜音主编《中国社会心理学评论》第 24 辑，社会科学文献出版社。

温勇，2006，《人口统计学》，东南大学出版社。

杨翠、佐斌，2023，《社会群体刻板印象内容：个人与社会视角的分析》，载杨宜音主编《中国社会心理学评论》第 24 辑，社会科学文献出版社。

杨晓莉、刘力、李琼、弯美娜，2012，《社会群体的实体性：回顾与展望》，《心理科学进展》第 8 期，第 1314 ~ 1321 页。

杨宜音，2013，《新生代农民工过渡性身份认同及其特征分析》，《云南师范大学学报》（哲学社会科学版）第 5 期，第 76 ~ 85 页。

张晓斌、佐斌，2012，《基于面孔知觉的刻板印象激活两阶段模型》，《心理学报》第 9 期，第 1189 ~ 1201 页。

张彦彦、赵英男、周佳悦，2023，《道德提升感对艾滋病公众污名的影响：无偏见动机的中介作用》，载杨宜音主编《中国社会心理学评论》第 24 辑，社会科学文献出版社。

佐斌，1997，《中国人的脸与面子：本土社会心理学探索》，华中师范大学出版社。

佐斌，2023，《构建社会群体印象评价的中国理论》，《中国社会科学报》2023 年 2 月 16 日。

佐斌、温芳芳，2011，《职业刻板印象：自我卷入与评价偏向》，《中国临床心理学杂志》第 2 期，第 149～153 页。

佐斌、温芳芳、吴漾、代涛涛，2018，《群际评价中热情与能力关系的情境演变：评价意图与结果的作用》，《心理学报》第 10 期，第 1180～1196 页。

佐斌、姚奕、叶含雪，2023，《群体客观属性的重要性感知及其对印象评价的影响》，载杨宜音主编《中国社会心理学评论》第 24 辑，社会科学文献出版社。

佐斌、张阳阳、赵菊、王娟，2006，《刻板印象内容模型：理论假设及研究》，《心理科学进展》第 1 期，第 138～145 页。

Abele, A. E. & Wojciszke, B. (2014). Communal and agentic content in social cognition: A dual perspective model. *Advances in Experimental Social Psychology*, 50 (50), 195－255.

Boyanowsky, E. O. & Allen, V. L. (1973). Ingroup norms and self-identity as determinants of discriminatory behavior. *Journal of personality and social psychology*, 25 (3), 408－418.

Brambilla, M., Sacchi, S., Rusconi, P., Cherubini, P. & Yzerbyt, V. Y. (2012). You want to give a good impression? Be honest! Moral traits dominate group impression formation. *British journal of social psychology*, 51 (1), 149－166.

Brewer, M. B. (1999). The psychology of prejudice: ingroup love and outgroup hate? *Journal of Social Issues*, 55 (3), 429－444.

Campbell, D. T. (1958). Common fate, similarity, and other indices of the status of aggregates of persons as social entities. *Behavioral science*, 3 (1), 14.

Cuddy, A. J., Fiske, S. T. & Glick, P. (2007). The BIAS map: behaviors from intergroup affect and stereotypes. *Journal of personality and social psychology*, 92 (4), 631.

Ellemers, N. & Van Rijswijk, W. (1997). Identity bees versus social opportunities: the use of group-level and individual level identity management strategies. *Social Psychology*, 60, 52－65.

Fiske, S. T., Cuddy, A. J. C., Glick, P. & Xu, J. (2002). A model of (often mixed) stereotype content: competence and warmth respectively follow from perceived status and competition. *Journal of Personality and Social Psychology*, 82 (6), 878－902.

Kraus, M. W., Piff, P. K., Mendoza-Denton, R., Rheinschmidt, M. L. & Keltner, D. (2012). Social class, solipsism, and contextualism: how the rich are different from the poor. *Psychological review*, 119 (3), 546.

Platow, M. J., Foddy, M., Yamagishi, T., Lim, L. I. & Chow, A. (2012). Two experimental tests of trust in in-group strangers: The moderating role of common knowledge of group membership. *European Journal of Social Psychology*, 42 (1), 30－35.

Tajfel, H. & Turner, J. C. (1985) The social identity theory of intergroup behaviour. In S. Worchel and W. G. Austin (eds.), *Psychology of Intergroup Relations*. Chicago: nelson-Hall, 7－24

Turner, J. C. (1982). Towards a cognitive redefinition of the social group. In H. Tajfel (Eds.), Social identity and Intergroup relations. Paris: Editions de la Maison des Sciences de l'Homme/Cambridge: Cambridge University Press.

Turner, J. C. & Reynolds, K. J. (1987). A self-categorization theory. *Rediscovering the social group: A self-categorization theory.*

《中国社会心理学评论》 第 24 辑
第 16~29 页
© SSAP, 2023

社会群体刻板印象内容：个人 与社会视角的分析[*]

杨 翠 佐 斌[**]

摘 要： 本研究从个人和社会视角考察了中国社会群体的刻板印象内容。通过预研究获得了 40 种社会群体，被试从个人视角和社会视角采用刻板印象内容量表对社会群体进行印象评价，发现对四种类型群体在个人与社会视角下的热情－能力评价一致；人们对不同印象簇社会群体刻板印象内容评价总体积极。研究结果修正了中国社会群体的刻板印象内容分布，为社会群体印象评价提供了参考依据。

关键词： 社会群体 刻板印象内容 个人视角 社会视角 群体印象评价

一 引言

个体的看法和个体认为他人的看法一直受到社会心理学家的关注（Fields & Schuman，1976；Prentice & Miller，1993；Kotzur et al.，2020；Findor et al.，2020）。Tankard 和 Paluck（2016）指出个人看法和个人认为的他人看法之间存在差异。有关群体刻板印象的研究同样涉及上述两个视角，即被试从个人角度和社会角度来评价群体。不同研究者对在刻板印象

---

[*] 本研究得到国家社科基金重大项目（18ZDA331）的资助。

[**] 杨翠，华中师范大学心理学院硕士研究生；佐斌，中山大学心理学系教授、博士生导师，华中师范大学心理学院教授、社会心理研究中心主任，通信作者，Email：zuobin@mail.sysu.edu.cn

的研究中使用哪种视角持不同的看法，两种视角下对群体印象的评价并不一致（Kotzur et al.，2020；Findor et al.，2020）。个体与社会具有密不可分的关系，而中国人更为重视社会取向，因此比较两种不同视角的刻板印象内容是值得探索的社会认知问题。

（一）刻板印象内容模型

刻板印象是由人们对于某些社会群组的知识、观念和期望所构成的认知结构（Macrae et al.，1996）。作为一种特定的社会认知图式，刻板印象是有关某一群体成员的特征及其原因的比较固定的观念或想法（Fiske et al.，2002）。自从 Fiske 等（2002）提出刻板印象内容模型后，佐斌等（2006）首次在中国介绍了该模型的内容及未来的研究方向，之后管健和程婕婷（2011）面向 32 个群体进行了刻板印象内容模型的检验。结果表明，SCM 具有跨文化的适用性（Cuddy et al.，2009）。根据刻板印象内容模型，人们会依据热情（warmth）和能力（competence）这两个维度将刻板印象划分为四个印象簇，分别为高热情－高能力（HW－HC）、高热情－低能力（HW－LC）、低热情－高能力（LW－HC）和低热情－低能力（LW－LC）。其中，热情反映了人们对他人行为意图的感知，友好、真诚、助人、可信等特征都属于热情维度；能力则反映了人们对他人实施该行为意图可能性的感知，能力、高效、聪明等特征都属于能力维度（佐斌等，2014）。在人际认知和群体认知的相关研究中，基于热情和能力维度的刻板印象内容模型已经得到了众多学者的认可，并被应用到各个领域中。

（二）印象评价的双视角

印象评价是指人们在有限的信息基础上，对目标对象形成某种偏好评价，并对其人格特质等方面进行判断的过程。在印象评价的过程中，已有研究会采用两个视角，分别为个人视角［如"这个群体中成员的能力如何？"（Fiske et al.，2002，研究 3），"作为德国人，他们自己如何评价自己的群体？"（Kotzur et al.，2017）］和社会视角［"我们感兴趣的不是你的个人评价，而是你认为别人是如何看待的"（Fiske et al.，2002），"从大多数德国人的角度来看，以下社会群体是怎样的"（Kotzur et al.，2019）］。从指导语可知，个人视角是指从自身的角度出发对群体进行印象评价，是对某件事的内在判断（Fishbein & Ajzen，1977）；社会视角是指让被试从公众或社会的角度出发对群体进行印象评价。社会视角是以群体为中心对刻板印象的理解（对群体的主流文化观的信念）（Krueger，1996），而个人视角偏离了以群体为中心的视角，侧重于让被试表达个人的刻板印象。其中社会视角类似于个人的一种观点采择，即个体从他人或他人所处情境出发，测度或想象他人观点和态度的心理过程（赵显等，2012），其本质在于个体认知上的去个人中心化（朱建芳等，2020）。

Fiske 等（2002）在首次提出刻板印象内容模型的研究中就强调印象评价的"社会视角"，并发现只要提前要求被试使用"社会视角"做出回答，被试就不会在中途忘记这一设定而使用"个人视角"。但有关研究在视角的使用上存在争议，持社会视角的研究者认为社会视角一方面可以捕捉特定社会背景下个体之间普遍存在的刻板印象内容，另一方面还会降低社会期望偏差。社会期望偏差是指被试倾向于背离个体"真实"的回答而以社会更能接受的方式做出回答（Lavrakas，2008），因此当被试被要求用社会视角时，他们倾向于做出个体"真实"的回答，这也是大部分研究都采用社会视角的重要原因。持个人视角的研究者则认为文化水平上的结果等于个体反应的汇总（如文化价值领域）（Schwartz，2011；Mackie et al.，2015），即个人视角才能测量到真正的个体之间普遍存在的刻板印象内容。基于上述存在的争议，有研究者考察了不同视角对刻板印象内容（Kotzur et al.，2020；Popper & Kollárová，2018）、情绪和行为（BIAS，behaviors from intergroup affect and stereotypes）（Findor et al.，2020）的影响。不同的评价视角会对结果产生一定的影响，其中群体所属的刻板印象内容空间（刻板印象内容模型的四类印象簇分布）起着重要作用，相比于个人视角，社会视角下对原本被贬低维度的评价更消极（Kotzur et al.，2020），比如高热情 - 低能力群体中的能力维度、低热情 - 低能力群体中的热情维度和能力维度。研究指出，两种视角应当被看作潜在独立的两个结构，二者的差异取决于所评价的目标群体（Findor et al.，2020）。

在两种视角的关系上，已有研究提出存在镜中感知（looking glass perceptions）和保守偏见（conservative bias）两种不同的形式。镜中感知是指个体相信他人的态度和自己的态度相同的普遍倾向。保守偏见是指他人的看法更加保守，自己的看法更加开放（Fields & Schuman，1976），是多元无知的一种特殊形式（多元无知：相信一个人的个人态度和其他人的态度不同）。值得一提的是，社会规范是特定社会或群体中人们共同的行为规则，定义了该群体成员的正常和可接受行为（Cislaghi & Heise，2018a），社会规范可以作为人们行动的参照系，如刻板印象和传统习惯等（郑晓明等，1997），会影响到人们的判断（Sherif & Sherif，1953）。有众多研究者将社会规范定义为人们对他人想法的信念（Chalub et al.，2006；Gintis，

2010；Halbesleben et al.，2005），社会视角的态度同社会规范有关。而个人态度是指人们对某事做出的内部动机判断（Fishbein & Ajzen，1977），社会规范和个人态度是相互联系但又截然不同的，即二者可以相同也可以不同（Cislaghi & Heise，2018b）。许多关于社会规范的文献通常将规范和个人态度视为相互独立且呈反对关系的两个维度（Cislaghi & Heise，2019）。那么聚焦于刻板印象内容模型，个人视角的评价会受到社会规范的影响进而和社会视角的评价保持一致，还是仍然保持独立则有待考察。

（三）研究目的

在刻板印象评价领域，早期就有对评价视角影响的担忧（Fiske et al.，2002），因为测量"特定社会背景下的群体认知"的个人视角与社会视角之间存在一定的差异。有研究表明个人视角评价的消极维度在社会视角评价上更加消极，他们主张使用个人视角来研究刻板印象内容（Kotzur et al.，2020），但也有研究者主张使用社会视角（Findor et al.，2020）。本研究拟分别采用个人视角和社会视角对当前存在的社会群体进行印象评价，旨在基于不同的评价视角分析社会群体的刻板印象内容，并进一步修正中国社会群体的刻板印象内容分布。

二　预研究：社会群体的选取

通过提名和文献梳理等方式选取出不同类型的社会群体，并对这些群体进行熟悉度评价后确定被试所了解的社会群体。

（一）方法

在预研究中，随机招募被试 160 人。45 人（男性 12 人，女性 33 人）参与群体提名，$M_{age} = 20.96$，$SD_{age} = 2.25$；115 人（男性 53 人，女性 62 人）参与群体熟悉度评价，$M_{age} = 22.78$，$SD_{age} = 4.56$。

第一批被试 45 人参与群体提名，依据指导语提名自己熟悉的群体，指导语为："物以类聚，人以群分"，群体对我们有着重要的意义。请尽可能多列举出你所想到的群体。将提名群体与文献分析获得的群体进行合并后，由第二批被试 115 人对这些群体的熟悉度进行评价，采用 1～100 的滑条方式。

（二）结果

群体提名阶段获得提名数量 260 个。频次分析后选取频次较多的前 25 种群体，分别为教师、医生、工人、老人、公务员、农民工、中国人、清洁工、警察、军人、护士、独生子女、粉丝、"00 后"、快递员、网红、网民、同性恋、富二代、心理咨询师、保姆、博士、抑郁症患者、微商、电竞选手。通过文献梳理得到群体刻板印象研究中所用到的 37 个群体（Cuddy et al., 2008；Fiske et al., 2002；Fiske, 2018；管健、程婕婷，2011），包括白领、残疾人、儿童、无家可归者、移民、富人、女人、基督徒、男人、智障者、蓝领、青年人、精神病患者、外国人、已婚者、亚洲人、单身者、专业技术人员、门卫、农民、知识分子、企业家、城市人、商人、南方人、北方人、大学生、科学家、个体工商业者、海归、领导干部、无业游民、低保人员、明星、乞丐、下岗人员、罪犯。

将 25 个被试提名的群体和文献分析得到的 37 个群体合并整理出 62 个群体的名单。被试对 62 个群体进行熟悉度评价，选取熟悉度在 40% 以上的 40 个群体，分别为中国人、大学生、教师、女人、青年人、南方人、亚洲人、"00 后"、单身者、儿童、男人、城市人、独生子女、老人、知识分子、网民、警察、农民、北方人、已婚者、快递员、军人、医生、工人、农民工、个体工商业者、专业技术人员、白领、商人、网红、清洁工、护士、粉丝、明星、领导干部、门卫、博士、心理咨询师、企业家和微商（见表 1）。

表 1　40 个群体的被试熟悉度得分

单位：%

群体	熟悉度	群体	熟悉度	群体	熟悉度	群体	熟悉度
中国人	81.97	男人	58.41	快递员	51.41	清洁工	45.02
大学生	73.2	城市人	57.40	军人	50.72	护士	44.43
教师	72.27	独生子女	56.50	医生	50.37	粉丝	43.25
女人	67.71	老人	55.77	工人	48.14	明星	43.02
青年人	65.27	知识分子	55.76	农民工	47.79	领导干部	42.41
南方人	62.76	网民	55.04	个体工商业者	47.65	门卫	41.25
亚洲人	62.10	警察	54.23	专业技术人员	46.69	博士	40.84
"00 后"	60.90	农民	52.49	白领	46.54	心理咨询师	40.77
单身者	60.76	北方人	51.54	商人	45.76	企业家	40.06
儿童	60.71	已婚者	51.50	网红	45.34	微商	40.03

三　个人视角和社会视角的群体印象评价测量

我们对预研究获得的 40 个社会群体进行印象评价，考察个人视角和社会视角下群体印象评价的共同性和差异性。

（一）方法

1. 被试

根据 G*Power 3.1（Faul et al.，2007）软件计算样本量，预计需要 24 名被试（$Effect\ Size = 0.25$，$\alpha = 0.05$，$Power = 0.8$），实际被试数量最少为 49 人。通过问卷星和问卷网两个线上平台招募若干被试，具体被试数量区间为 $[49, 260]$，$M_{age} = [19.23, 30.42]$，$SD_{age} = [0.687, 17.782]$。

2. 工具

本研究将刻板印象内容量表（Fiske et al.，2002）作为群体印象评价的工具，其中"宽容的""热情的""善良的""真诚的"作为热情维度的评价项目，"有能力的""自信的""独立的""富有竞争力的""聪明的"作为能力维度的评价项目。采用 Likert 7 点评分（从 1~7，分数越高，表明越符合该形容词的描述）。

3. 程序

采用 2（视角：个人视角和社会视角）× 2（维度：热情和能力）的被试内设计，因变量为群体的热情、能力评价。

被试从两个视角对 40 个社会群体进行印象评价，为避免被试疲劳，每个被试随机评价 40 个群体中的 1~5 个。个人视角的指导语为：对于以下问题，我们只关心您的个人观点，即您是如何评价"××"这一群体的？分数越高，表明您的评价越好。社会视角的指导语为：对于以下问题，我们并不关心您的个人观点，而是您认为社会是如何评价"××"这一群体的？分数越高，表明社会的评价越好。

（二）结果

按照 Kotzur 等（2019）的模型拟合方法，基于 Mplus 8.3 软件，使用验证性因子分析方法对 40 个群体基于个人视角和社会视角的一般测量模型进行分析。模型拟合的标准为 $\chi^2/df \leqslant 3$，RMSEA ≤ 0.08，CFI ≥ 0.95，SRMR ≤ 0.10（Schermelleh-Engel et al.，2003）。结果表明，基于个人视角的群体印象评价：快递员、亚洲人、老人、领导干部、女性、南方人、知识分子、企业家、心理咨询师、北方人、大学生、独生子女、门卫、白领、医生、教师的模型达到了较好的拟合程度；已婚者、专业技术人员、博士、男性、军人、网红、网民达到了可接受的拟合程度（CFI>0.90）。社会视角下的群体印象评价：快递员、明星、已婚者、老人、领导干部、女性、博士、企业家、军人、网民、心理咨询师、北方人、大学生、警察、独生子女、个体工商业者的模型达到了较好的拟合程度；亚洲人、专业技术人员、男性、知识分子、网红、粉丝的模型达到了可接受的拟合程度（CFI>0.90）。

　　基于刻板印象内容模型的聚类数目4，使用R-studio软件进行分层聚类分析。采用k-means方法获得两个视角的群体分布，即个人视角（23个群体）和社会视角（22个群体）（见表2、表3）。

表2　个人视角下对23个群体的热情-能力印象评价与聚类结果

社会群体	热情（M, SD）	能力（M, SD）	聚类
亚洲人、北方人、教师、军人、大学生、女性	5.39，（±0.20）	5.23，（±0.11）	HW – HC
快递员、老人、已婚者、门卫	5.01，（±0.17）	4.62，（±0.16）	HW – LC
医生、南方人、企业家、专业技术人员、心理咨询师、独生子女、知识分子、博士	4.97，（±0.14）	5.36，（±0.17）	LW – HC
网红、网民、白领、领导干部、男性	4.45，（±0.23）	4.92，（±0.20）	LW – LC

　　个人视角下，对各印象簇内的群体做配对样本t检验发现，HW – HC簇内群体的能力边缘显著小于热情，t（5）= - 2.57，p = 0.05，$Cohen's\ d$ = 1.06；HW – LC簇内群体的能力边缘显著小于热情，t（3）= - 3.19，p = 0.05，$Cohen's\ d$ = 1.56；LW – HC簇内群体的能力显著高于热情，t（7）= 4.58，p = 0.003，$Cohen's\ d$ = 1.63；LW – LC簇内群体的能力显著高于热情，t（4）= 3.80，p = 0.02，$Cohen's\ d$ = 1.68。

　　为检验各印象簇之间的差异，以印象簇为自变量，热情与能力分别为因变量做两次单因素组间方差分析，结果表明：各个印象簇的热情评分差异显著，F（3，19）= 24.05，$p < 0.001$，偏η^2 = 0.79；能力评分差异也显著，F（3，19）= 22.581，$p < 0.001$，偏η^2 = 0.78。具体来说，在热情方面，HW – HC簇群体的热情评分显著高于HW – LC（p = 0.004）、LW – HC（$p < 0.001$）和LW – LC簇（$p < 0.001$）；HW – LC簇的热情评分和LW – HC没有显著差异（p = 0.73），但显著高于LW – LC簇（$p < 0.001$）；LW – HC簇的热情评分显著高于LW – LC簇（$p < 0.001$）。在能力方面，

HW – HC 簇内群体的能力评分显著高于 HW – LC（$p < 0.001$）和 LW – LC 簇（$p = 0.005$），但和 LW – HC 簇无显著差异（$p = 0.148$）；HW – LC 簇的能力评分显著低于 LW – HC（$p < 0.001$）和 LW – LC（$p = 0.01$）；LW – HC 簇的能力评价显著高于 LW – LC（$p < 0.001$）。同时，本研究针对被试在 23 个群体上分别进行的能力和热情维度评价，采取了配对样本 t 检验方法，显示出 17 个群体在 $p < 0.001$ 水平上存在显著差异，1 个群体在 $p < 0.01$ 水平上存在显著差异。

表3　社会视角下对22个群体的热情–能力印象评价与聚类结果

社会群体	热情（M，SD）	能力（M，SD）	聚类
亚洲人、北方人、女性、警察、心理咨询师、大学生、知识分子、专业技术人员、军人	5.21，（±0.16）	5.23，（±0.14）	HW – HC
快递员、老人、已婚者	4.88，（±0.08）	4.57，（±0.20）	HW – LC
独生子女、领导干部、男性、企业家、个体工商业者、博士	4.73，（±0.20）	5.28，（±0.18）	LW – HC
粉丝、明星、网红、网民	4.34，（±0.11）	4.54，（±0.18）	LW – LC

　　社会视角下，对各印象簇内的群体做配对样本 t 检验发现，HW – HC 簇内群体的能力和热情评价差异不显著，$t(8) = 0.46$，$p = 0.66$，$Cohen's\ d = 0.02$；HW – LC 簇内群体的能力和热情没有显著差异，但有能力小于热情的趋势，$t(2) = -2.24$，$p = 0.15$，$Cohen's\ d = 1.29$；LW – HC 簇内群体的能力显著高于热情，$t(5) = 4.41$，$p = 0.007$，$Cohen's\ d = 1.80$；LW – LC 簇内群体的能力和热情没有显著差异，$t(3) = 2.88$，$p = 0.06$，$Cohen's\ d = 1.44$。

　　为检验各印象簇之间的差异，以印象簇为自变量、热情与能力分别为因变量做两次单因素组间方差分析，结果表明：各个印象簇的热情评分差异显著，$F(3, 18) = 28.93$，$p < 0.001$，偏 $\eta^2 = 0.82$；能力评分差异也显著，$F(3, 18) = 27.84$，$p < 0.001$，偏 $\eta^2 = 0.82$。具体来说，在热情方面，HW – HC 簇群体的热情评分显著高于 HW – LC（$p = 0.007$）、LW – HC（$p < 0.001$）和 LW – LC 簇（$p < 0.001$）；HW – LC 簇的热情评分和 LW – HC 没有显著差异（$p = 0.206$），但显著高于 LW – LC 簇（$p = 0.002$）；LW – HC 簇的热情评分显著高于 LW – LC 簇（$p = 0.002$）。在能力方面，HW – HC 簇内群体的能力评分显著高于 HW – LC（$p < 0.001$）和 LW – LC 簇（$p < 0.001$），但和 LW – HC 簇无显著差异（$p = 0.53$）；HW – LC 簇的能力评分显著低于 LW – HC（$p < 0.001$），但和 LW – LC 没有显著差异（$p = 0.79$）；LW – HC 簇的能力评价显著高于 LW – LC（$p < 0.001$）。同

时，本研究针对被试在 22 个群体上分别进行的能力和热情维度评价，采取了配对样本 t 检验方法，显示出 13 个群体在 $p \leqslant 0.001$ 水平上存在显著差异，2 个群体在 $p < 0.01$ 水平上存在显著差异，1 个群体在 $p < 0.05$ 水平上存在显著差异。

将个人视角和社会视角下群体的热情、能力评分与中值 4 做单样本 t 检验，结果表明，只有个人视角下对白领的热情评价与 4 没有显著差异（$p = 0.32$），其他评分均显著高于 4。

对个人视角和社会视角的聚类进一步进行差异分析，两个视角下拟合程度都较好的群体（包括拟合程度可接受的群体）有快递员、亚洲人、已婚者、老人、领导干部、专业技术人员、女性、博士、男性、知识分子、企业家、军人、网红、网民、心理咨询师、北方人、大学生、独生子女，共 18 个。对 18 个群体同时进行结构测量模型的分析，结果表明模型符合要求，个人视角下各指数为 $\chi^2/df = 1.81$，RMSEA $= 0.06$，CFI $= 0.95$，SRMR $= 0.05$；社会视角下各指数为 $\chi^2/df = 1.76$，RMSEA $= 0.06$，CFI $= 0.96$，SRMR $= 0.05$。后续对两个视角间进行差异分析时仅考虑该 18 个群体。考虑到其中的专业技术人员、心理咨询师、领导干部、男性、知识分子在两个视角下聚类分析所属的簇不同，因此在以印象簇为自变量进行分析时，将这 5 个群体排除在外。此外，通过 Harman 单因素检验法发现女性和老人群体存在共同方法偏差，即所析出的某个因子解释力非常大（大于 40%），因此将这两个群体同样排除在外（周浩、龙立荣，2004）。因此，最终纳入分析的 11 个群体为：HW - HC（亚洲人、军人、北方人、大学生）；HW - LC（快递员、已婚者）；LW - HC（企业家、独生子女、博士）；LW - LC（网红、网民）。

表 4 四类印象簇个人、社会视角的热情差异分析

聚类	$M_{社会} - M_{个人}$	SD	t	p	95% CI
HW - HC	- 0.08	0.05	- 3.03	0.05	[- 0.170, 0.004]
HW - LC	- 0.13	0.13	- 1.37	0.40	[- 1.325, 1.066]
LW - HC	0.02	0.14	0.33	0.77	[- 0.316, - 0.369]
LW - LC	- 0.04	0.01	- 8.50	0.07	[- 0.111, 0.022]

表 5 四类印象簇个人、社会视角的能力差异分析

聚类	$M_{社会} - M_{个人}$	SD	t	p	95% CI
HW - HC	- 0.01	0.01	- 2.70	0.07	[- 0.032, 0.026]

聚类	$M_{社会} - M_{个人}$	SD	t	p	95% CI
HW – LC	– 0. 12	0. 11	– 1. 50	0. 37	[– 1. 136, 0. 896]
LW – HC	– 0. 06	0. 11	– 1. 03	0. 41	[– 0. 340, 0. 209]
LW – LC	– 0. 10	0. 05	– 3. 02	0. 20	[– 0. 541, 0. 333]

　　为检验 4 个印象簇分别在个人视角和社会视角下的差异，本研究进行配对样本 t 检验。结果表明，四类群体在基于个人视角和社会视角的热情和能力评价方面均无显著差异。

四　讨论与总结

　　个人视角和社会视角下社会群体印象评价研究具有重要意义。基于刻板印象内容模型，本研究探讨了两种视角对刻板印象内容评价的影响。结果表明，个人视角和社会视角下对群体的热情及能力评价均一致；人们倾向于给所有群体更加积极的评价。这些结果一方面在中国集体主义背景下整合了以往研究中对评价视角的争议，另一方面修正了中国社会群体刻板印象的内容分布。

（一）　两种视角印象评价的一致性

　　聚类分析的结果表明，不管是社会视角还是个人视角，能力和热情两个维度都较好地反映和区分了 22（或 23）个群体的刻板印象内容，符合刻板印象内容模型的分布（Fiske et al. , 2002）。每个群体的配对样本 t 检验结果都支持了刻板印象内容的混合评价假设。本研究通过个人视角和社会视角的聚类分析结果的对比发现，个别群体发生了簇间的移动，但 13 个群体的所属簇是一致的，如高热情 - 高能力的亚洲人、北方人、女性、军人、大学生；高热情 - 低能力的快递员、老人、已婚者；高能力 - 低热情的独生子女、企业家、博士；低热情 - 低能力的网红、网民。本研究通过考察不同评价视角是否会影响群体印象评价，发现不管在热情维度还是在能力维度上，个人视角和社会视角的评价均保持一致。这与前人研究的结果不一致（Kotzur et al. , 2020），即没有发现社会视角比个人视角的评价更消极的结果。有研究发现两个视角的热情、能力评价表现出了与"镜中感知"相同的效应（Cislaghi & Heise, 2018b）。与西方不同的是，中国是集体主义文化取向的国家，中国的个体和社会具有非常紧密的关系。个体生活在社会中，其个人态度受到社会文化价值观的影响，进而与社会态度保持一致。

（二）中国社会群体的刻板印象内容分布

与传统的群体刻板印象内容分布不同，研究中所涉及的群体在两个视角下的热情和能力得分都显著高于中值 4，即都表现出 "高热情 - 高能力"，也就是说，群体的印象簇是在 "高热情 - 高能力" 的基础上进行的相对分布，人们对社会群体的评价普遍是积极的。这与以往研究得出的确存在低热情或低能力的情况并不一致（管健等，2011；Fiske et al.，2002）。刻板印象内容模型会随着时间而变化（Fiske，2018）。Bergsieker 等（2012）指出随着时间的推移，人们变得更不愿意提及混合刻板印象（如高热情 - 低能力、高能力 - 低热情）中的消极维度，而在双高和双低维度上不会发生实质性变化。人们出于个人呈现的动机，在描述对个体或群体的印象时，会避免表达完全准确的描述，而是选择性地少报告负面内容，进而显示出一种全是积极或中性评价的结果。Dovidio 和 Gaertner（1986）还指出对负面性内容的忽略还可能源于对目标影响的利他主义担忧、对目标真实性的不确定以及真实偏见的减少。与以往研究不同的是，本研究发现不管是对于混合刻板印象还是双低的刻板印象，其中的消极维度都变得积极了。在此，被试是由于个人呈现的动机而忽视了消极信息还是被试的真实偏见减少了，是值得分析的问题。由于印象评价涉及两个视角，社会视角的其中一个目的就是减少社会期望偏差，但社会视角的评价也都大于4，因此本研究认为全面积极评价的原因可能是随着时间的推移，人们对群体刻板印象的真实偏见减少了。

（三）理论创新及实践意义

本研究从个人与社会的双重视角出发，分析了刻板印象内容是否受到评价视角的影响，并探讨了中国社会群体的刻板印象内容分布，具有重要的理论及现实意义。首先，在理论层面上，刻板印象领域在视角选用上存在矛盾性，大多研究是基于社会视角研究刻板印象的，但也有研究主张基于个人视角进行研究，研究人员在 "哪一视角能真正测量到特定社会背景下的刻板印象内容" 方面存在争议。本研究基于两个视角分析了社会群体的刻板印象内容，发现两个视角下对社会群体的热情及能力评价均保持一致，在中国集体主义的背景下整合了以往研究对视角使用的争议。其次，本研究发现当下人们对社会群体的评价和以往不同，表现出了整体积极的倾向，进一步修正了中国社会群体的刻板印象内容分布，为未来该领域的研究奠定了基础。最后，在实践层面上，对群体的印象评价与每一个正在发展中的人都密不可分，个体和社会的一致性以及人们偏见的减少对构造和谐社会、促进文化认同等具有重要的意义。

（四）研究展望

本研究虽得到一些有价值的发现，但尚有如下方面存在一定的局限性，有待进一步探究。首先，根据社会认同理论，个体通过个人归类产生了内外群体之分，并倾向于给予内群体更积极的评价（张莹瑞、佐斌，2006）。那么当考虑到个人卷入时，基于个人视角和社会视角的评价差异是否会有变化值得未来进一步研究拓展。其次，本研究得出基于个人视角和社会视角的印象评价并无差异，若其是社会规范所造成，社会规范有很多不同的类型（Cislaghi & Heise，2019），那么在不同的规范中（如性别规范），不同评价视角的结果是否会有所差异。若存在视角间的差异，通过视角的变换来干预消极态度也是未来值得研究的方向。最后，本研究得出群体的刻板印象内容分布是整体积极的，未来应该开展纵向研究，考察刻板印象内容分布随着时间的推移是如何发生变化的，以期明晰群体刻板印象内容的发展过程。

参考文献

管健、程婕婷，2011，《刻板印象内容模型的确认、测量及卷入的影响》，《中国临床心理学杂志》第 2 期，第 184～188 页。

张莹瑞、佐斌，2006，《社会认同理论及其发展》，《心理科学进展》第 3 期，第 475～480 页。

赵显、刘力、张笑笑、向振东、付洪岭，2012，《观点采择：概念、操纵及其对群际关系的影响》，《心理科学进展》第 12 期，第 2079～2088 页。

郑晓明、方俐洛、凌文辁，1997，《社会规范研究综述》，《心理学动态》第 4 期，第 17～22 页。

朱建芳、周丽清、董莉，2020，《观点采择与目标刻板化水平对老化刻板印象的影响》，《心理技术与应用》第 9 期，第 527～535 页。

周浩、龙立荣，2004，《共同方法偏差的统计检验与控制方法》，《心理科学进展》第 6 期，第 942～950 页。

佐斌、代涛涛、温芳芳、滕婷婷，2014，《热情与能力的关系及其影响因素》，《心理科学进展》第 9 期，第 1467～1474 页。

佐斌、张阳阳、赵菊、王娟，2006，《刻板印象内容模型：理论假设及研究》，《心理科学进展》第 1 期，第 138～145 页。

Bergsieker, Hilary. B. , Leslie, Lisa. M. , Constantine, Vanessa. S. & Fiske, Susan. T. (2012). Stereotyping by omission: Eliminate the negative, accentuate the positive. *Journal of Personality and Social Psychology*, 102 (6), 1214 – 1238.

Chalub, F. A. , Santos, F. C. & Pacheco, J. M. (2006). The evolution of norms. *Journal of Theoretical Biology*, 241, 233 – 240.

Cislaghi, B. & Heise, L. (2018a). Four avenues of normative influence. *Health Psychology*, 37, 562 – 573.

Cislaghi, B. & Heise, L. (2018b). Theory and practice of social norms interventions: eight common pitfalls. *Globalization and Health*, 14, 83.

Cislaghi, B. & Heise, L. (2019). Gender norms and social norms: differences, similarities and why they matter in prevention science. *Sociology of health* & illness, 42 (2), 407 – 422.

Cuddy, A. J. C. , Fiske, S. T. & Glick, P. (2008). Warmth and competence as universal dimensions of social perception: The Stereotype Content Model and the BIAS Map. In M. P. Zanna (Eds.), *Advances in Experimental Social Psychology* (vol. 40, pp. 61 – 149). New York: Academic Press.

Cuddy, A. J. , Fiske, S. T. , Kwan, V. S. , Glick, P. , Demoulin, S. , Leyens, J. P. , et al. (2009). Stereotype content model across cultures: Towards universal similarities and some differences. *British Journal of Social Psychology*, 48, 1 – 33.

Dovidio, J. F. & Gaertner, S. L. (1986). Prejudice, discrimination, and racism: Historical trends and contemporary approaches. In J. F. Dovidio & S. L. Gaertner (Eds.), *Prejudice, discrimination, and racism* (pp. 1 – 34). Orlando: Academic Press.

Faul, F. , Erdfelder, E. , Lang, A. – G. & Buchner, A. (2007). G * Power 3: A flexible statistical power analysis program for the social, behavioral, and biomedical sciences. *Behavior Research Methods*, 39, 175 – 191.

Fields, J. M. & Schuman, H. (1976). Public beliefs and the beliefs of the public. *Public Opinion Quarterly*, 40, 427 – 448.

Findor, Andrej; LÃ¡Å¡ticovÃ¡, Barbara; HruÅ¡ka, Matej; Popper, Miroslav; VÃ¡radi, Luca (2020). The Impact of Response Instruction and Target Group on the BIAS Map. *Frontiers in Psychology*, 11, 566 – 725.

Fishbein, M. , Ajzen, I. (1977). Belief, Attitude, Intention, and Behavior: An introduction to theory and research. Reading, MA: Addison-Wesley.

Fiske, S. T. , Cuddy, A. J. C. , Glick, P. S. & Xu, J. (2002). A model of (often mixed) stereotype content: Competence and warmth respectively follow from perceived status and competition. *Journal of Personality and Social psychology*, 82 (6), 878 – 902.

Fiske, S. T. (2018). Stereotype content: Warmth and competence endure. *Current Directions in Psychological Science*, 27, 67 – 73.

Gintis, H. (2010). Social norms as choreography. *Politics, Philosophy & Economics*, 9, 251 – 264.

Halbesleben, J. R. B. , Wheeler, A. R. and Buckley, R. M. (2005). Everybody else is doing it, so why can't we? Pluralistic ignorance and business ethics education. *Journal of Business Ethics*, 56, 385 – 398.

Kotzur, P. F., Forsbach, N. & Wagner, U. (2017). Choose your words wisely: Stereotypes, emotions, and action tendencies toward fled people as a function of the group label. *Social Psychology*, 48, 226 – 241.

Kotzur, Patrick F., Friehs, Maria-Therese., Asbrock, Frank., van Zalk., Maarten H. W. (2019). Stereotype Content of Refugee Subgroups in Germany. *European Journal of Social Psychology*, 49 (7), 1344 – 1358.

Kotzur, Patrick. F., Veit, Susanne., Namyslo, Annika., Holthausen, Mirka-Alicia., Wagner, Ulrich., Yemane, Ruta. (2020). 'Society thinks they are cold and/or incompetent, but I do not': Stereotype content ratings depend on instructions and the social group's location in the stereotype content space. *The British journal of social psychology*, 59 (4): 1018 – 1042.

Krueger, J. (1996). Personal beliefs and cultural stereotypes about racial characteristics. *Journal of personality and social psychology*, 71, 536 – 548.

Lavrakas, P. J. (2008). Social desirability. In P. J. Lavrakas (Ed.), *Encyclopedia of survey research methods* (pp. 411 – 412). CA: Sage Publications.

Mackie, G., et al. (2015). What are social norms? How are they measured? *New York: UNICEF and UCSD.*

Macrae, C. N., Stangor, C. & Hewstone, M. (Eds.). (1996). Stereotypes and stereotyping. *New York: Guilford*, 42.

Popper, M. & Kollárová, V. (2018). Testing SCM questionnaire instructions using cognitive interviews. *Human Affairs*, 28 (3), 297 – 311.

Prentice, D. A., Miller, D. T. (1993). Pluralistic ignorance and alcohol use on campus: Some consequences of misperceiving the social norm. *Journal of Personality and Social Psychology*, 64 (2), 243 – 256.

Schermelleh-Engel, K., Moosbrugger, H. & Müller, H. (2003). Evaluating the fit of structural equation models: Tests of significance and descriptive goodness-of-fit measures. *Methods of Psychological Research Online*, 8, 23 – 74.

Schwartz, S. H. (2011). Values: Cultural and individual. In F. J. R. van de Vijver, A. Chasiotis & S. M. Breugelmans (Eds.), *Fundamental questions in cross-cultural psychology* (pp. 463 – 493). UK: Cambridge University Press.

Sherif, M., & Sherif, C. W. (1953). *Groups in Harmony and Tension: An Integration of Studies of Intergroup Relations.* Oxford: Harper & Brothers.

Tankard, M. E. & Paluck, E. L. (2016). Norm Perception as a Vehicle for Social Change. *Social Issues and Policy Review*, 10 (1), 181 – 211.

《中国社会心理学评论》 第 24 辑

第 30~56 页

© SSAP，2023

群体客观属性的重要性感知
及其对印象评价的影响[*]

佐　斌　姚　奕　叶含雪[**]

摘　要：在群体知觉及群体印象评价中，群体自身的客观属性发挥着直接作用。本研究围绕群体客观属性线索对群体印象评价的影响，通过三项研究探索个体在群体知觉过程中对群体客观属性的重要性感知偏向以及其在印象评价过程中发挥的作用。研究 1 采用半结构访谈法和提名法获得了群体客观属性的主要内容，并将其分为自然线索维度和社会线索维度；研究 2 进一步采用主观评定任务和属性迫选任务发现了 9 种群体客观属性的三种不同的重要程度感知偏向；研究 3 采用特质词评价任务和图片评定任务发现不同重要程度感知的群体客观属性会进一步延伸至其对群体印象评价中的相对权重和优势效应。

关键词：群体客观属性　重要性感知　群体印象评价　优势效应

一　引言

群体是个体的集合，但 Hamilton 等（1996）的研究发现，群体印象评价和个体印象评价之间存在着基础信息处理方式的差异，即群体印象评价

---

* 本研究得到国家社科基金重大项目（18ZDA331）的资助。

** 佐斌，中山大学心理学系教授、博士生导师，华中师范大学社会心理研究中心主任、博士生导师，通信作者，E-mail：zuobin@mail.sysu.edu.cn；姚奕，华中师范大学心理学院硕士研究生；叶含雪，华中师范大学心理学院博士研究生。

并非简单的群体内成员印象评价的总和。相较于基于个体的信息采集及整理过程，人们往往会将某个社会群体当作完整的实体进行感知。

目前，关于群体客观属性在群体知觉以及群体印象评价中发挥作用的研究，往往聚焦于某些特定群体与个体之间的主观心理属性，并且大多集中于群体实体性和多样性的理论框架下。但是，在日常生活中群体自身包含的客观属性同样不容小觑，探究个体在对群体进行印象评价的过程中更看重哪些群体客观属性，以及这些主要的群体客观属性又会对群体印象评价产生何种影响对于丰富和拓展群际互动领域的相关研究、促进群际和谐显得至关重要。

（一）群体印象评价的基本维度

对群体进行印象评价时，人们往往会依据一定的评价维度。刻板印象内容模型（Stereotype Content Model, SCM）由 Fiske 等（2002）提出，使用热情和能力两个维度来评价不同的群体。该理论认为，人类在人际互动过程中存在两种根本意图：判断目标对象是朋友还是敌人（是否热情），以及目标对象是否会对自己的地位构成威胁（是否有能力）。研究证明，在群体评价领域中，人们倾向于从热情和能力两个维度出发对目标群体进行印象评价（Fiske et al., 2007；佐斌等，2015）。

（二）群体评价中的社会分类线索

社会分类是指把自己或他人分类到不同的社会群体中，或依据自己（他人）所属的社会群体来定义自己（他人）的身份，分类依据主要包括性别、年龄、国籍、职业等属性（Allport, 1954；温芳芳、佐斌，2019）。基于社会分类，人们可以对来自他人的复杂信息进行处理和整合，从而形成对他人乃至他人所处群体的特质进行推断的心理捷径。现有的社会分类研究中关注的线索主要分为自然线索和社会线索。前者主要包括年龄、种族和性别等个体与生俱来的自然产生的属性特征。这些特征往往更本质、更稳定、更普遍。而后者则与自然属性没有太多的相似性，譬如包括群体的语言、职业、社会阶层及地位等（佐斌等，2019）。在社会分类过程中，不同维度的相对重要性也不同，因此会表现出优势维度效应（Rozendal,2003）。已有研究证实，相较于自然属性，社会属性被认为是更重要的，即个体会表现出对社会属性线索的偏好（佐斌等，2019）。在群体知觉的研究中，大多数研究者比较赞同社会认同理论的观点。社会认同理论将群体的产生视为社会分类的结果，也就是说，群体印象形成始于社会分类

(Crisp & Hewstone, 2007)。不同的社会类别携带不同的属性，而这些属性会直接影响个体对群体的知觉和信息加工过程。

（三）群体客观属性及其对印象评价的影响

群体是具有共同目标和共同行为规范，并且彼此影响、相互作用的三人及以上的人群集合（Turner, 1982）。每个群体都拥有一些特定的属性去规范、解释并预测群体内成员的行为及群体本身的存在与发展，这些属性不受主观思想或意识形态影响而独立存在，应当是群体必然的、基本的、不可分离的特性，这些属性被称为群体客观属性。此外，学者对群体客观属性的研究还可以从人口统计学的指标体系（温勇，2006）中得到启发。根据指标反映现象的时间属性不同，可将其分为静态指标和动态指标；根据指标所反映现象的质与量的属性不同，可将其分为数量指标和素质指标。也就是说，群体内成员的性别比例、年龄分布、受教育程度、政治面貌以及该群体的规模和成绩等都应当属于群体客观属性的范畴。

作为某一群体所特有的客观属性，它应当是相对于其他群体而言，由群体之间的差异性建立起来的。也就是说，群体与群体之间的相同或相异，应当就是其客观属性之间的相同或相异。事实上，人们已经掌握根据群体客观属性的相同或相异进行社会分类继而进行群体印象评价的原则和技巧。譬如，群体可以划分为男性和女性或年轻人和老年人。此外，职业、受教育程度、学历、地位、规模等都可以作为划分标准。由此可见，群体客观属性在个体进行群体知觉、群体分类以至进行群体印象评价的过程中都发挥着至关重要的作用。

在国内外的研究中，群体规模和群体地位两类属性受到广泛关注与探讨。群体规模是指组成一个群体的人数多少，是最直观的群体属性之一。当个体所属的内群体相较于外群体规模更小时，被试更容易表现出内群体偏好，即对内群体做出更高的印象评价并产生相应的行为反应（Ellemers & Van Rijswijk, 1997）。Markus 等（2005）研究发现，处于较小规模群体内的成员比处于较大规模群体内的成员对于自己和内群体的关系表现出更高的认知专注性。Moscatelli 等（2017）在言语认知领域中同样发现了群体规模发挥的作用，处于较大规模群体内的成员会更倾向于采用较高抽象程度的积极词汇进行印象评价。群体地位是根据群体拥有的社会资源界定的社会位置。社会认同理论指出，地位系统的稳定性、合理性和群体边界的可渗透性作为三种群体关系结构变量会通过相互作用的方式影响人们对群体地位的认知（Wright et al. , 1990；Mummendey & Wenzel, 1999），进一步影响他们的群体知觉以及群体印象评价。

（四）研究目的

国内外学者在社会认知领域中针对不同的群体客观属性进行了探索，但仍然存在以下几个值得进一步探讨的问题。第一，现有研究大多集中于群体实体性和多样性的理论框架下，社会群体更多是伴随着社会演变而产生的。在社会日益发展的今天，人们会更关注哪些群体客观属性尚缺乏相应的梳理与探索。第二，每个群体都同时蕴含着多种客观属性。探索个体对于不同客观属性的重要程度存在何种感知偏向有助于我们进一步探索其对群体印象评价的影响。第三，以往研究大多仅集中于个别群体的个别属性，但现实生活中几乎不存在仅有单一属性的群体。因此，洞悉不同的群体客观属性在群体印象评价过程中发挥作用的权重问题或优势效应就显得尤为重要。

基于此，本文拟通过三个研究逐层明晰群体客观属性的内涵及作用。首先，研究 1 通过半结构化访谈及开放式提名的方式确定群体客观属性的主要内容。其次，研究 2 采用主观评定任务和属性迫选任务探索个体对于群体客观属性的重要性感知偏向，并筛选出处于不同重要性水平的群体客观属性。最后，研究 3 基于热情能力维度，采用特质词评价任务及图片评定任务，探索不同重要性程度的群体客观属性在群体印象评价过程中发挥作用的相对权重。

二　研究 1：群体客观属性的内容探索

（一）方法

1. 被试

本研究共招募被试 78 人，其中通过海报方式随机招募被试 20 名参与访谈，其中男性 10 名，女性 10 名，$M_{age} = 26.6$，$SD_{age} = 3.88$；通过问卷星平台随机招募被试 58 名参与群体提名，其中男性 28 人，女性 30 人，$M_{age} = 21.40$，$SD_{age} = 1.75$。

2. 程序

访谈前，约定访谈时间并签订知情同意书。访谈中，围绕访谈提纲进行开放式提问和追踪式提问。访谈后，对录音材料进行转录整理。通过线上问卷收集个体关于群体客观属性的开放式提名结果，指导语为"请您仔细思考，当需要您介绍一个群体时，您会从群体的哪些方面介绍？请至少列出 5 项"。

依据扎根理论（李晓凤、余双好，2006）进行数据整理与分析。对访谈对象设置相应编号，标记与研究主题相符的内容，并邀请一位不了解实验目的的心理学专业本科生对转录稿进行校对。针对开放式提名，剔除理解有误等原因导致的无效数据，获得有效数据 56 份。

采用 NVivo 11.0 分析软件对文本材料进行编码及分类。之后由一位具备丰富质性研究经验的心理学专业博士生对编码结果进行审核，判断是否存在编码材料含义不对应、编码概念重叠交叉或意义不明等情况。

（二）结果与分析

根据提及的属性概念及既往研究将其归属为自然线索维度和社会线索维度。通过对原始材料的概念化处理，共得到 340 余个原始词语或语句，共建立 18 个码号，归属于上述两大范畴。同时还设计了 326 个参照点，将每个编码内容按照其包含的参照点数多少进行排序，纳入统一的编码系统中。

结果显示 18 个码号的排序如下：自然线索维度包括性别比例、年龄分布、受教育程度、典型样例、地域分布和政治面貌；社会线索维度包括群体功能、群体规模、群体目标、群体结构、群体地位、群体氛围、群体成就、群体凝聚力、群体历史、未来发展、群体文化和群体名称。根据群体客观属性的概念界定，本研究认为群体氛围、群体凝聚力和未来发展并非群体本身固有的、客观存在的属性，而是人们对群体的主观感知，因此将三者剔除。在此基础上根据上述属性的提名频次选取靠前的 9 项属性作为群体客观属性的主要内容，分别为性别比例、年龄分布、受教育程度、群体功能、群体规模、群体目标、群体结构、群体地位和群体成就。

本研究发现，个体在群体知觉的过程中的确会关注群体内成员层面上的自然线索以及群体层面上的社会线索。对于前者的关注主要集中在性别比例、年龄分布和受教育程度上；而对于后者的关注则更加丰富且多元，主要包括群体功能、群体规模、群体目标、群体结构、群体地位和群体成就六个方面，其中，被提及频次最高的是代表了群体所发挥的有效作用或效能的群体功能。

三　研究 2：群体客观属性的
重要性感知研究

（一）研究 2a：基于主观评定任务的探索

1. 方法

（1）被试。通过问卷星平台随机招募被试 191 名，剔除作答明显不认真等造成的无效答卷后，得到有效数据 173 份。参与者年龄的平均值与标准差分别为 $M_{age} = 20.21$ 和 $SD_{age} = 2.08$。

（2）程序。本研究使用等级排列法考察被试对群体客观属性的重要性感知偏向。请被试思考在对某一群体进行印象评价的时候会优先或重点考虑哪些群体属性？被试需要对 9 种群体客观属性词进行重要程度排序。之后，再对它们的影响力进行 7 点等级评分（1 = 毫无影响，7 = 极有影响），指导语为"在对某一群体进行印象评价时，您觉得下列群体属性会在多大程度上影响您的评价？"

2. 结果与分析

本研究使用 SPSS 22.0 进行数据分析。Kruskal – Wallis 秩和检验结果显示，9 项群体客观属性指标的重要程度排序存在显著差异，$\chi^2 (8) = 167.575$，$p < 0.001$。具体而言，重要程度最高的为群体成就（$M = 4.11$，$SD = 2.42$），之后依次是群体功能（$M = 4.14$，$SD = 2.41$）、受教育程度（$M = 4.24$，$SD = 2.26$）、群体地位（$M = 4.50$，$SD = 2.51$）、群体目标（$M = 4.90$，$SD = 2.33$）和群体结构（$M = 4.95$，$SD = 2.40$），而重要程度偏低的依次为群体规模（$M = 5.44$，$SD = 2.26$）、年龄分布（$M = 6.02$，$SD = 2.76$）及性别比例（$M = 6.69$，$SD = 2.62$）（见图 1）。

由表 1 可知，群体成就、群体功能、受教育程度和群体地位的重要程度排序均显著优于群体规模、年龄分布和性别比例，调整后 $p = (0.000, 0.027]$；而群体目标和群体结构的重要程度排序均显著优于年龄分布和性别比例，调整后 $p = (0.000, 0.005]$；最后，群体规模的重要程度排序显著优于性别比例，调整后 $p < 0.001$。其他群体客观属性之间的差异均不显著，调整后 $p = [0.085, 1.000]$。

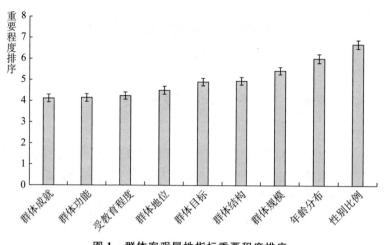

图 1　群体客观属性指标重要程度排序

表 1　属性指标重要程度排序成对比较结果

	均值差	t	调整后 p
群体成就 – 群体规模	−1.33	−4.79	0.000
群体成就 – 年龄分布	−1.91	−6.87	0.000
群体成就 – 性别比例	−2.58	−9.30	0.000
群体功能 – 群体规模	−1.30	−4.66	0.000
群体功能 – 年龄分布	−1.87	−6.74	0.000
群体功能 – 性别比例	−2.55	−9.18	0.000
受教育程度 – 群体规模	−1.20	−4.33	0.001
受教育程度 – 年龄分布	−1.78	−6.41	0.000
受教育程度 – 性别比例	−2.46	−9.85	0.000
群体地位 – 群体规模	−0.94	−3.37	0.027
群体地位 – 年龄分布	−1.51	−5.45	0.000
群体地位 – 性别比例	−2.19	−7.89	0.000
群体目标 – 年龄分布	−1.12	−4.02	0.002
群体目标 – 性别比例	−1.79	−6.45	0.000
群体结构 – 年龄分布	−1.06	−3.83	0.005
群体结构 – 性别比例	−1.74	−6.27	0.000
群体规模 – 性别比例	−1.25	−4.52	0.000

在影响力的评价方面，重复测量方差分析结果表明，9 种群体客观属性的影响力得分存在显著差异，F（8，1376）= 45.01，$p < 0.001$，$\eta^2 =$ 0.207。具体而言，影响力得分较高的为群体成就（$M = 5.64$，$SD = 1.09$）和受教育程度（$M = 5.64$，$SD = 1.11$），之后依次是群体功能（$M = 5.53$，$SD = 1.05$）、群体目标（$M = 5.45$，$SD = 1.15$）、群体地位（$M = 5.30$，$SD = 1.29$）和群体结构（$M = 4.98$，$SD = 1.24$），而影响力得分偏低的是群体规模（$M = 4.80$，$SD = 1.26$）、年龄分布（$M = 4.45$，$SD = 1.43$）及性别比例（$M = 3.98$，$SD = 1.47$），详见图 2。

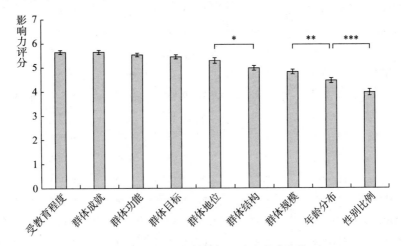

图 2　群体客观属性指标影响力得分比较

说明：* 表示 $p < 0.05$，** 表示 $p < 0.01$，*** 表示 $p < 0.001$，下同。

事后多重比较结果表明，首先，居于前三位的群体客观属性的影响程度评分均显著高于后五位（见图 2），$p =$（0.000，0.045]；其次，居于中等顺位的群体目标和群体地位的影响程度评分均显著高于影响程度评分的后四位，$p =$（0.000，0.011]；最后，群体结构和群体规模的影响程度评分均显著高于年龄分布和性别比例，$p =$（0.000，0.008]，并且年龄分布的影响程度评分也显著高于性别比例，$p < 0.001$。其他群体客观属性之间均不存在显著差异，$p =$ [0.110，1.000]（见表 2）。

表 2　属性指标影响力评分比较结果

	均值差	95% CI	t	p	Cohen's d
群体成就 – 群体地位	0.34	[0.16，0.53]	3.66	0.000	0.28
群体成就 – 群体结构	0.67	[0.45，0.88]	6.06	0.000	0.46

	均值差	95% CI	t	p	Cohen's d
群体成就 - 群体规模	0.84	[0.60, 1.08]	6.80	0.000	0.52
群体成就 - 年龄分布	1.19	[0.91, 1.47]	8.34	0.000	0.63
群体成就 - 性别比例	1.67	[1.38, 1.95]	11.72	0.000	0.89
受教育程度 - 群体地位	0.34	[0.14, 0.55]	3.29	0.001	0.25
受教育程度 - 群体结构	0.67	[0.42, 0.91]	5.41	0.000	0.41
受教育程度 - 群体规模	0.84	[0.60, 1.08]	6.98	0.000	0.53
受教育程度 - 年龄分布	1.19	[0.94, 1.44]	9.43	0.000	0.72
受教育程度 - 性别比例	1.67	[1.41, 1.92]	12.84	0.000	0.98
群体功能 - 群体地位	0.23	[0.01, 0.46]	2.02	0.045	0.15
群体功能 - 群体结构	0.56	[0.33, 0.78]	4.92	0.000	0.37
群体功能 - 群体规模	0.73	[0.50, 0.95]	6.43	0.000	0.49
群体功能 - 年龄分布	1.08	[0.82, 1.35]	8.05	0.000	0.61
群体功能 - 性别比例	1.56	[1.28, 1.83]	11.27	0.000	0.86
群体目标 - 群体结构	0.47	[0.27, 0.68]	4.53	0.000	0.34
群体目标 - 群体规模	0.65	[0.41, 0.88]	5.45	0.000	0.41
群体目标 - 年龄分布	1.00	[0.72, 1.28]	7.14	0.000	0.54
群体目标 - 性别比例	1.47	[1.28, 1.83]	10.24	0.000	0.78
群体地位 - 群体结构	0.32	[0.08, 1.57]	2.58	0.011	0.20
群体地位 - 群体规模	0.50	[0.25, 0.75]	3.93	0.000	0.30
群体地位 - 年龄分布	0.85	[0.57, 1.13]	6.09	0.000	0.46
群体地位 - 性别比例	1.32	[1.06, 1.59]	9.94	0.000	0.76
群体结构 - 年龄分布	0.53	[0.25, 0.81]	3.72	0.000	0.28
群体结构 - 性别比例	1.00	[0.71, 1.29]	6.88	0.000	0.52
群体规模 - 年龄分布	0.35	[0.09, 0.61]	2.68	0.008	0.20
群体规模 - 性别比例	0.83	[0.57, 1.08]	6.35	0.000	0.48
年龄分布 - 性别比例	0.47	[0.25, 0.69]	4.26	0.000	0.32

　　总的来说，基于主观评定任务的实验研究结果表明，个体对于自然线索维度下的性别比例和年龄分布两属性的重要性感知低于其他社会线索维度下的属性。具体而言，最重要且最具影响力的群体属性为群体成就，并且群体成就、群体功能和受教育程度三类属性可被归为高重要性水平；其次，居于中等重要性的群体属性包括群体目标、群体地位和群体结构三类

属性；最后，在群体知觉过程中被认为具有低重要性的属性为群体规模、年龄分布和性别比例，并且三者之间存在较为明显的递减趋势。

（二）研究 2b：基于属性迫选任务的检验

1. 方法

（1）被试。随机招募被试 41 名，参与者年龄的平均值与标准差分别为 $M_{age}=20.56$ 和 $SD_{age}=2.48$。

（2）程序。本实验包括练习阶段和正式实验阶段。练习阶段由其他类似词性的词汇刺激组成，共包括 5 个试次。正式实验将 9 种群体客观属性词作为刺激两两配对呈现在电脑屏幕上，并要求被试根据指导语完成任务。为了平衡位置效应的影响，每种属性词在左右位置均与其他 8 种属性词进行匹配，共计 72 个试次，试次间隙屏幕中心会呈现注视点 500 毫秒。

2. 结果与分析

本研究根据邵志芳（2002）改进的对偶比较数据的方法，对数据转换后进行分析。首先剔除极端值及无效数据（反应时长于 10000 毫秒或短于 300 毫秒的选择）后将每种群体客观属性词被选择的频数（频率）进行整理后得出表 3（当行项目与列项目同时呈现时，选择行项目的频数及频率）。

表 3　属性迫选结果 F/P 矩阵

属性词	1	2	3	4	5	6	7	8	9	总和
性别比例	(0.50)	24 (0.30)	8 (0.10)	11 (0.13)	5 (0.06)	9 (0.11)	13 (0.16)	8 (0.10)	3 (0.04)	81
年龄分布	56 (0.70)	(0.50)	10 (0.12)	25 (0.31)	12 (0.15)	17 (0.21)	20 (0.25)	7 (0.09)	9 (0.11)	156
受教育程度	73 (0.90)	72 (0.88)	(0.50)	51 (0.64)	42 (0.52)	38 (0.48)	53 (0.65)	46 (0.57)	32 (0.40)	407
群体规模	71 (0.87)	55 (0.69)	29 (0.36)	(0.50)	15 (0.19)	24 (0.31)	42 (0.53)	29 (0.36)	12 (0.15)	277
群体地位	76 (0.94)	69 (0.85)	39 (0.48)	66 (0.81)	(0.50)	54 (0.67)	59 (0.73)	48 (0.59)	32 (0.40)	443
群体目标	72 (0.89)	65 (0.79)	41 (0.52)	54 (0.69)	27 (0.33)	(0.50)	46 (0.58)	29 (0.38)	16 (0.21)	350
群体结构	69 (0.84)	60 (0.75)	28 (0.35)	37 (0.47)	22 (0.27)	33 (0.42)	(0.50)	22 (0.28)	18 (0.23)	289
群体功能	72 (0.90)	70 (0.91)	35 (0.43)	51 (0.64)	33 (0.41)	48 (0.62)	58 (0.73)	(0.50)	25 (0.31)	392

续表

属性词	1	2	3	4	5	6	7	8	9	总和
群体成就	77 (0.96)	71 (0.89)	48 (0.60)	69 (0.85)	48 (0.60)	61 (0.79)	61 (0.77)	55 (0.69)	(0.50)	490

对群体客观属性的频率进行重复测量方差分析,结果表明个体对9种群体客观属性词的选择偏向存在显著差异,$F(8, 320) = 34.508$,$p < 0.001$,$\eta^2 = 0.463$。排在首位的是群体成就($M = 0.17$,$SD = 0.04$),之后依次是群体地位($M = 0.15$,$SD = 0.04$)、受教育程度($M = 0.14$,$SD = 0.06$)、群体功能($M = 0.14$,$SD = 0.04$)、群体目标($M = 0.12$,$SD = 0.05$)和群体结构($M = 0.10$,$SD = 0.05$),而选择频率偏低的三项依次为群体规模($M = 0.09$,$SD = 0.05$)、年龄分布($M = 0.06$,$SD = 0.04$)及性别比例($M = 0.03$,$SD = 0.04$)(见图3)。顺次成对比较结果见图3和表4,群体成就的选择频率显著高于群体地位,群体目标的选择频率显著高于群体结构,群体规模的选择频率显著高于年龄分布,年龄分布的选择频率显著高于性别比例。

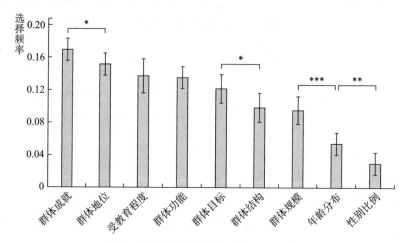

图3　群体客观属性指标选择频率比较

表4　属性指标选择频率成对比较结果

	均值差	95% CI	t	p	Cohen's d
群体成就 - 群体地位	0.02	[0.00, 0.03]	2.13	0.039	0.33
群体地位 - 受教育程度	0.01	[-0.01, 0.04]	1.08	0.286	0.17
受教育程度 - 群体功能	0.00	[-0.02, 0.02]	0.25	0.804	0.04

	均值差	95% CI	t	p	Cohen's d
群体功能 – 群体目标	0.01	[-0.01, 0.03]	1.44	0.157	0.23
群体目标 – 群体结构	0.02	[0.00, 0.04]	2.13	0.039	0.33
群体结构 – 群体规模	0.00	[-0.02, 0.03]	0.30	0.764	0.05
群体规模 – 年龄分布	0.04	[0.02, 0.06]	3.97	0.000	0.62
年龄分布 – 性别比例	0.02	[0.01, 0.04]	3.37	0.002	0.53

对反应时进行重复测量方差分析的结果同样发现，个体在对 9 种群体客观属性进行逐对比较并选择时，反应时存在显著差异，$F(8, 184) = 2.270$，$p = 0.024$，$\eta^2 = 0.090$。最容易被重点考虑的群体成就，在被选择时反应时也最短；而个体最不倾向于关注的指标，即年龄分布和性别比例，即使在被选择时反应时也最长，详见表 5。

表 5　属性迫选任务反应时描述统计结果

变量	M	SD
性别比例	3806.47	1929.62
年龄分布	3594.03	2369.71
受教育程度	2809.28	934.17
群体规模	2841.98	1722.23
群体地位	2812.30	954.67
群体目标	3044.31	1200.31
群体结构	3146.63	1462.53
群体功能	2917.07	1040.73
群体成就	2657.62	962.58

总的来说，研究 2b 发现在群体知觉过程中最倾向于被重点关注的属性是群体成就，表现出稳定的优先级；之后依次是群体地位、受教育程度、群体功能、群体目标和群体结构；被选择频率最低的三项依次是群体规模、年龄分布及性别比例。此外，反应时结果再次证实了这一显著效应的存在，即群体成就作为个体重点考虑的指标在被选择时反应时最短，而年龄分布和性别比例的反应时则较长。总而言之，除群体地位和群体功能略有调整外，这一结果所揭示的群体客观属性重要性感知偏向与研究 2a 基本一致。

四　研究 3：群体客观属性的重要性程度影响印象评价

（一）研究 3a：基于特质词评价任务的实验探索

1. 方法

（1）被试。使用 G * Power 软件计算样本量（Faul et al., 2009），设置效应量为 0.25，α 值为 0.05，计算出所需样本量为 108 人。通过问卷星平台随机招募被试 215 名，剔除因作答明显不认真等导致的无效答卷后，得到有效数据 195 份。参与者年龄的平均值与标准差分别为 $M_{age} = 20.02$ 和 $SD_{age} = 3.10$。

（2）研究设计。采用 2（高重要性水平属性——群体成就：高/低）× 2（中重要性水平属性——群体地位：高/低）× 2（低重要性水平属性——群体规模：大/小）被试内实验设计，因变量为对目标群体在热情和能力维度上的评分。其中，热情特质词包括热情的、友好的、和善的、真诚的；能力特质词包括聪明的、能干的、有竞争力的、高效的（Fiske et al., 2002）。

（3）实验程序。请被试想象一个特定的群体，并对该群体进行相关特质词的 7 点评分（1 = 非常不符合，7 = 非常符合）。指导语示例："请您想象这样一个群体：目前为止，它取得了较多成就，成绩不错；它的成员很多，即规模较大；它具有较高的社会地位。您认为这个群体是？"为了平衡语序的影响，在对虚拟群体进行属性表述时，根据拉丁方阵对三种属性描述进行随机排序，即每种类型的虚拟群体都对应 8 种不同的指导语，正式实验过程中随机抽取一种作为具体指导语呈现。

2. 结果与分析

在热情评价方面：重复测量方差分析结果表明，群体成就的主效应显著，$F(1, 194) = 109.24$，$p < 0.001$，$\eta^2 = 0.360$，高成就群体的评分（$M = 4.86$，$SD = 1.10$）显著高于低成就群体的评分（$M = 4.19$，$SD = 1.30$）；群体地位的主效应显著，$F(1, 194) = 12.88$，$p < 0.001$，$\eta^2 = 0.062$，高地位群体的评分（$M = 4.66$，$SD = 1.22$）显著高于低地位群体的评分（$M = 4.39$，$SD = 1.16$）；群体规模的主效应显著，$F(1, 194) = 49.64$，$p < 0.001$，$\eta^2 = 0.204$，大规模群体的评分（$M = 4.75$，$SD = 1.14$）显著高于小规模群体的评分（$M = 4.30$，$SD = 1.23$）。群体成就和群体地位的交互作用显著，$F(1, 194) = 57.30$，$p < 0.001$，$\eta^2 = 0.228$；群体规

模和群体地位的交互作用显著，$F (1, 194) = 14.88$，$p < 0.001$，$\eta^2 = 0.071$；群体成就和群体规模的交互作用以及群体成就、群体地位和群体规模的交互作用均不显著，$ps > 0.05$。

简单效应分析结果表明，首先，对于高地位群体而言，当其规模较大时热情维度的评分（$M = 4.81$，$SD = 1.27$）显著高于群体规模较小时的评分（$M = 4.51$，$SD = 1.19$），$F (1, 194) = 18.97$，$p < 0.001$；对于低地位群体而言这一显著效应仍然存在，并且更加明显，$F (1, 194) = 58.94$，$p < 0.001$（见图4）。其次，对于高成就群体而言，当其地位较高时热情维度的评分（$M = 4.83$，$SD = 1.14$）反而略低于地位较低时的评分（$M = 4.89$，$SD = 1.07$）；而对于低成就群体而言，当其地位较高时热情维度的评分（$M = 4.49$，$SD = 1.31$）则显著高于地位较低时的评分（$M = 3.89$，$SD = 1.25$），$F (1, 194) = 40.78$，$p < 0.001$（见图5）。

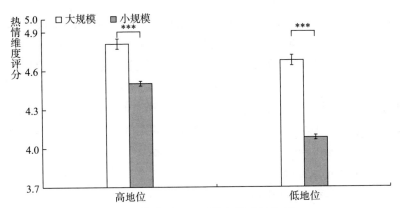

图4　群体地位×群体规模交互作用

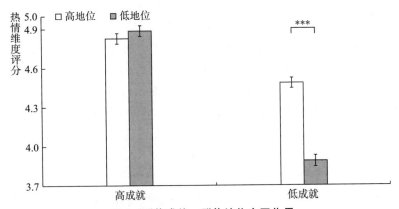

图5　群体成就×群体地位交互作用

一般线性回归分析结果表明，回归模型具有统计学意义，F (3, 1556) = 64.26，$p < 0.001$，$R^2 = 0.110$。相较于群体地位和群体规模，群体成就对目标群体的热情维度评分具有更大的影响权重，即表现出一定的优势效应。进一步看，群体规模对热情维度评分的影响权重也略高于群体地位（见表6）。

表6 热情维度下线性回归分析结果

模型	B	SE	β	t	p
常数项	2.44	0.16		15.06	0.000
群体成就	0.67	0.06	0.26	10.95	0.000
群体地位	0.27	0.06	0.11	4.42	0.000
群体规模	0.45	0.06	0.18	7.30	0.000

在能力评价方面：重复测量方差分析结果表明，群体成就的主效应显著，F (1, 194) = 526.47，$p < 0.001$，$\eta^2 = 0.727$，高成就群体的评分（$M = 5.58$，$SD = 1.02$）显著高于低群体成就的评分（$M = 3.60$，$SD = 1.26$）；群体地位的主效应显著，F (1, 194) = 310.41，$p < 0.001$，$\eta^2 = 0.615$，高地位群体的评分（$M = 5.03$，$SD = 1.10$）显著高于低地位群体的评分（$M = 4.15$，$SD = 1.18$）；群体规模的主效应不显著，$p = 0.935 > 0.05$。群体成就和群体规模的交互作用显著，F (1, 194) = 10.44，$p = 0.001 < 0.01$，$\eta^2 = 0.051$；群体成就和群体地位的交互作用显著，F (1, 194) = 5.49，$p = 0.020 < 0.05$，$\eta^2 = 0.028$；群体成就、群体地位和群体规模三者的交互作用显著，F (1, 194) = 16.30，$p < 0.001$，$\eta^2 = 0.077$；群体规模和群体地位的交互作用不显著，$p > 0.05$。

进一步进行简单简单效应分析结果发现：首先，对于高成就低地位群体而言，当其规模较大时，个体对其能力维度的评分（$M = 5.02$，$SD = 0.97$）显著低于规模较小时能力维度的评分（$M = 5.34$，$SD = 1.13$），F (1, 194) = 13.71，$p < 0.001$，而对于高成就高地位群体而言，当其规模较大时的能力维度评分（$M = 6.00$，$SD = 0.86$）反而略高于规模较小时的评分（$M = 5.94$，$SD = 1.11$）；其次，对于低成就低地位群体而言，当其规模较大时，个体对其能力维度的评分（$M = 3.23$，$SD = 1.28$）显著高于规模较小时能力维度的评分（$M = 2.99$，$SD = 1.36$），F (1, 194) = 8.09，$p = 0.005 < 0.01$，而对于低成就高地位群体而言则不存在这一效应，$p = 0.657 > 0.05$，详见图6。此外，无论群体的规模和成就处于何种水平，高地位群体的能力评分都显著高于低地位群体的能力评分，$p < 0.001$；无论群体的规模和地位处于何种水平，高成就群体的能力评分都显著高于低成就群体的能力评分，$p < 0.001$（见图6）。

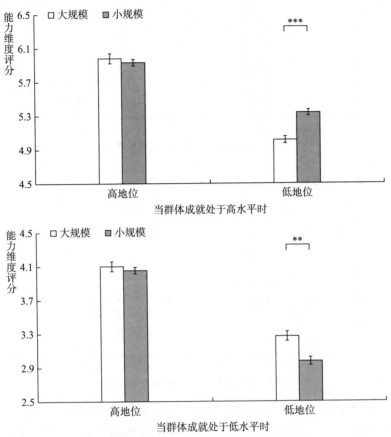

图6　群体成就×群体地位×群体规模交互作用

此外，简单效应分析结果表明，对于高成就群体而言，其规模较大时能力的评分（$M = 5.51$，$SD = 0.91$）与规模较小时的评分（$M = 5.64$，$SD = 1.12$）存在边缘显著，$F (1, 194) = 3.79$，$p = 0.053$；对于低成就群体而言，其规模较小时的评分（$M = 3.53$，$SD = 1.33$）则显著小于规模较大时的评分（$M = 3.67$，$SD = 1.19$），$F (1, 194) = 4.33$，$p = 0.039 < 0.05$（见图7）。如图8所示，对于高成就群体而言，当其地位较高时能力维度的评分显著高于低地位群体的评分，$F (1, 194) = 160.53$，$p < 0.001$；对于低成就群体而言这一显著效应仍然存在，并且更加明显，$F (1, 194) = 206.75$，$p < 0.001$。

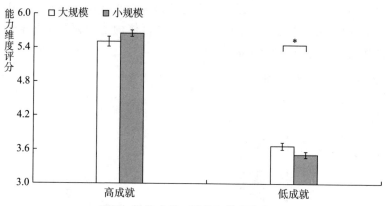

图7 群体成就×群体规模交互作用

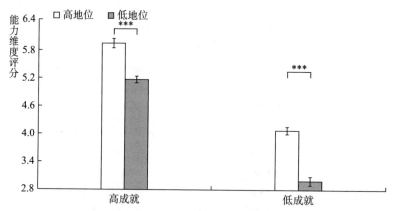

图8 群体成就×群体地位交互作用

一般线性回归分析结果表明，回归模型具有统计学意义，F（2，1557）= 684.15，$p < 0.001$，$R^2 = 0.468$。相较于群体地位，群体成就对目标群体的能力维度评分具有更大的影响权重，表现出显著的优势效应（见表7）。

表7 能力维度下线性回归分析结果

模型	B	SE	β	t	p
常数项	0.30	0.13		2.37	0.018
群体成就	1.97	0.06	0.62	33.75	0.000
群体地位	0.88	0.06	0.28	15.13	0.000

研究3a结果表明，群体成就、群体地位和群体规模均会对目标群体的热情评价产生影响；群体成就和群体地位会对目标群体的能力评价产生影响。无论在热情还是能力维度下，群体成就对于目标群体印象评价的影响

都表现出显著的优势效应。特别是在热情维度下群体规模的权重高于群体地位，而在能力维度下则与之相反。

（二）研究 3b：基于图片评定任务的实验检验

1. 方法

（1）被试。随机招募被试 71 名，剔除材料理解有误等原因造成的无效答卷后，得到有效数据 66 份。参与者年龄的平均值与标准差分别为 $M_{age} = 20.05$ 和 $SD_{age} = 1.75$。

（2）实验设计。采用 2（群体成就：高/低）× 2（群体地位：高/低）× 2（群体规模：大/小）被试内实验设计，因变量为对目标群体和热情与能力特质词的匹配判断。热情、能力特质词同研究 3a。通过图片中呈现的人数多少代表该群体的规模，通过台阶表征该群体的地位，通过平均得分表征该群体的成就，并通过情境设置向被试说明这一得分是根据该群体目前已有的综合成就进行的客观评定。每张示意图中都体现了三种群体客观属性，每种群体客观属性有两种不同的水平（见图 9）。

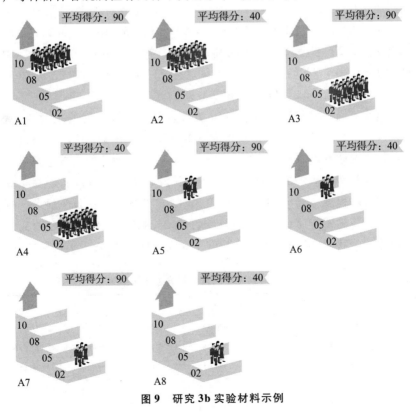

图 9　研究 3b 实验材料示例

（3）实验程序。根据群体客观属性不同水平的组合，共形成 8 种不同类型的目标群体，每种群体都与 8 种特质词进行匹配，并且对位置效应进行平衡，因此共计形成 128 个试次。试次间隙屏幕中心会呈现注视点 500 毫秒。具体指导语示例为：接下来，屏幕上会呈现一个群体示意图和一个形容词。如果您同意屏幕上的表述，按 "D" 键；如果您不同意屏幕上的表述，按 "K" 键。请根据您的真实想法，尽量快地做出判断。明白上述指导语之后，按 "空格键" 开始实验。实验结束之后，通过问卷施测的方式对实验材料进行操纵性检验，具体指导语示例为：请您根据图片呈现的内容，对该群体的规模、地位及成就进行评分。采用 7 点评分，其中 1 ＝ 非常小／非常低，7 ＝ 非常大／非常高。

2. 结果与分析

配对样本 t 检验结果表明，对三种群体客观属性的操纵是可行的。当呈现的群体为大规模时，被试对其规模的评分（$M = 6.04$，$SD = 0.81$）显著高于小规模群体（$M = 2.08$，$SD = 0.70$），$t(263) = 57.76$，$p < 0.001$，$95\% CI = [3.82, 4.09]$，$Cohen's\ d = 3.56$；当呈现的群体为高地位时，被试对其地位的评分（$M = 5.93$，$SD = 0.56$）显著高于低地位群体（$M = 1.95$，$SD = 0.89$），$t(263) = 57.32$，$p < 0.001$，$95\% CI = [3.84, 4.12]$，$Cohen's\ d = 3.52$；当呈现的群体为高成就时，被试对其成就的评分（$M = 6.09$，$SD = 0.81$）显著高于低成就群体（$M = 2.27$，$SD = 0.90$），$t(263) = 47.87$，$p < 0.001$，$95\% CI = [3.66, 3.98]$，$Cohen's\ d = 2.94$。

在热情方面：重复测量方差分析结果表明，群体成就的主效应显著，高成就群体与热情特质词的关联程度（$M = 2.75$，$SD = 1.32$）显著高于低成就群体的关联程度（$M = 1.29$，$SD = 1.33$）；群体地位的主效应显著，低地位群体与热情特质词的关联程度（$M = 2.21$，$SD = 1.33$）显著高于高地位群体的关联程度（$M = 1.83$，$SD = 1.32$）；群体规模的主效应显著，规模较大的群体与热情特质词的关联程度（$M = 2.24$，$SD = 1.32$）显著高于小规模群体的关联程度（$M = 1.80$，$SD = 1.33$）（见表 8）。

表 8　热情维度下重复测量方差分析结果

变量	F	df	p	偏 η^2
群体成就	78.38	1	0.000	0.547
群体地位	6.08	1	0.016	0.086
群体规模	13.94	1	0.000	0.177

续表

变量	F	df	p	偏 η^2
群体成就 × 群体地位	0.14	1	0.707	0.002
群体规模 × 群体地位	0.10	1	0.759	0.001
群体成就 × 群体规模	1.81	1	0.371	0.012
群体成就 × 群体地位 × 群体规模	0.16	1	0.695	0.002

　　一般线性回归分析结果表明，回归模型具有统计学意义，$F(3, 524) = 61.90$，$p < 0.001$，$R^2 = 0.262$。相较于群体地位和群体规模，群体成就对目标群体的热情评价具有更大的影响权重，即表现出一定的优势效应。进一步看，群体规模对热情维度评价的影响权重也高于群体地位（见表9）。

表9　热情维度下线性回归分析结果

模型	B	SE	β	t	p
常数项	− 0.27	0.31		− 0.88	0.379
群体成就	1.47	0.12	0.48	12.69	0.000
群体地位	− 0.38	0.12	− 0.12	− 3.25	0.001
群体规模	0.44	0.12	0.14	3.77	0.000

　　在能力方面：重复测量方差分析结果表明，群体成就的主效应显著，高成就群体与能力维度特质词的关联程度（$M = 3.23$，$SD = 1.01$）显著高于低成就群体的关联程度（$M = 0.76$，$SD = 0.92$）；群体地位的主效应显著，高地位群体与能力维度特质词的关联程度（$M = 2.42$，$SD = 1.01$）显著高于低地位群体的关联程度（$M = 1.57$，$SD = 0.92$）；群体规模的主效应不显著，$p = 0.375$。群体成就、群体地位和群体规模三者的交互作用显著，群体规模和群体地位的交互作用边缘显著（见表10）。

表10　能力维度下重复测量方差分析结果

变量	F	df	p	偏 η^2
群体成就	352.70	1	0.000	0.844
群体地位	53.96	1	0.000	0.454
群体规模	0.784	1	0.379	0.012

续表

变量	F	df	p	偏 η^2
群体成就 × 群体地位	0.71	1	0.403	0.011
群体规模 × 群体地位	3.94	1	0.051	0.057
群体成就 × 群体规模	0.45	1	0.506	0.007
群体成就 × 群体地位 × 群体规模	11.46	1	0.001	0.150

　　进一步进行简单简单效应分析结果发现：首先，对于低成就高地位群体而言，当其规模较大时，个体对其与能力特质词的关联程度判断（$M = 1.05$，$SD = 1.21$）显著低于规模较小时的关联程度（$M = 1.39$，$SD = 1.35$），$F(1, 65) = 5.16$，$p = 0.026$；其次，对于低成就低地位群体而言，当其规模较大时，个体对其与能力特质词的关联程度判断（$M = 0.45$，$SD = 0.73$）反而显著高于规模较小时的关联程度判断（$M = 0.15$，$SD = 0.40$），$F(1, 65) = 10.96$，$p = 0.002$。而当目标群体成就处于较高水平时，规模的变化并不会影响到能力维度的判断，只是大规模群体下地位对能力维度的影响更甚之。具体表现为高地位群体与能力维度特质词的关联程度（$M = 3.62$，$SD = 0.70$）显著高于低地位群体的关联程度（$M = 2.73$，$SD = 1.37$），$F(1, 65) = 16.29$，$p < 0.001$；对于高成就小规模群体而言，这一显著效应仍然存在，只是程度略有下降，$F(1, 65) = 16.07$，$p < 0.001$，详见图10。

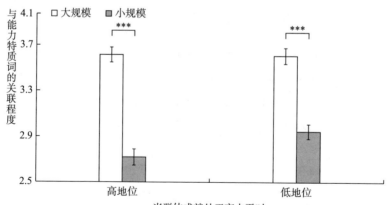

当群体成就处于高水平时

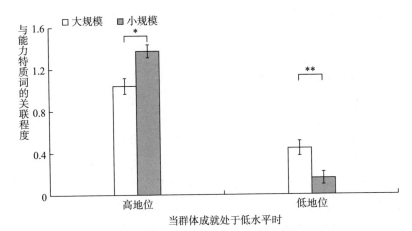

当群体成就处于低水平时

图 10　群体成就 × 群体地位 × 群体规模交互作用

一般线性回归分析结果表明，回归模型具有统计学意义，$F_{(2, 525)} =$ 429.74，$p < 0.001$，$R^2 = 0.621$。相较于群体地位，群体成就对目标群体的能力维度评分具有更大的影响权重，表现出显著的优势效应（见表 11）。

表 11　能力维度下线性回归分析结果

模型	B	SE	β	t	p
常数项	-2.98	0.19		-15.36	0.000
群体成就	2.47	0.09	0.26	9.53	0.000
群体地位	0.85	0.09	0.74	27.73	0.000

研究 3b 结果发现分属于三种不同重要性水平的群体客观属性，即群体成就、群体地位和群体规模均会对目标群体的热情维度评价产生影响；群体成就和群体地位会对目标群体的能力维度评价产生影响，但是群体规模却并未在其中发挥作用，这一结果也再次验证了能力维度的评价正是来源于人们对于目标群体地位和竞争力的感知（Fiske et al., 2002）。

五　总讨论

本研究采用质性与量性研究方法相结合的方式，从"个体会依据什么群体客观属性线索来进行印象评价"这一问题入手，首先确定了群体客观属性的主要内容，之后探索了在群体知觉过程中个体对于群体客观属性的重要性感知偏向，继而探索处于不同重要程度的群体客观属性在印象评价过程中发挥的作用及其优势效应。

（一） 群体客观属性的主要内容

研究 1 发现个体在群体知觉过程中对群体客观属性的关注主要集中在群体内成员自身的客观属性及群体层面的客观属性上，前者为自然线索，后者为社会线索。首先，与社会分类中的"大三"维度不同，人们在群体知觉过程中最关注的是性别比例、年龄分布和受教育程度。这一结果一方面验证了性别和年龄作为个体最重要的自然生理特征，在群体知觉过程中发挥着稳定而明确的作用；另一方面群体内成员的受教育程度是该群体文化教育普及和发展程度的主要体现，也是目标群体基本素质的重要方面。个体的受教育程度和文化背景不仅影响其概念形成和词汇表达，还会影响个体的感知能力及学习能力，进而对个体所属群体的成绩及收入产生影响（杨宝琰、万明钢，2015；Ardila & Moreno，2001）。因此，在群体知觉过程中，群体内成员的受教育程度同样备受关注。

此外，相较于自然线索，个体对社会线索似乎更加关注。与以往研究相一致，群体规模、群体地位和群体结构的确被认为是群体的重要构成要素，会对群体印象评价乃至随之产生的态度及行为意向产生影响（González & Brown，2006；Leonardelli & Brewer，2001）。除此之外，群体功能、群体目标和群体成就都在某种程度上与该群体的能力知觉相关，其中被谈及最多的是代表了目标群体发挥的有效作用或效能的群体功能。然而大量研究表明相较于能力，热情更具有优先性（Fiske et al.，2007；佐斌等，2015）。根据热情和能力的双视角模型，这一差异的产生可能是个体在群体知觉过程中更倾向于采用"行动者/自我"视角所致。

（二） 群体客观属性的重要性感知偏向

研究 2 通过主观评定任务及属性迫选任务，发现个体对群体客观属性存在较为稳定的重要性感知偏向。个体对于归属在自然线索维度下指标的重要性感知低于社会线索维度下指标的重要性感知，尤其是年龄分布和性别比例稳定地居于末位。

性别和年龄是社会知觉中的重要指标，性别和年龄刻板印象作为广泛存在的社会刻板印象，也具有一定的描述性和规范性功能（Koenig，2018）。但是，已有研究表明，性别和年龄这种在感知上具有凸显性的视觉信息在儿童早期群体概念的形成中最为重要（Bigler & Liben，2007；Pauker et al.，2016）。也就是说，随着时间的推移和年龄的增长，个体会更倾向于关注传达更多丰富信息的社会属性。相较于自然属性线索的客观与稳定，社会属性蕴含的线索更具灵活性和多元性（Diesendruck et al.，2013）。类似地，在半结构化访谈过程中，虽然受访者会提及性别及年龄的相关信息，但这种现象大多发生在受访者描述的群体男女分布较不均衡或年龄分布比较特殊时，而对于其他社会属性的谈论则更具普适性。此外，研究 2 还发现了一个值得关注的结果：在群体知觉过程中，群体成就被认为是最重要且最具有影响力的指标，表现出了显著而稳定的优先级。

（三）不同重要性程度的群体客观属性的优势效应

研究 3 从热情和能力两个维度出发，采用特质词评价任务和图片评定任务揭示了群体客观属性对印象评价的影响及其优势效应的存在性及稳定性。研究 2 中发现的重要程度感知差异会在某种程度上进一步影响其在印象评价过程中发挥作用的相对权重，即与其优势效应基本保持一致，但也有新的发现：在热情维度下，处于高重要性水平的群体成就的确表现出一定的优势效应，但是处于低重要性水平的群体规模对热情维度评价的影响权重却高于中重要性水平中的群体地位；在能力维度下，群体成就仍然表现出显著的优势效应，甚至比热情维度下群体成就的优势效应更加显著，这也体现出群体成就与个体能力知觉的关联性。此外，与重要性水平一致，群体地位对目标群体能力评价的影响权重居于中间顺位，而群体规模的变化并不会对能力评价产生影响。

关注不同群体客观属性之间的交互作用，对于理解从评价者视角出发的群体印象评价的加工模式和心理机制具有重要价值。譬如，本研究发现当目标群体地位较低时，个体更倾向于依赖群体规模大小来形成热情维度的评价。另外，由于在本研究中每位被试都需要完成对所有类型群体的印象评价或判断，因此在评价的过程中可能会自动地形成比较情境，继而产生热情与能力之间的补偿效应（Kervyn et al.，2009）。譬如，相较于高成就低地位群体，个体对高成就高地位群体的热情评分反而会略有降低，这可能是由于其能力评分较高导致的补偿作用。此外，在能力维度下群体成就×群体地位×群体规模表现出显著的交互作用，即群体规模对能力维度评价的影响方向会因其成就或地位的变化而发生改变。

（四）研究创新与意义

在理论上，本文首次基于群体客观属性的视角对个体如何进行群体印象评价展开探讨，拓展丰富了以往主要基于群体主观属性视角的相关研究，为后续相关理论的建构奠定了基础；其次，本文揭示了个体对于群体客观属性存在稳定的重要性感知偏向，这对于从评价者视角解释群体知觉的内在心理加工机制具有价值；最后，本文探索出不同重要性程度的群体客观属性在印象评价过程中发挥的不同作用，以及群体成就在其中显著而稳定的优势效应，将群体成就这一指标引入研究者视野，为后续的相关研究提供了新思路。

在实践上，本研究的一些发现，如人们关注的群体客观属性主要内容揭示了个体对于群体能力的重视；相较于高地位低成就群体，个体对于低地位高成就群体的评价更积极，为寻求提升群体形象的有效途径及探索群际偏见的缓解途径等提供了一定的启发。

（五）研究不足与展望

首先，本研究提出了自然线索和社会线索两大类别，并将群体客观属性进行归纳整合。由于群体客观属性种类繁多，后续研究也可从其他角度剖析群体客观属性的维度框架，以此发展出更具生态效度的群体客观属性理论模型。其次，本研究仅关注了个体作为评价者对于目标群体的印象评价。考虑到自我卷入之后，对目标群体的印象评价是否仍然遵循本研究中发现的优势效应仍有待进一步探索。最后，本研究仅将每种群体客观属性分为两个水平进行探索。实际上，群体客观属性水平和群体印象评价都并非一成不变或非此即彼的。因此，探索群体客观属性的动态演变对印象评价的影响或许可以发现更具指导意义的结果。

六　结论

（1）个体在群体知觉过程中对群体客观属性的关注主要包括性别比例、年龄分布、受教育程度、群体功能、群体规模、群体目标、群体结构、群体地位和群体成就。其中，前三项属于自然线索维度，后六项属于社会线索维度。

（2）个体在群体知觉过程中对于群体客观属性的重要程度存在稳定的感知偏向。高重要性水平包括群体成就、受教育程度和群体功能；中重要性水平包括群体地位、群体目标和群体结构；低重要性水平包括群体规模、年龄分布和性别比例。

（3）群体客观属性的重要性感知偏向会进一步延伸至其对群体印象评价的影响权重。在热情和能力维度下，群体成就均表现出一定的优势效应。

参考文献

李晓凤、余双好，2006，《质性研究方法》，武汉大学出版社，第 220 ~ 230 页。

邵志芳，2002，《关于对偶比较法数据处理问题的探讨》，《心理科学》第 5 期，第 607 页。

温勇，2006，《人口统计学》，东南大学出版社，第 10 ~ 41 页。

杨宝琰、万明钢，2015，《父亲受教育程度和经济资本如何影响学业成绩——其于中介效应和调节效应的分析》，《北京大学教育评论》第 2 期，第 127 ~ 145 页。

佐斌、代涛涛、温芳芳、索玉贤，2015，《社会认知内容的"大二"模型》，《心理科学》第 4 期，第 1019 页。

佐斌、代涛涛、温芳芳、滕婷婷，2014，《热情与能力的关系及其影响因素》，《心理科学进展》第 9 期，第 1467 ~ 1474 页。

佐斌、温芳芳、宋静静、代涛涛，2019，《社会分类的特性、维度及心理效应》，《心理科学进展》第 1 期，第 141 ~ 148 页。

佐斌，2019，《当代中国社会群体印象评价及心理机制研究》，《华中师范大学学报》（人文社会科学版）第 1 期，第 2 页。

温芳芳、佐斌，2019，《社会分类的概念、线索及影响机制》，《心理科学》第 2 期，第 395 ~ 401 页。

Allport, G. W. (1954). The nature of prejudice. *Addison – Wesley*, 115 – 135.

Ardila, A. & Moreno, S. (2001). Neuropsychological test performance in Aruaco Indians: an exploratory study. *J Int Neuropsychic Soc*, 7 (4), 510 – 515.

Bigler, R. S. & Liben, L. S. (2007). Developmental intergroup theory: Explaining and reducing children's social stereotyping and prejudice. *Current Directions in Psychological Science*, 16 (3), 162 – 166.

Crisp, R. J. & Hewstone, M. (2007). Multiple social categorizations. *Advances in Experimental Social Psychology*, 39, 163 – 254.

Cuddy, A. J. C., Fiske, S. T., Kwan, V. S. Y., Glick, P., Stéphanie Demoulin. & Leyens, J. P., et al. (2009). Stereotype content model across cultures: towards universal similarities and some differences. *British Journal* of Social Psychology, 48 (1), 1 – 33.

Diesendruck, G., Goldfein-Elbaz, R., Rhodes, M., Gelman, S. & Neumark, N. (2013). Cross-cultural differences in children's beliefs about the objectivity of social categories. *Child Development*, 84 (6), 1906 – 1917.

Ellemers, N. & Van Rijswijk, W. (1997). Identity bees versus social opportunities: The use of group-level and individual level identity management strategies. *Soc. Psychol*, 60, 52 – 65.

Faul, F., Erdfelder, E., Buchner, A. & Lang, A. G. (2009). Statistical power analyses using g * power 3.1: tests for correlation and regression analyses. *Behav Res Methods*, 41 (4), 1149 – 1160.

Fiske, S. T., Cuddy, A. J. C. & Glick, P. (2007). Universal dimensions of social cognition: warmth, then competence. *Trends in Cognitive Sciences*, 11 (2), 77 – 83.

Fiske, S. T. , Cuddy, A. J. C. , Glick, P. & Xu, J. （2002）. A model of （often mixed） stereotype content： competence and warmth respectively follow from perceived status and competition. *Journal of Personality & Social Psychology*, 82 （6）, 878 – 902.

González, R. & Brown, R. （2006）. Dual identities in intergroup contact： group status and size moderate the generalization of positive attitude change. *Journal of Experimental Social Psychology*, 42 （6）, 753 – 767.

Hamilton, D. L. , Sherman, S. J. （1996）. Perceiving persons and groups. *Psychological Review*, 103, 336 – 355.

Kervyn, N. , Yzerbyt, V. Y. , Judd, C. M. & Ana. （2009）. A question of compensation： The social life of the fundamental dimensions of social perception. *Journal of Personality and Social Psychology*, 96 （4）, 828 – 842.

Koenig, A. M. （2018）. Comparing prescriptive and descriptive gender stereotypes about children, adults, and the elderly. *Frontiers in Psychology*, 9, 1086.

Leonardelli, G. J. & Brewer, M. B. （2001）. Minority and majority discrimination： When and why. *Journal of Experimental Social Psychology*, 37 （6）, 468 – 485.

Markus, L. & Simon, B. （2005）. Cognitive and affective experiences of minority and majority members： The role of group size, status, and power. *Journal of Experimental Social Psychology*, 41 （4）, 396 – 413.

Moscatelli, S. , Hewstone, M. & Rubini, M. （2017）. Different size, different language? linguistic ingroup favoritism and outgroup derogation by majority and minority groups. *Group Processes and Intergroup Relations*, 20 （6）, 757 – 769.

Mummendey, A. & Wenzel, M. （1999）. Social discrimination and tolerance in intergroup relations： Reactions to intergroup difference. *Personality and Social Psychology Review*, 3 （2）, 158 – 174.

Pauker, K. , Williams, A. & Steele, J. R. （2016）. Children's racial categorization in context. *Child Development Perspectives*, 10 （1）, 3338.

Rozendal, K. （2003）. *The effects of choice over category membership on social category compound dominance.* University of California.

Turner, J. C. （1982）. Towards a cognitive redefinition of the social group. *Social Identity and Intergroup Relations*, 1540.

Wright, S. C. , Taylor, D. M. & Moghaddam, F. M. （1990）. Responding to membership in a disadvantaged group： From acceptance to collective protest. *Journal of Personality and Social Psychology*, 58 （6）, 994 – 1003.

《中国社会心理学评论》 第 24 辑
第 57 ~ 81 页
© SSAP, 2023

亲密关系状态和性别交叉的刻板印象内容[*]

温芳芳　韩　施　鞠一琰　王　晶[**]

摘　要　亲密关系是重要的社会属性，影响着人们的刻板印象。依据刻板印象内容模型，本研究通过外显和内隐两个方面考察了人们对不同亲密关系状态（从未谈过恋爱、恋爱中、分手、已婚、离婚）和性别交叉的热情与能力刻板印象内容评价。结果发现，（1）人们对关系联结状态人群的热情和能力评价较高，对关系断裂状态人群的热情和能力评价较低；（2）在外显评价中，热情维度上性别相比亲密关系状态对人们评价的影响存在"优势效应"，而在能力维度上亲密关系状态和性别交叉存在"整合效应"；（3）人们对不同亲密关系状态的男女群体的热情和能力评价存在外显和内隐的分离。本研究丰富了交叉类别刻板印象内容的相关理论，拓展了社会认知与社会分类的研究领域。

关键词　刻板印象内容模型　亲密关系状态　性别　交叉分类内隐关系评估程序

一　引言

人们对"恋爱中"或"分手"等不同亲密关系状态的个体存在怎样的

---

* 本研究获得国家社科项目（20FSHB003）、国家社科基金重大项目（18ZDA331）和国家自然科学基金（32271128）的资助。

** 温芳芳，华中师范大学心理学院副教授、硕士生导师，通信作者，E-mail：wenff@ ccnu. edu. cn；韩施，华中师范大学心理学院硕士生；鞠一琰，华中师范大学心理学院硕士生；王晶，华中师范大学心理学院硕士生。

刻板印象呢？亲密关系状态作为人们重要的社会线索（Forsman & Barth，2016），对人们的人际交往和互动决策均会产生重要的影响，例如，研究发现，相比非单身人士，人们对单身人士通常具有更负面的刻板印象（Conley & Collins，2002；Hertel et al.，2007；Morris et al.，2007）。然而，除了"单身"与"非单身"这样的二分视角，人们的亲密关系状态表现出不同的形式，依据人们关系的建立、维持、解体，可以划分为五种不同状态，如"从未谈过恋爱""恋爱中""分手""已婚""离婚"等，那么，人们对不同亲密关系状态个体存在怎样的刻板印象呢？进一步来看，性别作为刻板印象内容评价的重要类别线索（Fiske et al.，2002），当亲密关系状态和性别两者交叉时，又会对人们的刻板印象产生怎样的影响呢，符合某一类别优于其他类别的"优势效应"（Sidanius et al.，2017）还是这些类别共同影响人们评价的"整合效应"（Wojnowicz et al.，2009）？基于此，根据刻板印象内容模型（Stereotype Content Model，SCM；Fiske，2018；佐斌等，2015），本研究分别采用外显和内隐的研究方法，考察人们对不同亲密关系状态和性别交叉的刻板印象内容评价。

（一）不同亲密关系状态作为刻板印象的重要线索

亲密关系状态是刻板印象的重要线索，在人们的社会感知、人际互动和幸福中发挥着重要作用。例如，成年人在结婚后孤独的时间减少，在离婚后孤独的次数增加（Buecker et al.，2021），人们对单身个体具有消极刻板印象（DePaulo & Morris，2005；Pignotti & Abell，2009）。我们通过元分析和纵向研究发现，与已婚成年人相比，单身成年人的生活满意度和幸福感较低（Diener，2000；Purol et al.，2021），这可能部分与单身成年人对社会支持的认知水平较低和他们受到的基于单身刻板印象的负面待遇和歧视较多有关（Girme et al.，2022）。

亲密关系状态往往作为人们社会评价的重要依据。Depaulo 和 Morris（2005）认为工作和婚姻均被认为是人生发展的某种成就，而达成这两种成就需要相关品质、属性或技能予以佐证。具体而言，那些表现出或已获得了与工作（或婚姻）相关的品质的人会比那些没有表现出或获得了与工作（或婚姻）相关品质的人得到更多的认可。已婚人士通常被描述为快乐的、有爱的、善良的、可靠的等（Morris et al.，2007），已婚的人比不结婚的人过着更有意义、更完整的生活（DePaulo & Morris，2005）。曾经有过婚姻的人会比从未有过婚姻的人更受欢迎，即使婚姻以失败告终（离婚）。有研究发现被描述为正在恋爱的大学生比被描述为没有恋爱关系的大学生更受欢迎，类似地，曾经有过恋爱关系的大学生也比从未有过恋爱关系的大学生更受欢迎（Morris et al.，2007）。离婚通常也被认为是社会融合程度下降的一个重要原因（Kalmijn et al.，2005）。

对单身群体的研究发现，单身人士不仅被认为比有伴侣的人更消极，也是人际排斥和歧视的主要目标之一（DePaulo，2006；DePaulo & Morris，2005），人们普遍认为单身的人具有更多冒险的个性特征和不那么负责任的态度，在人际交往中往往缺乏更好的能力（Conley & Collins，2002）。相对于结婚的人，单身的人通常被描述为孤独的、害羞的和不快乐的，被认为比恋爱中的人过着更悲伤、更不刺激的生活（Morris et al.，2007），实验情境中的单身角色也通常被认为不那么友好和可信（Hertel et al.，2007）。相对而言，单身者也自我报告受到更多的单身身份导致的刻板印象和歧视（Fisher & Sakaluk，2019），曾经单身的女性也报告来自社会环境的偏见压力（Sharp & Ganong，2011）。研究表明，从未结过婚的人可能会唤起更多的愤怒和面对更多的偏见，因为他们会被认为是主动选择单身，积极保持对亲密关系状态的远离（Slonim et al.，2015）。

基于以往人们对不同亲密关系状态的研究结果和人们归属需要作为人类的基本动机（Baumeister & Leary，1995），我们提出假设 H1。

　　H1：在外显层面上，不论是热情维度还是能力维度，人们对关系联结状态人群（如"已婚"和"恋爱中"人群）具有较高的评价；而对关系断裂状态人群（如"离婚"和"分手"人群）具有较低的评价。

（二）亲密关系状态与性别交叉的优势与整合理论

1. 亲密关系状态与性别的交叉刻板印象

根据刻板印象内容模型（SCM），人们会依据热情（warmth）和能力（competence）这两个维度来评价他人和群体，简言之，热情反映了对他人行为意图的感知，友好、真诚、助人、可信等特征都属于热情维度；能力则反映了对他人实施该行为意图可能性的感知，能力、高效、聪明等特征都属于能力维度（Fiske，2018）。性别是人类与生俱来的身份标签，是个人和群体重要的生理属性和社会属性。人们会以性别作为群体划分的重要线索，从而达到简化个体认知的目的。性别刻板印象是指人们对男性或女性在人格特质或行为属性方面产生的概括化和笼统的期望、要求和看法

（刘暀、佐斌，2006），社会角色理论认为性别刻板印象反映了男女在社会中扮演的角色（Eagly & Wood，2012；Koenig & Eagly，2014）。人们通常具有女性是高热情－低能力，而男性是高能力－低热情的刻板印象（Fiske et al.，2002）。

性别和亲密关系状态均作为刻板印象的重要线索，那么，人们对不同亲密关系状态和性别交叉存在怎样的刻板印象内容呢？例如，Conley 和 Collins（2002）表明亲密关系状态（单身、非单身）和性别会影响他人对性风险和相关人格特征问题的看法。相对而言，单身女性会被视为具有更高的威胁性或负担沉重（Gordon，2016），而男性往往比女性更依赖浪漫伴侣的支持，单身男性可能会发现缺乏社会支持更令人不安（Stronge et al.，2019）。研究者对中国单身男性和单身女性的新闻报道的内容分析表明，人们对婚姻选择上存在性别不平等，对单身女性存在污名化描述（Gong et al.，2017）。

2. 交叉刻板印象的优势与整合理论

亲密关系状态和性别作为两类影响刻板印象激活的因素，如何对刻板印象产生影响呢？关于多重线索对社会感知影响主要通过优势视角（dominance perspective）和整合视角（integration perspective）进行解释（Bodenhausen，2010；Petsko & Bodenhausen，2020）。

优势理论倾向于认为某些社会类别/身份优于其他类别，感知者不可避免地关注某些社会类别/身份（Kurzban et al.，2001；Sidanius et al.，2017），在社会感知中发挥着主导作用（Pietraszewski et al.，2015）。根据社会分类的"大三"线索，人们主要基于性别、种族和年龄进行社会分类（Rule et al.，2008），通常人们基于性别、种族和年龄进行社会分类的准确性达到了最高水平（Remedios et al.，2011）。同时基于进化心理学，一些社会身份相比其他身份具有更高的优势（Sidanius & Pratto，2012），相对而言，对他人按照性别和年龄进行分类具有一定的优先性（Pietraszewski et al.，2015）。

整合理论倾向于认为感知者同时关注所有可观测到的凸显的社会类别/身份，这些类别被自发地整合到印象形成之中（Freeman & Ambady，2011；Wojnowicz et al.，2009）。整合视角表明人们对多重线索同时进行感知，感知者以某种方式将这些信息整合成连贯的印象（Wojnowicz et al.，2009）。

那么，人们对亲密关系状态和性别的交叉刻板印象内容是符合优势理论还是整合理论呢？以往对性别二态与颜色线索的交叉类别影响热情和能力评价的研究初步支持了整合理论（Wen et al.，2022），与之类似，Hertel 等（2007）发现，年轻的单身人士可能比年轻的已婚人士更老练、更善于交际。此外，研究者对性别与性取向的交叉刻板印象内容的研究发现，"女性"和"男性"的刻板印象内容与异性恋同性目标的刻板印象内容重叠，同性恋和双性恋群体被认为比同性异性恋群体更接近他们的不一致性别类别，但性少数群体的刻板印象内容与任何一般性别类别都不重叠；"女性"和"热情"之间的内隐关联明显强于"男性"和"热情"之间的内隐关联，对热情/能力的内隐联想与性别或性取向之间没有其他显著的关系（Klysing et al.，2021）。

尽管人们对交叉刻板印象内容表现出复杂的结果，但 Fiske 等（2007）表明，在认知上，人们对热情信息比对能力信息更敏感，热情是在能力之前判断的，而热情判断在情感和行为反应中占有更大的权重。不仅如此，感知者识别与温暖相关的特质词的速度比他们在词汇决策任务中识别与能力相关的特质词的速度快（Ybarra et al.，2001；佐斌等，2020）。尤其是在凸显热情特质的情境下，情境对维度的凸显效应使得"热情优先效应"得到增强（佐斌等，2020）。那么，性别刻板印象中对于女性高热情的评价可能由于更加紧密的联结而产生更强的优势效应。因此，我们提出假设 H2。

H2：在外显评价中，热情维度上性别刻板印象存在优势效应，而在能力维度上亲密关系状态和性别刻板印象存在整合效应。

（三）亲密关系状态与性别交叉刻板印象外显与内隐的分离

态度在许多社会过程和行为中发挥着重要作用（Xiao & Van Bavel，2019）。根据双重态度模型（Dual Attitudes Model），个体对同一对象可同时持有两种不同并且相互独立的态度（Wilson et al.，2000）。其中，外显态度通常是指我们可以有意识地报告和控制的态度，并且通常是从自我报告的评估判断中推断出来的（Bogardus，1925；Thurstone，1928）；而内隐态度是自动激活且不可控的，是了解个体真实态度的反应，并直接预测行为结果（Gawronski et al.，2006），它往往不能被人们意识到（Serenko & Turel，2019）。以往研究也发现了外显与内隐的交叉类别刻板印象内容存在不一致的情况（Klysing et al.，2021）。

刻板印象内容能够通过内隐的方式进行测量，内隐测量相对不太容易受到社会可取性问题的影响（Fazio & Olson，2003；Fiske，2019）。以往研究发现，内隐刻板印象与外显刻板印象类似，女性（相比于男性）与热情的内在联系更为紧密（Ebert et al.，2014）。人们在结交朋友时会重视热情维度（Luo et al.，2023），但是在亲密关系状态情境下的研究发现，能力被认为是更重要的因素（Benson et al.，2019），并且在儿童中观察到这种灵活性（Miyoshi & Sanefuji，2022）。也就是说，尽管热情是感知他人的关键维度（Abele & Wojciszke，2007；Fiske et al.，2007；Wojciszke，1994），并帮助感知者解读他人的朋友或敌人的意图（Mayer et al.，1995）。但是在亲密关系状态情境下，能力可能占据了更为重要的地位。

在能力维度上发现，与内隐热情/社交性相比，内隐能力/能动性更有可能发生改变（Sendén et al.，2019）。尽管在性别刻板印象中表明，男性的刻板印象（相比于女性）中包含了更多的能力，但也有研究表明，不论任何性别的被试都会将自己的性别与能力更紧密地联系在一起（Ebert et al.，2014）。不仅如此，Ebert 等（2014）通过内隐联想测试（IATs）的研究提供了内隐能力刻板印象发生改变的证据，在研究中发现，当代人的能力不再被片面地归于男性，相反，男性和女性都表现出自己的性别和能力的关联。因此在内隐能力层面上，性别的刻板印象可能被削弱，从而表现出亲密关系状态的优势效应。基于此，我们提出假设 H3。

H3：亲密关系状态与性别交叉刻板印象存在外显与内隐的分离，在内隐层面上，热情维度的评价不受亲密关系状态与性别的影响，在能力维度上存在亲密关系状态的优势效应。

（四）研究问题与目的

综上所述，亲密关系状态作为一种重要的社会属性，以往大多数研究将不同亲密关系状态的群体简单划分为单身和非单身，缺乏一定的精细化和系统性。同时已有研究主要采用外显测量，缺少采用内隐测量的实证研究。内隐关系评估程序（Implicit Relation Assessment Procedure，IRAP）是 Barnes-Holmes 等（2006）以关系结构理论为基础提出的一项测量内隐态度的任务。相比基于神经网络模型侧重通过刺激之间的联结强度来推测人们的相对内隐态度或信念的 IAT 等测量方式，IRAP 可以更直接地测量个体的内隐态度，而且可以测量相对复杂（多个目标）的内隐态度（Hussey et al.，2015；温芳芳等，2021）。基于此，本研究拟使用 2 个研究从外显（研

究1）和内隐（研究2）层面对不同亲密状态和性别交叉刻板印象进行
考察。

二　研究1：亲密关系状态和性别交叉的外显刻板印象内容

1. 研究方法

（1）被试

使用 R 中 WebPower 包（Zhang & Yuan，2018）计算，效应量设置为
0.4，α 设置为 0.05，经计算为了达到 0.8 的统计检验力，需要的最低被试
量为 62 人。招募某高校大学生 115 人，剔除作答时间显著低于均值和作答
不认真的被试数据，最终获得有效数据 111 份，其中男性 43 人，女性 68
人，平均年龄 M_{age} = 20.87 岁，SD = 1.97。

（2）研究设计

采用 2（目标性别：男，女）×2（被试性别：男，女）×5（亲密关
系状态：从未谈过恋爱、恋爱中、分手、已婚、离婚）的混合设计，其
中，被试性别为被试间变量，目标性别和目标人群为被试内变量。因变量
为被试在热情和能力两维度上的评价得分。

（3）材料和任务

采用刻板印象内容评价量表，热情维度的特质词为热情、友好、真
诚、和善，能力维度的特质词为聪明、能干、自信、独立（Fiske，2018）。
被试的任务是分别对"从未谈过恋爱人群"、"恋爱中人群"、"分手人
群"、"已婚人群"和"离婚人群"五种不同亲密状态男女目标群体进行
印象评价，评价分为两组，每组只呈现男性/女性一种目标性别，两组评
价顺序在被试中进行平衡，采用李克特七点评分（1 = 非常不符合，7 = 非
常符合）。

2. 结果

使用 R 语言中 bruce R 包（Bao，2023）进行混合设计的方差分析。

（1）以热情维度为因变量指标

以热情评价为因变量指标的描述性统计结果如表 1 所示。方差分析结
果发现，被试性别主效应不显著，F（1，109）= 1.47，p = 0.227，η_p^2 =
0.013；目标性别主效应显著，F（1，109）= 19.778，p < 0.001，η_p^2 =
0.154，女性目标的热情评价显著高于男性目标；目标人群主效应显著，

F (4, 436) = 77.54, $p < 0.001$, $\eta_p^2 = 0.416$。对亲密关系状态主效应的事后检验结果表明,从未谈过恋爱人群热情评价显著低于恋爱中人群和已婚人群,$p < 0.001$,显著高于分手人群和离婚人群,$ps < 0.001$;恋爱中人群热情评价显著高于分手人群和离婚人群($ps < 0.001$),与已婚人群差异不显著,$p > 0.999$;分手人群热情评价显著低于已婚人群($p < 0.001$),与离婚人群差异不显著,$p > 0.999$;已婚人群热情评价显著高于离婚人群($p < 0.001$)。

表1 以热情评价为因变量指标的描述性统计结果 ($M \pm SD$)

被试性别	目标性别	亲密关系状态				
		从未谈过恋爱人群	恋爱中人群	分手人群	已婚人群	离婚人群
男	男	4.66 ± 1.10	5.16 ± 0.82	4.08 ± 1.24	5.35 ± 0.88	3.93 ± 1.18
	女	4.86 ± 1.21	5.23 ± 0.97	3.81 ± 1.24	5.45 ± 0.93	4.11 ± 1.26
女	男	4.33 ± 1.34	5.39 ± 1.01	4.02 ± 1.10	5.26 ± 0.96	4.02 ± 1.32
	女	5.42 ± 1.09	5.50 ± 0.87	4.21 ± 1.17	5.62 ± 0.83	4.45 ± 1.16

被试性别和亲密关系状态的交互作用不显著,F (4, 436) = 0.33,$p = 0.860$,$\eta_p^2 = 0.003$;被试性别和目标性别的交互作用显著,F (1, 109) = 11.83,$p < 0.001$,$\eta_p^2 = 0.098$;目标性别和亲密关系状态的交互作用显著,F (4, 436) = 6.12,$p < 0.001$,$\eta_p^2 = 0.053$;被试性别、目标性别和亲密关系状态的三项交互作用显著,F (4, 436) = 2.41,$p = 0.049$,$\eta_p^2 = 0.022$。

对被试性别和目标性别二项交互的进一步简单效应分析结果表明,对于男性被试,不同性别目标的热情评价差异不显著,$p = 0.521$;对于女性被试,男性目标热情评价显著低于女性目标,$p < 0.001$。

对目标性别和亲密关系状态二项交互的进一步简单效应分析结果表明,对于男性目标,从未谈过恋爱男性热情评价显著低于恋爱中男性和已婚男性,显著高于分手男性和离婚男性,$ps < 0.001$;恋爱中男性热情评价显著高于分手男性和离婚男性($ps < 0.001$),与已婚男性差异不显著,$p > 0.999$;分手男性热情评价显著低于已婚男性($p < 0.001$),与离婚男性差异不显著,$p > 0.999$;已婚男性热情评价显著高于离婚男性,$p < 0.001$。对于女性目标,从未谈过恋爱女性热情评价显著低于已婚女性($p < 0.001$),显著高于分手女性($p < 0.001$)和离婚女性($p = 0.006$),与恋爱中女性差异不显著,$p = 0.567$;恋爱中女性热情评价显著高于分手女性和离婚女性($ps < 0.001$),与已婚女性差异不显著,$p = 0.413$;分手女性

热情评价显著低于已婚女性（$p < 0.001$），与离婚女性差异不显著，$p = 0.348$；已婚女性热情评价显著高于离婚女性，$p < 0.001$。

对被试性别、目标性别和亲密关系状态三项交互的简单简单效应分析结果表明，对于男性被试，从未谈过恋爱的男性热情评价显著低于已婚男性（$p = 0.019$），显著高于离婚男性（$p = 0.002$），与恋爱中男性（$p = 0.354$）和分手男性（$p = 0.059$）的热情评价差异不显著；恋爱中男性热情评价显著高于分手男性（$p < 0.001$）和离婚男性（$p < 0.001$），与已婚男性差异不显著（$p > 0.999$）；分手男性热情评价显著低于已婚男性（$p < 0.001$），与离婚男性差异不显著（$p > 0.999$）；已婚男性热情评价显著高于离婚男性（$p < 0.001$）。从未谈过恋爱女性的热情评价显著高于分手女性（$p < 0.001$）和离婚女性（$p < 0.001$），显著低于已婚女性（$p = 0.009$）和恋爱中女性（$p = 0.457$）；恋爱中女性热情评价显著高于分手女性（$p < 0.001$）和离婚女性（$p < 0.001$），与已婚女性差异不显著（$p = 0.880$）；分手女性热情评价显著低于已婚女性（$p < 0.001$），与离婚女性差异不显著（$p > 0.999$）；已婚女性热情评价显著高于离婚女性（$p < 0.001$）。

对于女性被试，从未恋爱过男性热情评价显著低于恋爱男性（$p < 0.001$）和已婚男性（$p < 0.001$），与分手男性（$p = 0.574$）和离婚男性（$p = 0.434$）热情评价差异不显著；恋爱中男性热情评价显著高于分手男性（$p < 0.001$）和离婚男性（$p < 0.001$），与已婚男性差异不显著（$p > 0.999$）；分手男性热情评价显著低于已婚男性（$p < 0.001$），与离婚男性热情评价差异不显著（$p > 0.999$）；已婚男性热情评价显著高于离婚男性（$p < 0.001$）。从未恋爱过女性热情评价显著高于分手女性（$p < 0.001$）和离婚女性（$p < 0.001$），与恋爱女性和已婚女性差异不显著（$ps > 0.999$）；恋爱中女性的热情评价显著高于分手女性和离婚女性（$ps < 0.001$），与已婚女性热情评价差异不显著（$p > 0.999$）；分手女性热情评价显著低于已婚女性（$p < 0.001$），与离婚女性热情评价差异不显著；已婚女性热情评价显著高于离婚女性（$p < 0.001$）。

（2）以能力维度为因变量指标

以能力评价为因变量指标的描述性统计结果如表 2 所示。方差分析结果发现，被试性别主效应显著，$F(1, 109) = 4.58$，$p = 0.035$，$\eta_p^2 = 0.040$，男性被试的能力评价显著低于女性被试；目标性别主效应显著，$F(1, 109) = 10.45$，$p = 0.002$，$\eta_p^2 = 0.087$，女性目标的能力评价显著高于男性目标；亲密关系状态主效应显著，$F(4, 436) = 14.00$，$p < 0.001$，$\eta_p^2 = 0.114$。对亲密关系状态主效应的事后检验结果表明，从未谈过恋爱人

群的能力评价显著高于分手人群（$p < 0.001$）和离婚人群（$p = 0.018$）的能力评价，与恋爱中人群（$p = 0.417$）、已婚人群（$p = 0.372$）的能力评价差异不显著；恋爱中人群的能力评价显著低于已婚人群（$p < 0.001$），与分手人群（$p = 0.219$）和离婚人群（$p > 0.999$）的能力评价差异不显著；分手人群的能力评价显著低于已婚人群（$p < 0.001$），与离婚人群的能力评价差异不显著（$p > 0.999$）；已婚人群能力评价显著大于离婚人群（$p < 0.001$）。

表2　以能力评价为因变量指标的描述性统计结果（$M \pm SD$）

被试性别	目标性别	亲密关系状态				
		从未谈过恋爱人群	恋爱中人群	分手人群	已婚人群	离婚人群
男	男	4.95 ± 1.16	4.70 ± 1.10	4.22 ± 1.28	5.19 ± 0.80	4.28 ± 1.41
	女	4.94 ± 1.17	4.48 ± 1.12	4.64 ± 1.19	5.02 ± 0.99	4.80 ± 1.31
女	男	4.71 ± 5.34	5.34 ± 0.89	4.45 ± 1.29	5.40 ± 0.90	4.46 ± 1.38
	女	5.56 ± 0.99	4.74 ± 1.04	4.81 ± 1.14	5.39 ± 0.87	5.10 ± 1.29

被试性别与目标性别的交互作用不显著，$F(1, 109) = 1.60$，$p = 0.208$，$\eta_p^2 = 0.014$；被试性别与亲密关系状态的交互作用不显著，$F(4, 436) = 0.48$，$p = 0.751$，$\eta_p^2 = 0.004$；目标性别与亲密关系状态的交互作用显著，$F(4, 436) = 11.85$，$p < 0.001$，$\eta_p^2 = 0.004$；被试性别、目标性别、亲密关系状态的三项交互作用显著，$F(4, 436) = 3.61$，$p = 0.007$，$\eta_p^2 = 0.032$。

对目标性别与亲密关系状态的交互作用做进一步的简单效应分析，结果表明，对于男性目标，从未恋爱过男性的能力评价显著高于恋爱中男性（$p < 0.001$）和分手男性（$p < 0.001$），与已婚男性（$p > 0.999$）和离婚男性（$p > 0.999$）的能力评价差异不显著；恋爱中男性能力评价显著低于已婚男性（$p < 0.001$），与分手男性（$p > 0.999$）、离婚男性（$p = 0.479$）的能力评价差异不显著；分手男性能力评价显著低于已婚男性（$p = 0.003$），与离婚男性（$p = 0.256$）能力评价差异不显著；已婚男性能力评价与离婚男性差异不显著，$p = 0.786$。对于女性目标，从未恋爱过女性的能力评价显著高于分手女性（$p = 0.006$）和离婚女性（$p = 0.035$），显著低于已婚女性（$p = 0.015$），与恋爱中女性差异不显著（$p > 0.999$）；恋爱中女性能力评价显著高于分手女性（$p < 0.001$）和离婚女性（$p = 0.002$），与已婚女性差异不显著（$p = 0.069$）；分手女性能力评价显著低于已婚女性（$p <$

0.001），与离婚女性（$p > 0.999$）能力评价差异不显著；已婚女性能力评价显著高于离婚女性（$p < 0.001$）。

　　对被试性别、目标性别、亲密关系状态的三项交互作用做进一步简单简单效应分析，其结果表明，对于男性被试，从未恋爱过男性能力评价显著高于分手男性（$p = 0.011$），与恋爱中男性（$p > 0.999$）、已婚男性（$p > 0.999$）、离婚男性（$p = 0.063$）差异不显著；恋爱中男性能力评价显著低于已婚男性（$p = 0.022$），与分手男性（$p = 0.538$）、离婚男性（$p > 0.999$）差异不显著；分手男性能力评价显著低于已婚男性（$p = 0.001$），与离婚男性（$p > 0.999$）能力评价差异不显著；已婚男性能力评价显著高于离婚男性（$p < 0.001$）。从未恋爱过女性能力评价与恋爱中女性（$p = 0.305$）、分手女性（$p > 0.999$）、已婚女性（$p > 0.999$）、离婚女性（$p > 0.999$）差异不显著；恋爱中女性能力评价显著低于已婚女性（$p = 0.048$），与分手女性（$p > 0.999$）、离婚女性（$p > 0.999$）差异不显著；分手女性能力评价与已婚女性（$p = 0.585$）、离婚女性（$p > 0.999$）差异不显著；已婚女性能力评价与离婚女性差异不显著（$p > 0.999$）。

　　对于女性被试，从未恋爱过男性能力评价显著低于恋爱中男性（$p = 0.007$）、已婚男性（$p = 0.002$），与分手男性（$p > 0.999$）、离婚男性（$p > 0.999$）差异不显著；恋爱中男性能力评价显著高于分手男性（$p < 0.001$）和离婚男性（$p < 0.001$），与已婚男性（$p > 0.999$）差异不显著；分手男性能力评价显著低于已婚男性（$p < 0.001$），与离婚男性（$p > 0.999$）差异不显著；已婚男性能力评价显著高于离婚男性（$p < 0.001$）。从未谈过恋爱女性能力评价显著高于恋爱中女性（$p < 0.001$）、分手女性（$p < 0.001$），与已婚女性（$p > 0.999$）、离婚女性（$p = 0.077$）差异不显著；恋爱中女性能力评价显著低于已婚女性（$p < 0.001$），与分手女性（$p > 0.999$）、离婚女性（$p = 0.911$）差异不显著；分手女性能力评价显著低于已婚女性（$p = 0.004$），与离婚女性（$p = 0.210$）差异不显著；已婚女性能力评价与离婚女性差异不显著（$p > 0.999$）。

　　最后，为了更好地对目标性别与亲密关系状态进行比较，通过计算不同亲密关系状态人群的热情和能力评价的平均值及置信区间，不同性别目标的热情和能力评价被映射到一个二维的空间中。如图 1 所示分别为两项交互（a）目标性别和亲密关系状态，和三项交互（b）被试性别、目标性别和亲密关系状态在热情和能力两维度的映射值。

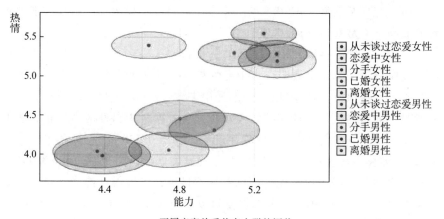

a. 不同亲密关系状态人群的评价

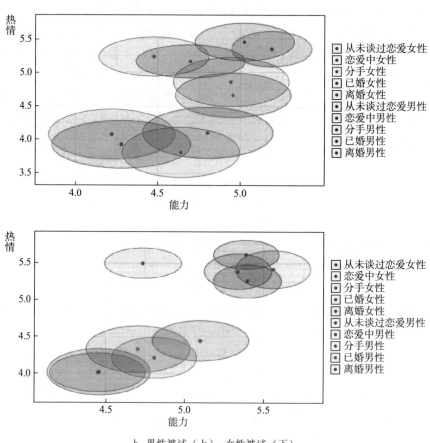

b. 男性被试（上），女性被试（下）

图 1　亲密关系状态和性别交叉外显刻板印象内容

3. 讨论

在以热情为因变量的方差分析结果中发现，女性目标的热情评价显著高于男性，其中女性被试对男性目标存在更低的热情评价，这与性别刻板印象内容相符。总体来看，在热情维度上人们对于关系联结的目标人群（恋爱中/已婚）持较高的评价，对于关系断裂目标人群（分手/离婚）持较低的评价，对从未谈过恋爱人群则持中等评价。当不同恋爱状态与性别交叉后发现，在男性眼中，男性目标的热情评价与更高亲密关系相关联，恋爱中、分手和从未谈过恋爱的男性个体热情水平没有显著差异，女性目标热情评价与更低亲密关系相关联，对结婚和恋爱中的女性热情评价更高，而对分手和离婚的女性热情评价更低；在女性眼中，对关系联结状态（恋爱中/已婚）的男性人群具有更高的热情评价，对关系断裂状态（分手/离婚）的女性人群具有更低的热情评价。

在能力维度上，人们对女性目标的能力评价显著高于男性目标。总体来看，在能力维度上人们对于关系断裂目标人群（分手/离婚）持较低的评价。当不同恋爱状态与性别交叉后发现，在男性眼中，只有分手的男性能力水平较低，而女性目标的能力水平与亲密关系无关；在女性眼中，拥有亲密关系（恋爱中/已婚）的男性具有更高的能力评价，而恋爱中和分手的女性具有更低的能力评价。

综上所述，在对不同亲密关系状态群体的外显印象评价中发现了亲密关系状态和性别交叉的刻板印象支持了整合理论，在研究2中，我们进一步考察亲密关系状态与性别的内隐刻板印象内容评价。

三　研究2：亲密关系状态与性别交叉的内隐刻板印象内容

1. 研究方法

（1）被试

计算样本量的方式同研究1，需要的最低被试量为62人。招募来自某高校的大学生80人，剔除作答正确率低于80%、总trial数10%的反应时小于300毫秒的5名被试，最终获得有效被试73人（其中，男性29人，女性44人），平均年龄$M_{age} = 20.62$岁，$SD = 2.00$。

（2）材料

采用E-prime 2.0编制内隐关系评估程序（IRAP）。概念词为五种不同亲密关系状态的群体；属性词为四个热情词（热情、友好、真诚、和善）

和四个能力词（聪明、自信、独立、能干）（Fiske et al.，1999）；关系词为"同意"和"反对"。被试需要对上述刺激词 + 目标词的联结进行按键反应。

（3）程序

IRAP 通过测量概念词（选择群体词与未选择群体词）与属性词（积极词与消极词）的自动化关联强度来测量内隐评价，E-prime 2.0 用于编制该实验程序（Barnes-Holmes et al.，2010；温芳芳等，2021）。在 IRAP 中，包括一致任务和不一致任务，其中一致任务的规则是：如果看到"非亲密状态人群 + 能力词"或者"亲密状态人群 + 热情词"，请选择"同意"，按 D 键；如果看到"非亲密状态人群 + 热情词"或者"亲密状态人群 + 能力词"，请选择"反对"，按 K 键。不一致任务的规则完全相反。整个实验共包含 6 个 block，其中 2 个练习实验 block，4 个正式实验 block。实验采用拉丁方设计来平衡顺序及消除误差，即一半被试从一致任务的规则开始学习，一半被试从不一致任务的规则开始学习，正式实验中一致任务和不一致任务交替出现（见表 3）。在练习试次中，被试做出正确反应到进入下一个 trial 间隔 400 毫秒。若被试反应错误，则屏幕上会出现红叉进行提醒，直至其做出正确反应。在正式实验试次中，屏幕中央首先呈现 500 毫秒的注视点，提醒被试实验开始，然后注视点消失，出现由某种关系连接的概念词和属性词，被试需要根据指导语通过按键对刺激进行又快又准的归类。

表 3　内隐刻板印象内容评价 IRAP 施测阶段分布

初始一致任务组	初始不一致任务组
Block 1 练习组块（一致任务组）	Block 1 练习组块（不一致任务组）
Block 2 练习组块（不一致任务组）	Block 2 练习组块（一致任务组）
Block 3 正式实验组块（一致任务组）	Block 3 正式实验组块（不一致任务组）
Block 4 正式实验组块（不一致任务组）	Block 4 正式实验组块（一致任务组）
Block 5 正式实验组块（一致任务组）	Block 5 正式实验组块（不一致任务组）
Block 6 正式实验组块（不一致任务组）	Block 6 正式实验组块（一致任务组）

2. 结果

首先依据被试的反应时和正确率筛选数据，即将正确率低于 80% 或总 trial 数的 10% 的反应时小于 300 毫秒的被试数据视为无效被试剔除，将反应时大于 10000 毫秒的 trial 数据剔除（Hussey et al.，2015）。将正式实验中反应时小于 250 毫秒的 trial，其反应时记为 250 毫秒；反应时大于 3000 毫秒的 trial，其反应时记为 3000 毫秒（Barnes-Holmes et al.，2010），练习实验的数据不纳入分析。接下来计算 D_{IRAP} 值（后简称 D 值），IRAP 的效应大小由 D 分数大小体现（Finn et al.，2018；Kavanagh et al.，2018），在分别以热情和能力为因变量指标的试次中，D 值的计算方法是不相容任务反应时和相容任务反应时之差比上两部分正确反应时的标准差，这样得到的分数作为被试内隐评价的强度（Barnes-Holmes et al.，2010）。在本实验中，D 值越大表明被试对于某一亲密关系状态下热情/能力的内隐评价越积极。研究设计与外显一致，分别以热情/能力 D 值为因变量，进行 2（目标性别：男，女）×2（被试性别：男，女）×5（亲密关系状态：从未谈过恋爱、恋爱中、分手、已婚、离婚）的混合设计，使用 R 语言中 bruce R 包（Bao，2023）进行混合设计的方差分析。

（1）以热情维度 D 值为因变量指标

以热情评价 D 值为因变量指标的描述性统计结果如表 4 所示。方差分析结果发现，被试性别主效应不显著，$F_{(1, 71)} = 0.02$，$p = 0.892$，$\eta_p^2 < 0.001$；目标性别主效应不显著，$F_{(1, 71)} = 0.09$，$p = 0.771$，$\eta_p^2 = 0.001$；亲密关系主效应显著，$F_{(4, 284)} = 2.66$，$p = 0.035$，$\eta_p^2 = 0.036$。对亲密关系状态主效应的事后检验结果表明，不同亲密关系状态的内隐热情评价差异不显著（$ps > 0.05$）。

表 4　以热情评价 D 值为因变量指标的描述性统计结果（$M \pm SD$）

被试性别	目标性别	亲密关系状态				
		从未谈过恋爱人群	恋爱中人群	分手人群	已婚人群	离婚人群
男	男	0.03 ± 0.62	0.06 ± 0.51	− 0.08 ± 0.61	− 0.06 ± 0.58	− 0.15 ± 0.48
	女	0.03 ± 0.56	0.10 ± 0.57	0.02 ± 0.58	0.11 ± 0.53	− 0.03 ± 0.63
女	男	0.04 ± 0.54	− 0.04 ± 0.51	0.04 ± 0.55	0.19 ± 0.55	− 0.07 ± 0.54
	女	− 0.01 ± 0.54	0.14 ± 0.58	− 0.18 ± 0.56	0.04 ± 0.52	− 0.09 ± 0.60

被试性别与目标性别的交互作用不显著，$F_{(1, 71)} = 1.90$，$p = 0.173$，$\eta_p^2 = 0.026$；被试性别与亲密关系状态的交互作用不显著，$F_{(4, 284)} = 0.35$，$p = 0.840$，$\eta_p^2 = 0.005$；目标性别与亲密关系状态的交互作用不显著，$F_{(4, 284)} = 0.476$，$p = 0.718$，$\eta_p^2 = 0.007$；被试性别、目标性别亲密关系状态的三项交互作用不显著，$F_{(4, 284)} = 1.03$，$p = 0.387$，$\eta_p^2 = 0.014$。

（2）以能力维度 D 值为因变量指标

以能力评价 D 值为因变量指标的描述性统计结果如表 5 所示。方差分析结果发现，被试性别主效应不显著，$F(1, 71) = 0.11$，$p = 0.741$，$\eta_p^2 = 0.002$；目标性别主效应不显著，$F(1, 71) = 0.34$，$p = 0.565$，$\eta_p^2 = 0.005$；亲密关系主效应显著，$F(4, 284) = 15.25$，$p < 0.001$，$\eta_p^2 = 0.177$。对亲密关系状态主效应的事后检验结果表明，从未谈过恋爱人群的内隐能力评价比恋爱中人群（$p < 0.001$）、已婚人群更积极，与分手人群（$p > 0.999$）、离婚人群（$p > 0.999$）差异不显著；恋爱中人群的内隐能力评价比分手人群（$p < 0.001$）、离婚人群（$p < 0.001$）更消极，与已婚人群（$p > 0.999$）差异不显著；分手人群的内隐能力评价比已婚人群更积极（$p = 0.019$），与离婚人群差异（$p > 0.999$）不显著；已婚人群内隐能力评价比离婚人群更消极（$p < 0.001$）。

表 5　以能力评价 D 值为因变量指标的描述性统计结果（$M \pm SD$）

被试性别	目标性别	亲密关系状态				
		从未谈过恋爱人群	恋爱中人群	分手人群	已婚人群	离婚人群
男	男	0.11 ± 0.67	-0.22 ± 0.52	0.12 ± 0.66	-0.15 ± 0.60	0.24 ± 0.55
	女	0.17 ± 0.52	-0.16 ± 0.58	-0.03 ± 0.54	-0.10 ± 0.52	0.03 ± 0.52
女	男	0.15 ± 0.56	-0.35 ± 0.58	0.23 ± 0.57	-0.21 ± 0.54	0.20 ± 0.55
	女	0.20 ± 0.50	-0.20 ± 0.53	-0.05 ± 0.56	-0.20 ± 0.56	0.12 ± 0.64

被试性别与目标性别的交互作用不显著，$F(1, 71) = 0.01$，$p = 0.945$，$\eta_p^2 > 0.999$；被试性别与亲密关系状态的交互作用不显著，$F(4, 284) = 0.51$，$p = 0.732$，$\eta_p^2 = 0.007$；目标性别与亲密关系状态的交互作用显著，$F(4, 284) = 2.18$，$p = 0.072$，$\eta_p^2 = 0.030$；被试性别、目标性别亲密关系状态的三项交互作用不显著，$F(4, 284) = 0.29$，$p = 0.883$，$\eta_p^2 = 0.004$。

最后，对不同亲密关系状态人群的热情和能力评价的平均值及置信区间同样映射到一个二维的空间中，如图 2 所示。

3. 讨论

对亲密关系状态和性别交叉的内隐刻板印象评价结果发现，在热情维度上，人们的内隐评价没有受到亲密关系状态和性别的明显影响。而在能力维度上，从未恋爱过人群与关系断裂的人群（"分手人群"和"离婚人群"）具有相似且较高的内隐能力评价，而关系联结状态人群（"恋爱中人群"和"已婚人群"）则具有较低的内隐能力评价。

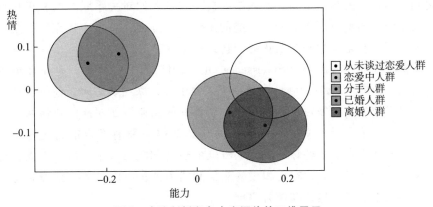

图 2　内隐刻板印象内容评价的二维展示

四　总讨论

本研究立足于 SCM，重点考察亲密关系状态和性别交叉的刻板印象内容，分别从外显和内隐的视角探索了交叉刻板印象的优势效应和整合效应。研究结果发现，首先，在外显层面上，人们对关系联结状态人群（"已婚人群"和"恋爱中人群"）的热情和能力评价较高，对关系断裂人群（"离婚人群"和"分手人群"）的热情和能力评价较低，对从未谈过恋爱人群在热情和能力维度上的评价则处于中等水平；其次，在外显评价中，热情维度上性别对刻板印象内容评价存在"优势效应"，而在能力维度上亲密关系状态和性别交叉存在"整合效应"；最后，不同亲密关系状态群体的热情和能力评价发生了外显和内隐上的分离，在内隐层面上，热情维度的评价不受亲密关系状态与性别的影响，在能力维度上相对而言存在亲密关系状态的"优势效应"。这不仅从亲密关系状态的视角扩大了以往基于自然线索（如性别、种族和年龄）和社会线索（职业、贫富）交叉刻板印象内容的研究范围，而且对从亲密关系状态的角度消除负面刻板印象也有现实意义。

（一）关系联结的积极评价和关系断裂的消极评价

总体来看，关系联结和断裂状态对人们热情和能力上的外显评价具有明显的影响。关系联结状态（恋爱中、已婚）群体得到了较高的热情和能力评价，关系断裂状态（离婚、分手）群体得到了较低的热情和能力评价，而从未恋爱过的群体在热情维度上介于联结和断裂两种亲密关系状态之间，而在能力维度上与关系联结人群一致。人们对关系联结的积极评价和关系断裂的消极评价有两个可能的来源。一方面，关系中最重要的是归属的需要，它是人类长期演化的产物，基于热情和能力的人际信任能够满足人们重要的归属需要（Syvertsen et al. , 2015）；另一方面，基于印象评价的晕轮效应（Halo Eflect），当一个人处于关系联结状态时，他就会被一种积极肯定的光环笼罩，并被赋予一切都好的品质，如较高的热情和能力水平，当一个人处于关系断裂状态时，其就被一种消极否定的光环所笼罩，并被认为具有各种坏品质，如较低的热情和能力水平。因此，人们对于关系联结状态人群存在更积极的热情和能力评价，而对关系断裂状态人群则存在更消极的热情和能力评价。

（二） 外显热情评价的优势效应与能力评价的整合效应

在研究 1 中，外显热情维度支持了性别在刻板印象内容评价中的"优势效应"，而在能力维度上支持了性别与亲密关系状态交叉的"整合效应"。具体而言，在热情维度中，女性目标的热情评价显著高于男性，在不同亲密关系状态和不同被试性别中的结果一致，这与社会角色理论的性别刻板印象一致，人们通常认为女性是高热情 - 低能力，而男性是高能力 - 低热情的（Fiske et al. , 2002），这可能是由于热情维度在评价上的"优先性"，相比于男性 - 高能力的刻板印象，女性 - 高热情的刻板印象可能具有更强的联结和更快的反应速度，在做出评价时消耗的认知资源更少。在能力维度上，人们对关系断裂的男性目标人群的能力评价也显著低于女性目标人群的能力评价，表明性别与亲密关系状态交叉在刻板印象内容评价上发生了整合，一个可能的解释是，男性对伴侣的依赖很大程度上来自伴侣的情感支持（Cohen，1997），并从支持中获得更多的幸福感（Stronge et al. , 2019），而在中国传统观念中，男性需要在亲密关系中承担更多的责任，而这种责任逐渐内化为男性"能力"评价的一部分，因此当男性目标处于关系断裂状态时，会产生消极的能力评价。

（三） 性别与亲密关系状态交叉刻板印象在外显和内隐上的分离

在热情维度上有明显的内隐外显评价分离。具体而言，在外显评价层面，首先，人们对亲密关系破裂群体的热情评价常常保持在较低水平，而对拥有亲密关系的群体的热情评价常常保持在较高水平，这在不同被试性别和目标性别中有较为一致的结果，与 Conley 和 Collins（2002）在研究中发现的亲密关系破裂在人际交往中往往缺乏更好的能力相一致；其次，从未谈过恋爱的人群在热情维度上具有中等或中等偏上的评价，尽管稳定而持久的亲密关系在主流意识形态中被视作一种社会规范，提到恋爱和婚姻，人们往往将其与亲密的相互关心和依赖相联系（Ben-Ari & Lavee，2007；Laurenceau et al.，2004），但是随着时代的发展，"单身"已逐渐成为人们可以自由选择的生活方式，单身人士被认为是独立的，在追求事业和其他生活兴趣上可能更有潜力（Fisher & Sakaluk，2019；Greitemeyer，2010）。而在内隐层面上，热情的内隐评价没有因亲密关系状态的不同而发生改变，表明不同亲密关系状态在内隐热情维度上不存在显著差异。

在能力维度上的结果表明，不同亲密关系状态在外显和内隐两个层面的态度相反。在外显层面上，亲密关系状态与性别交叉发挥着整合效应，而在内隐层面上，人们对关系断裂状态人群的能力评价较为积极，表现出亲密关系状态的优势效应。这种外显与内隐的分离可以通过双重加工模型来理解，相对而言，外显评价是命题加工的产物，内隐评价则更多是通过联想心理过程在记忆中的广泛激活而产生的，外显和内隐评价所基于的心理过程或系统的性质不同（Cone & Ferguson，2015；Gawronski & Bodenhausen，2011），可以看出，在外显层面，基于性别和亲密关系状态的刻板预期共同影响人们的评价，而在内隐层面，人们则更容易受到亲密关系状态的影响，反而对关系断裂人群具有更高的能力评价，这也与刻板印象内容的"补偿效应"相符合（Kervyn，Yzerbyt，& Judd，2011），即对与低热情关联的关系断裂人群（如"分手人群"或"离婚人群"）人们反而具有更高的能力评价。

（四）理论创新和实践意义

本研究立足于 SCM，重点考察亲密关系状态和性别交叉的刻板印象内容，分别从外显和内隐的视角探索了交叉刻板印象的优势和整合效应，具有一定的理论价值和实践意义。

在理论层面上，本研究一方面基于刻板印象内容模型，发现了人们对关系联结状态人群（如"恋爱中人群"和"已婚人群"）存在高热情和高能力评价，而对关系断裂人群（如"分手人群"和"离婚人群"）则存在低热情和低能力评价，从关系状况角度拓展了以往刻板印象内容的群体研究范围；另一方面基于交叉刻板印象的优势和整合理论，发现了亲密关系状态和性别交叉在热情和能力两维度评价上的不对称性，以及在同一维度下内隐和外显评价存在分离现象。具体表现为外显评价中热情维度上的"优势效应"和能力维度上的"整合效应"，以及内隐评价中能力维度上的

"优势效应"，在能力维度上，内隐和外显态度存在一种矛盾的关联模式，这些发现为以往不同类别属性的交叉刻板印象评价的优势与整合理论提供了热情和能力不对称性以及外显内隐分离的证据。

在实践层面上，随着时代的变化，人们对亲密关系状态的感知不再是二分的积极或消极状态，多元化的评价有利于个体拥有更多个性化的选择和自主的生活方式。本研究一方面为人们以更多样和包容的心态来理解当前多元社会类别的目标对象提供了借鉴；另一方面通过不同类别属性刻板印象的交叉为人们降低对某一类别的消极刻板印象提供了启示，例如，人们可以通过不同亲密关系状态与性别交叉来降低消极性别刻板印象。

（五）研究展望

本研究得到一些有价值的发现，不过，仍存在一定的局限性，需要未来进一步研究推进。首先，考虑到自身亲密状态的影响，例如，单身人士可能是歧视单身人士的积极参与者，未来的研究可以纳入被试的年龄和亲密关系状态，并将其作为考量，以更好地解释对这些群体印象评价的内容和机制，同时也增强研究的生态效度。其次，在本研究中，5 种亲密关系状态作为群体的社会分类线索被横向地纳入考量，未来的研究可以进一步考察其动态发展过程。最后，未来可以结合认知神经科学技术等方法来考察被试在进行评价的过程中的神经生理机制，以丰富对不同亲密关系状态群体的印象评价的研究。

五 结论

（1）人们对关系联结状态人群存在高热情和高能力的积极评价，而对关系断裂人群则存在低热情和低能力的消极评价。

（2）在外显评价中，热情维度上性别相比亲密关系状态对刻板印象评价的影响存在"优势效应"，而在能力维度上亲密关系状态和性别交叉存在"整合效应"。

（3）不同亲密关系状态群体的热情和能力评价存在外显和内隐上的分离，在内隐层面上，热情维度的评价不受亲密关系状态与性别的明显影响，在能力维度上人们对关系断裂人群则存在较高的内隐评价。

参考文献

刘旺、佐斌，2006，《性别刻板印象维护的心理机制》，《心理科学进展》第 3 期，第 456～461 页。

温芳芳、柯文琳、佐斌、戴月娥、聂思源、姚奕、韩施，2021，《内隐关系评估程序（IRAP）：测量原理及应用》，《心理科学进展》第 11 期，第 1936～1947 页。

佐斌、代涛涛、温芳芳、索玉贤，2015，《社会认知内容的"大二"模型》，《心理科学》第 4 期，第 1019～1023 页。

佐斌、温芳芳、杨珂、谭潇，2020，《情境对"热情优先效应"的影响——基于同伴提名法的检验》，《心理科学》第 6 期，第 7 页。

Abele, A. & Wojciszke, B. (2007). Agency and communion from the perspective of self versus others. *Journal of Personality and Social Psychology*, 93 (5), 751–763.

Bao, H. (2023). bruceR: Broadly useful convenient and efficient R functions. R package version 0.8.10. https://CRAN.R-project.org/package = bruceR.

Barnes-Holmes, D., Barnes-Holmes, Y., Hayden, E., Milne, R. & Stewart, I. (2006). Do you really know what you believe? Developing the implicit relational assessment procedure (IRAP) as a direct measure of implicit beliefs. *Holmes*, 32.

Barnes-Holmes, D., Barnes-Holmes, Y., Stewart, I. & Boles, S. (2010). A sketch of the implicit relational assessment procedure (IRAP) and the relational elaboration and coherence (REC) model. *Psychological Record*, 60 (3), 527–541.

Baumeister, R. F. & Leary, M. R. (1995). The need to belong: Desire for interpersonal attachments as a fundamental human motivation. *Psychological Bulletin*, 117 (3), 497–529.

Ben-Ari, A. & Lavee, Y. (2007). Dyadic closeness in marriage: From the inside story to a conceptual model. *Journal of Social and Personal Relationships*, 24 (5), 627–644.

Benson, A., Azizi, E., Evans, M. B., Eys, M. & Bray, S. (2019). How innuendo shapes impressions of task and intimacy groups. *Journal of Experimental Social Psychology*, 85, 103854.

Bodenhausen, G. V. (2010). Diversity in the Person, Diversity in the Group: Challenges of Identity Complexity for Social Perception and Social Interaction. *European Journal of Social Psychology*, 40, 1–16.

Bogardus, E. S. (1925). Measuring Social Distances. *Journal of Applied Sociology*, 9, 299–308.

Buecker, S., Denissen, J. J. A. & Luhmann, M. (2021). A propensity-score matched study of changes in loneliness surrounding major life events. *Journal of personality and social psychology*, 121 (3), 669–690.

Cohen, J. (1997). Prosocial relations and romantic attraction: Gender and dating status differences. *Journal of Broadcasting & Electronic Media*, 41 (4), 516–529.

Cone, J. & Ferguson, M. J. (2015). He did what? the role of diagnostic in revising implicit evaluations. *Journal of Personality & Social Psychology*, 108 (1), 37–57.

Conley, T. D. & Collins, B. E. (2002). Gender, relationship status, and stereotyping about sexual risk. *Personality and Social Psychology Bulletin*, 28, 1483–1494.

DePaulo, B. M. (2006). *Singled out: How singles are stereotyped, stigmatized, and ignored, and still live happily ever after.* New York: St. Martin's Press.

Depaulo, B. & Morris, W. (2005). Singles in society and in science. *Psychological Inquiry*, 16 (2), 57 – 83.

Diener, E. (2000). Subjective Well-Being: The science of happiness and proposal for a national index. *American Psychologist*, 55, 34 – 43.

Eagly, A. H. & Wood, W. (2012). Social role theory. In P. A. M. Van Lange, A. W. Kruglanski & E. T. Higgins (Eds.), *Handbook of theories of social psychology* (pp. 458 – 476). Sage Publications Ltd.

Ebert, I. D., Steffens, M. C. & Kroth, A. (2014). Warm, but maybe not so competent? Contemporary implicit stereotypes of women and men in Germany. *Sex Roles*, 70, 359 – 375.

Fazio, R. H. & Olson, M. A. (2003). Implicit measures in social cognition research: Their meaning and use. *Annul. Rev. Psychol*, 54, 297 – 327.

Finn, M., Barnes-Holmes, D. & Mcenteaaart, C. (2018). Exploring the single-trial-type-dominance-effect in the lRAP: Developing a differential arbitrarily applicable relational responding effects (DAARRE) model. *Psychological Record*, 68 (1), 11 – 25.

Fisher, A. N. & Sakaluk, J. K. (2019). Are single people a stigmatized "group"? evidence from examinations of social identity, entitativity, and perceived responsibility. *Journal of Experimental Social Psychology*, 82, 208 – 216.

Fiske, S. T. (2018). Stereotype content: Warmth and competence endure. *Current Directions in Psychological Science*, 27 (2), 67 – 73.

Fiske, S. T. (2019). "Warmth and competence are parallels to communion and agency: Stereotype content model," In A. Abele & B. Wojciszke (Eds.), *Agency and Communion in Social Psychology.* (UK: Routledge), 39 – 51.

Fiske, S. T., Cuddy, A., Glick, P. & Xu, J. (2002). A model of (often mixed) stereotype content: competence and warmth respectively follow from perceived status and competition. *Journal of Personality and Social Psychology*, 82 (6), 878 – 902.

Fiske, S. T., Cuddy, A. J. & Glick, P. (2007). Universal dimensions of social cognition: Warmth and competence. *Trends in Cognitive Sciences*, 11 (2), 77 – 83.

Fiske, S. T., Xu, J., Cuddy, A. C. & Glick, P. (1999). (dis) respecting versus (dis) liking: status and interdependence predict ambivalent stereotypes of competence and warmth. *Journal of Social Issues*, 55 (3), 473 – 489.

Forsman, J. A. & Barth, J. M. (2016). The effect of occupational gender stereotypes on men's interest in female-dominated occupations. *Sex Roles*, 76 (7 – 8), 1 – 13.

Freeman, J. B. & Ambady, N. (2011). A dynamic interactive theory of person construal. *Psychological Review*, 118 (2), 247 – 279.

Gawronski, B. & Bodenhausen, G. V. (2006). Associative and propositional processes in evaluation: An integrative review of implicit and explicit attitude change. *Psychological Bulletin*, 132, 692 – 731.

Gawronski, B. & Bodenhausen, G. V. (2011). The associative-propositional evaluation model: Theory, evidence, and open questions. In M. P. Zanna (Eds.), *Advances in experimental social psychology*: *Vol. 44* (pp. 59 – 127). New York: Academic Press.

Girme, Y. U., Park, Y. & MacDonald, G. (2022). Coping or Thriving? Reviewing Intrapersonal, Interpersonal, and Societal Factors Associated With Well-Being in Singlehood From a Within-Group Perspective. *Perspectives on Psychological Science*, 17456916221136119.

Gong, W., Tu, C. & Jiang. L. C. (2017). "Stigmatized portrayals of single women: A content analysis of news coverage on single women and single men in China." *Journal of Gender Studies*, 26 (2): 197 – 211.

Gordon, T. (2016). *Single women: On the margins?* Macmillan International Higher Education.

Greitemeyer, T. (2010). Stereotypes of singles: Are singles what we think? *European Journal of Social Psychology*, 39 (3), 368 – 383.

Hertel, J., Schütz, A., DePaulo, B. M., Morris, W. L. & Stucke, T. S. (2007). She's single, so what? How are singles perceived compared with people who are married? *Journal of Family Research*, 19 (2), 139 – 158.

Hussey, I., Barnes-Holmes, D. & Barnes-Holmes, Y. (2015). From relational frame theory to implicit attitudes and back again: Clarifying the link between RFT and IRAP research. *Current Opinion in Psychology*, 2, 11 – 15.

Kalmijn, M., vanGroenou, M. & Fine, M. (2005). Differential effects of divorce on social integration. *Journal of Social and Personal Relationships*, 22, 455 – 476.

Kavanagh, D., Bares-Holmes, Y., Barnes-Holmes, D., Mcenteggart, C. & Finn, M. (2018). Exploring differential trial-type effects and the impact of a read-aloud procedure on deictic relational responding on the IRAP. *Psychological Record*, 68 (2), 163 – 176.

Kervyn, N., Yzerbyt, V. Y. & Judd, C. M. (2011). When compensation guides inferences: Indirect and implicit measures of the compensation effect. *European Journal of Social Psychology*, 41 (2), 144 – 150.

Klysing, A., Lindqvist, A. & Björklund, F. (2021). Stereotype content at the intersection of gender and sexual orientation. *Frontiers in psychology*, 12, 713839.

Koenig, A. M. & Eagly, A. H. (2014). Evidence for the social role theory of stereotype content: Observations of groups' roles shape stereotypes. *Journal of Personality and Social Psychology*, 107 (3), 371 – 392.

Kurzban, R., Tooby, J. & Cosmides, L. (2001). Can race be erased? Coalitional computation and social categorization. *Proceedings of the National Academy of Sciences of the United States of America*, 98 (26), 15387 – 15392.

Laurenceau, J. P., Rivera, L. M., Schaffer, A. R. & Pietromonaco, P. R. (2004). Intimacy as an interpersonal process: Current status and future directions. *Handbook of closeness and intimacy*, 61 – 78.

Luo, X., Song, J., Guan, J., Wang, X. J. & Chen, L. J. (2023). Influence of facial dimorphism on interpersonal trust: Weighing warmth and competence traits in different trust situations. *Current Psychology*.

Mayer, R. C., Davis, J. H. & Schoorman, F. D. (1995). An integrative model of organizational trust. *The Academy of Management Review*, 20 (3), 709 – 734.

Miyoshi, M. & Sanefuji, W. (2022). Focusing on different informant characteristics by situation: The dimensions of benevolence and competence in children's trust judgment. *Social Development*, 31 (4), 1231 – 1239.

Morris, W. L., Sinclair, S. & DePaulo, B. M. (2007). No shelter for singles: The perceived legitimacy of marital status discrimination. *Group Processes & Intergroup Relations*, 10 (4), 457 – 470.

Petsko, C. D. & Bodenhausen, G. V. (2020). Multifarious person perception: How social perceivers manage the complexity of intersectional targets. *Social and Personality Psychology Compass*, 14 (2), e12518.

Pietraszewski, D., Curry, O. S., Petersen, M. B., Cosmides, L. & Tooby, J. (2015). Constituents of political cognition: Race, party politics, and the alliance detection system. *Cognition*, 140, 24 – 39.

Pignotti, M. & Abell, N. (2009). The negative stereotyping of single persons scale: Initial psychometric development. *Research on Social Work Practice*, 19 (5), 639 – 652.

Purol, M. F., Keller, V. N., Oh, J., Chopik, W. J. & Lucas, R. E. (2021). Loved and lost or never loved at all? Lifelong marital histories and their links with subjective well-being. *The journal of positive psychology*, 16 (5), 651 – 659.

Remedios, J. D., Chasteen, A. L., Rule, N. O. & Plaks, J. E. (2011). Impressions at the intersection of ambiguous and obvious social categories: Does gay + Black = likable? *Journal of Experimental Social Psychology*, 47 (6), 1312 – 1315.

Rule, N. O., Ambady, N., Adams, R. B. & Macrae, C. N. (2008). Accuracy and awareness in the perception and categorization of male sexual orientation. *Journal of personality and social psychology*, 95 (5), 1019 – 1028.

Sendén, M. G., Klysing, A., Lindqvist, A. & Renström, E. A. (2019). The (not so) changing man: Dynamic gender stereotypes in Sweden. *Front. Psychol*, 10 (37).

Serenko, A. & Turel, O. (2019). A dual-attitude model of system use: The effect of explicit and implicit attitudes. *Information & Management*, 56 (5), 657 – 668.

Sharp, E. A. & Ganong, L. (2011). "I'ma loser, I'm not married, let's just all look at me": Ever-single women's perceptions of their social environment. *Journal of Family Issues*, 32 (7), 956 – 980.

Sidanius, J., Cotterill, S., Sheehy-Skeffington, J., Kteily, N. & Carvacho, H. (2017). Social dominance theory: Explorations in the psychology of oppression. In C. G. Sibley & F. K. Barlow (Eds.), *The Cambridge handbook of the psychology of prejudice* (pp. 149 – 187). Cambridge University Press.

Sidanius, J. & Pratto, F. (2012). Social dominance theory. *Handbook of theories of social psychology*, 2.

Slonim, G., Gur-Yaish, N. & Katz, R. (2015). By choice or by circumstance: Stereotypes of and feelings about single people. *Studia Psychologica*, 57, 35 – 48.

Stronge, S., Overall, N. C. & Sibley, C. G. (2019). Gender differences in the associations between relationship status, social support, and wellbeing. *Journal of Family Psychology*, 33 (7), 819 – 829.

Syvertser, A. K., Wray-Lake, L., & Metzger, A. (2015). *Youth civic and character measures toolkit*. Minneapolis, MN: Search Institue.

Thurstone, L. L. (1928). Attitudes can be measured. *American Journal of Sociology*, 33, 529 – 554.

Wen, F., Qiao, Y., Zuo, B., Ye, H., Ding, Y., Wang, Q. & Ma, S. (2022). Dominance or integration? Influence of sexual dimorphism and clothing color on judgments of male and female targets' attractiveness, warmth, and competence. *Archives of sexual behavior*, 51 (6), 2823 – 2836.

Wilson, T. D., Lindsey, S. & Schooler, T. Y. (2000). A Model of Dual Attitudes. *Psychological Review*, 107 (1), 101 – 126.

Wojciszke, B. (1994). Multiple meanings of behavior: Construing actions in terms of competence or morality. *Journal of Personality and Social Psychology*, 67 (2), 222 – 232.

Wojnowicz, M. T., Ferguson, M. J., Dale, R. & Spivey, M. J. (2009). The self-organization of explicit attitudes. *Psychological Science*, 20 (11), 1428 – 1435.

Xiao, Y. & Van Bavel, J. J. (2019). Sudden shifts in social identity swiftly shape implicit evaluation. *Journal of Experimental Social Psychology*, 83, 55 – 69.

Ybarra, O., Chan, E. & Park, D. (2001). Young and Old Adults' Concerns About Morality and Competence. *Motivation and Emotion*, 25, 85 – 100.

Zhang, Z. & Yuan, K. – H. (2018). *Practical Statistical Power Analysis Using Webpower and R* (Eds), Granger, IN: ISDSA Press.

《中国社会心理学评论》 第 24 辑
第 82~99 页
© SSAP，2023

新冠疫情初期青年人对"武汉人"和"西安人"的外显和内隐态度

李诗颖　魏旭阳　文　移[*]

摘　要：武汉成为新冠疫情的重灾区后，全国其他地区的人们对武汉人产生了深切的同情和关心，但出于对疾病的恐惧，也对武汉人产生了歧视和排斥。本文以对西安人的态度为对照，分别用问卷和内隐联想测验方法，探查武汉封城解禁后大学生和职场青年对武汉人的外显态度和内隐态度。结果显示：（1）在外显情感态度上，两个青年群体对武汉人和西安人没有显著性的偏好，且不存在显著群体间差异。（2）在外显认知态度上，大学生显著性地认为武汉人比西安人更危险，而职场青年在危险认知上持中立态度；两个青年群体均认为武汉人比西安人更值得同情，且没有群体间差异。（3）在内隐态度上，大学生和职场青年均显著性地认为武汉人很危险和值得同情，且两个青年群体间不存在显著性差异。研究结果反映了大规模公共卫生事件爆发后群际间的消极和积极态度。

关键词：外显态度　内隐态度　青年群体　新冠疫情

一　引言

新冠病毒具有传染性强、传播范围广、扩散速度快等特点，在疫情初

---

* 李诗颖，四川大学公共管理学院社会学与心理学系副教授，通信作者，E-mail：shiyinglipku@126.com；魏旭阳，四川大学公共管理学院应用心理学专业硕士 2019 级研究生；文移，四川大学公共管理学院应用心理学硕士研究生。

期没有特效药，民众普遍对新冠疫情产生了极强的恐惧。长久以来，由于对疾病的恐惧和对疾病正确认知的缺乏，人们往往会对如结核、艾滋病、乙肝等传染病患者抱有歧视态度，并将其污名化（Chang & Cataldo，2014；Herek，1999；Van Dessel et al.，2015）。一项调查研究表明，在"非典"期间，有40%左右的被调查者或多或少地表现出对非典患者及其亲属以及一线医护人员的歧视倾向（赵延东，2003）。类似的，武汉成为新冠疫情重灾区后，由原生的疾病污名衍生出了对地域、组织、身份等特质的污名，所以一些民众对来自武汉地区的人员产生了歧视的态度和行为。

　　2020年下半年，武汉恢复了以前的秩序；随着疫情的好转，全国各地也开始重新正常运转起来。许多武汉人也逐步回到省外的工作地，但却遭到排斥和不公正的对待；一些武汉返乡人员配合调查后个人信息被泄露，隐私信息在网上传播扩散（佐斌、温芳芳，2020）。疫情除了引发群际消极态度，也会引发同情和关爱等积极态度。新冠疫情下产生了很多亲社会行为，比如许多人志愿帮助一线的受灾群体，给灾区群众寄送物资，为医护人员提供支持和帮助。各大媒体也大幅度宣扬武汉人民"舍生忘死、命运与共"的抗疫精神。Chen 等（2020）发现，媒体卷入度越高的人，产生同情心和共情心越多。

　　青年是社会发展的主力军，他们的观点态度会对社会的稳定与和谐发展产生影响。作为互联网用户中最大的群体（郭小弦、芦强、王建，2020），青年人群社会参与热情高，喜欢对那些在网络上形成广泛传播态势的公共事件进行探讨，网络的匿名性使得他们更自由地发声，所以青年人群的观点态度很容易在互联网上形成舆论导向。朱峰（2018）指出，青年处于成熟初期，欠缺丰富的生活经验和阅历，对人和事的看法往往有失偏颇，他们具有更为强烈的表达欲以及把想法变成实际行为的冲动，所以他们更容易成为网络暴力舆论的发起者。因此，本研究的目的在于探讨武汉进入常态化防控后青年群体对武汉人的态度。

　　大学生和职场青年两个亚群体是青年群体的重要组成，但这两个亚群体之间也具有差异。目前很少有研究比较青年群体之间的态度和行为等方面的差异。Davoren 等（2016）认为职场青年比大学生社会阅历更丰富，更容易克制情绪而不走极端，对人和事物更容易进行多维度的考虑，从而保持中立态度。因此在武汉成为疫情重灾区后，大学生可能比职场青年对武汉人持更消极的态度。但职场青年在武汉进入常态化防控后回归工作，在工作场合中接触到更多的人，也可能比封闭在家上网课的大学生对武汉人持更消极的态度。因此，本文探讨了大学生和职场青年对武汉人态度的差异。

根据双重态度理论，态度分为外显态度和内隐态度（Wilson, Lindsey, & Schooler, 2000）。外显态度是有意识的、向外表露出的态度，通常用问卷去测量。内隐态度是潜意识的、自动化的反应，只能通过一些间接的方式去测量。外显态度会受到社会道德规范、社会赞许效应等因素的影响，而内隐态度更多地受过去经历和情绪反应的影响（Dasgupta, 2013；Rudman, 2004）。在疫情得到有效控制后，民众的社会心态由早期的恐慌转为更多地同情和关心受疫情影响的群体（高旸，2020），全国各大媒体也大力宣传和呼吁"不要歧视和污名化武汉人"。由此，人们会更多地同情和关爱武汉人，可能在外显态度上不再认为武汉人危险，不再排斥武汉人。但出于对疾病的本能恐惧心理和情绪无法彻底消除，人们在内隐态度上可能还是会对武汉人持消极态度。相比于改变个人的外显态度，内隐态度的改变难度更大（张林、张向葵，2003；Wilson et al., 2000）。即使外显态度是积极的，消极的内隐态度也会对无意识行为和不试图努力控制的行为产生影响。因此，本文对比了大学生和职场青年对武汉人的外显态度和内隐态度。

本文分为两个研究，且均以西安人为对照群体，研究一采用自陈式量表测量大学生和职场青年对武汉人的外显态度，研究二采用内隐联想测试测量其对武汉人的内隐态度。以下部分将对新冠疫情引发的群际态度及相关解释理论，以及内隐态度、外显态度的相关理论和研究进行综述。

（一）新冠疫情引发的群际态度及相关解释理论

国际上，很多学者关注了新冠疫情带来的消极态度和歧视问题。在美国，疫情引发了针对亚裔群体的种族歧视和暴力攻击事件（Jun et al., 2021）。自印度发生新冠疫情以来，社会出现了对感染者的消极态度（Bhanot et al., 2020）。新冠患者被指责是由于其疏忽和无知而被感染上的，因此要对感染上病毒负责。他们在社会上遭到许多不公正待遇，比如媒体的负面报道，阻止他们进入住宅区域，在宗教、阶层和种姓的基础上散播针对他们的谣言。在尼泊尔，一些疫情期间工作在一线的医护工作者受到歧视，比如酒店不愿为其提供住宿，没有参与应对新冠感染工作的医护工作者对一线医护人员表现出歧视，拒绝与他们交谈，不同意与其在同一家餐厅用餐等（Singh & Subedi, 2020）。

一些理论可以给污名化现象提供解释。标签理论解释（Becker, 1963），人们给别人贴上标签是为了更好地理解他们的社交世界。某群体的特质和行为如果被认为与当下社会文化构架相悖，那么便会产生对这一群体的污名化现象。疫情初期，由于一些自媒体错误地宣传且一些民众疏于防范，病毒感染迅速地蔓延开来，武汉人被污名化。根据自我归类理论（Self-Categorization Theory），个体的自我概念很大程度上来源于他们所属的群体，由此增加了群际间的比较，产生内群体偏爱和外群体贬损效应（Bhanot et al., 2020）。在武汉封城后，人们很快区分了"武汉人"和"非武汉人"两个群体，"非武汉人"就形成了对群体内部成员的偏好和对外部群体的歧视（佐斌、温芳芳，2020）。有人认为，"武汉人"给"非武汉人"带来了直接的健康和死亡威胁，所以出于对保护自身生命安全的本能反应，直觉地抵触"武汉人"。另外，严格的疫情防控规范和责任，使得人们对"潜在的新冠患者"的防控有些矫枉过正，产生了一些极端行为和态度。

在面临灾难和危机时，人们对受灾人群产生共情和同情心理，其亲社会行为会增加（Bauer et al., 2016; Páez et al., 2007）。在武汉封城后，中国民众的亲社会行为与疫情发生前相比增加了（Shachat, Walker, & Wei, 2020）。一项追踪研究显示，在新冠疫情期间，相比熟悉的人，青少年的捐赠行为会更多地针对需要帮助和值得帮助的人群，如医务工作者和新冠患者或免疫系统较差的人（Van de Groep et al., 2020）。许多因素与亲社会行为相关。如果人们知觉到疫情下其他人都在采取亲社会行为，则自身的亲社会水平也会提高（Rudert & Janke, 2021）。疫情下的亲社会行为相比非疫情下的亲社会行为更多地建立在同情和社会连结感的基础上（Varma et al., 2020），其水平与给予者的责任感和接受者在新冠疫情中的脆弱程度相关（Hellmann, Dorrough, & Glöckner, 2021）。综上所述，疫情引发的亲社会行为更多地来源于社会责任规范（social responsibility norm），即人们应该帮助那些需要帮助的人，而不是考虑以后的交换（互惠规范），特别是人们将受害者的困境归因于不可控的环境因素（Berkowitz, 1972; Schwartz, 1975）。并且，相比于推崇个人主义的西方，在热衷于集体主义文化的国度里（如中国、印度），人们会更强烈地支持社会责任规范（Baron & Miller, 2000）。

（二）内隐态度、外显态度的相关理论和研究

态度是个体对特定对象所持有的一种稳定的、评价性的内部心理倾向及相应的行为反应（张林、张向葵，2003）。双重态度理论认为，人们能够对同一对象同时产生两种不同评价，即内隐态度和外显态度。当人们态

度发生改变时，新的态度会"覆盖"但不会"替代掉"原有态度；原有态度不会消失，而是会继续保留在记忆中并对心理和行为产生影响，形成"双重态度"（Wilson, Lindsey, & Schooler, 2000）。Wilson 等（2000）相信，同一对象的外显和内隐态度会共同保留在记忆中。外显态度是命题评价过程，它的产生是有意识的，占用认知资源，速度较缓慢，需要动用心理能量去搜索，能够通过问卷调查法测量个体的外显态度（Gawronski & Bodenhausen, 2006）。内隐态度是个体无意识的、自动化的反应，具有自发联系的特点，不占用认知资源，速度极快，只能通过测量个体潜意识等类似的间接方式来对内隐态度进行测量（Wilson, Lindsey, & Schooler, 2000; Van Dessel et al., 2015; 胡媛艳等，2017）。

双重态度理论在大量有关偏见、刻板印象的研究中得到证实，如 Dovidio 等（1997）发现，许多白人对黑人群体同时持有内隐消极态度和外显积极态度。人们更偏好自己的群体内部成员而倾向于贬低群体外的成员，但由于社会印象管理等因素影响，个体在实际报告时会主动隐藏这一态度（Fazio et al., 1995; Greenwald, McGhee, & Schwartz, 1998）。

影响内隐和外显态度的因素有所不同。Greenwald 和 Banaji（1995）指出，内隐态度起源于过去的、大部分被遗忘的经历，而外显态度反映更多最近的或容易获取的事件和经验。如果早期的经历是令人不愉快的，那么自动化反应的态度就是负面的；如果近期的经历是不愉快的，那么自我报告的外显态度就是负面的。

另外，内隐态度比外显态度对情感体验更敏感。Phelps 等（2000）发现，在白人看到黑人照片时，内隐（而不是外显）偏见的产生与大脑杏仁核区域的激活相关。由于杏仁核与情感反应的控制有关，这些结果表明，内隐态度可能源于对刺激的自动情绪反应，而外显态度可能是经过了"冷静"的思考，受认知控制。有研究显示，对黑人的内隐偏见态度的减少与基于情绪的预测因素有关，包括对黑人的恐惧减少，与黑人的友谊增加，以及对教授这门课的非裔美国人教授的喜爱。相反，导致对黑人的外显偏见态度的减少是由于学生对偏见意识的增强，以及他们想要克服自己偏见的意愿的增加（Rudman, 2004）。

再者，内隐态度遵循认知一致性原则，而外显态度不是（Rudman, 2004）。为了保持认知一致性，人们更喜欢对相关态度对象进行和谐（而非不和谐）的评价。例如，如果我喜欢自己，而且我是女性，那么我也应该喜欢女人。在自我认同、自尊、刻板印象和自我概念方面的内隐态度都符合这种认知一致性原则，而对这些构念的自我报告（外显态度）则不是

（Greenwald et al.，2002）。根据这个原则，形成内隐态度结果的一般模式可以描述为"如果我是 Y，我是 X，那么 X 也是 Y"，其中 Y 表示评价，X 表示某个群组成员。比如，我是比较安全的、离新冠病毒比较遥远，我不是武汉人，那么非武汉人都比较安全。这种想法的潜台词就是非武汉人比较安全，武汉人都比较危险。但自我报告不遵循这一模式，因为外显态度可能反映出更深思熟虑或更审慎的反应。

大部分测量内隐态度的研究均采用内隐联想测试。内隐联想测试依据的假设是，个体的反应时间可以作为潜在心理过程的有用指标（Luce，1986）；它是一种记忆联想的测量方法，而不是直接询问当事人的态度或偏见（Fazio & Olson，2003）。在快速反应时间任务中，人们将特定单词或图片联系到一起的速度被用来推断他们的内隐态度。

二　研究一：对"武汉人"和"西安人"的危险性感知和同情性倾向调查

2020 年 4 月 8 日零时，武汉进入常态化防控。研究一的测量时间为 2020 年 9~10 月，届时大部分大学生回归学校学习和生活，所有企业单位正常运转。研究一测量大学生和职场青年对武汉人的外显消极和积极态度，即危险性和同情性态度。选取西安人作为"普通人群"的代表来参与比较实验，有三个原因：一是西安是受疫情影响较轻的地区；二是西安和武汉都是内陆城市；三是西安和武汉都是我国的省会城市。

（一）方法

1. 被试

在 195 份有效问卷中，包含大学生 110 名（男生 49 人，女生 61 人），职场青年 85 名（男性 41 人，女性 44 人）。大学生被试年龄在 21~26 岁（$M = 24.5$，$SD = 1.14$），职场青年被试年龄在 22~29 岁（$M = 26.2$，$SD = 1.75$）。

2. 问卷组成

问卷包含两个部分，情感态度和认知态度。情感态度问卷参考 Cozzarelli 等（2001）的范式，用 3 道正向题、3 道反向题测量被试对武汉人的喜爱程度，如"武汉人给我的感觉很好""武汉人让我感到不舒服"，回答选项为"非常同意"到"非常不同意"，5 点计分，内部性一致性系数为 0.80。同样以 6 道题测量被试对西安人的喜爱程度，内部性一致性系数为 0.79。认知态度问卷参考 Sigelman（2012）的范式，采用前期预调研访谈中提取的 2 个态度维度及 6 个态度属性词，即危险性态度（危险、回避、警惕）和同情性态度（可怜、同情、关爱）。针对每个属性词设置一个问题，例如 "危险是指可能发生损害的状态，你认为武汉人相比于西安人来说危险的程度是？" 一共 6 题，回答选项为 "非常" 到 "非常不"，7 点计分。危险性态度量表的内部一致性系数为 0.75，同情性态度量表的内部一致性系数为 0.72。

3. 问卷发放程序

我们在四川省成都市的某高校研究生院附近和某公司内部发放纸质问卷，在填写问卷之前先了解参与者的大致年龄，以便直接筛选出年龄差异较大的参与者，提高有效问卷的收集率。共发放 216 份问卷，删除填写不完整的无效问卷，最终得到有效问卷 195 份。

（二）结果

1. 外显情感态度

以不同青年群体（大学生 vs 职场青年）为组间差异，以态度针对对象（武汉人 vs 西安人）为组内差异，以情感态度为因变量，使用混合设计 2×2 因素方差分析（见表 1）。结果显示，青年群体主效应不显著，$F(1, 193) = 0.116$，$p > 0.05$，$\eta_p^2 = 0.01$；态度针对对象主效应不显著，$F(1, 193) = 0.637$，$p > 0.05$，$\eta_p^2 = 0.003$，它们的交互作用不显著，$F(1, 193) = 0.041$，$p > 0.05$，$\eta_p^2 = 0.004$。

表 1 外显情感态度描述性统计

情感态度	大学生		职场青年	
	M	SD	M	SD
武汉人	3.05	0.25	3.03	0.19
西安人	3.02	0.22	3.01	0.26

将对武汉人的情感态度分数与中立分数值 3 进行单样本 t 检验，结果表明，两个青年群体对武汉人的情感态度与中立值的差异不显著，大学生：$t(109) = 0.095$，$p > 0.05$，$Cohen's\ d = 0.23$；职场青年：$t(84) = 0.074$，$p > 0.05$，$Cohen's\ d = 0.30$。这表明，大学生和职场青年在情感上并没有显示出对武汉人和西安人有喜爱或不喜爱的偏好。

2. 外显认知态度

以青年群体为自变量，以认知态度危险性维度和同情性维度的分数为因变量，进行独立样本 t 检验（见表2）。结果显示，不同青年群体在危险性维度上差异性显著，t（193）= −2.35，$p < 0.05$，即大学生比职场青年更多地认为武汉人比西安人危险。不同青年群体在同情性维度上无显著差异，t（193）=0.679，$p > 0.05$。

表 2　外显认知态度差异性统计分析

认知态度	大学生（$N = 100$）				职场青年（$N = 85$）			
	M	SD	t	$Cohen's\ d$	M	SD	t	$Cohen's\ d$
同情性维度	2.09	0.38	− 53.25 ***	− 3.39	2.15	0.34	− 44.63 ***	− 2.76
危险性维度	3.78	0.52	− 4.43 ***	− 0.6	3.96	0.51	− 0.77	− 0.19

* $p < 0.05$, ** $p < 0.01$, *** $p < 0.001$。

将认知态度与中立值4进行单样本 t 检验，结果显示（见表2），大学生的危险性认知态度与中立值差异显著，t（109）= −4.43，$p < 0.001$，其同情性认知态度也与中立值差异显著，t（109）= −53.25，$p < 0.001$。职场青年危险性认知态度与中立值差异不显著，t（84）= −0.77，$p > 0.05$，其同情性认知态度与中立值差异显著，t（84）= −44.63，$p < 0.001$。这表明，大学生在外显态度上认为武汉人比西安人危险，职场青年并不认为武汉人比西安人危险；大学生和职场青年都认为，武汉人比西安人值得同情。

三　研究二：对"武汉人"和"西安人"态度的内隐联想测验

研究二的测量时间为2020年10～11月。研究二测量大学生和职场青年对武汉人的危险性和同情性内隐态度。与研究一相同，用对西安人的态度做对比。

（一）方法

1. 被试

从成都市某高校招募大学生35人，从该市某公司招募职场青年27人。将错误率过高、平均反应时间明显超过正常值（300～3000毫秒）的样本剔除，因此研究共有57人的数据有效。大学生31人，年龄为22～27岁（$M = 24.4$，$SD = 1.15$），其中男生11人，女生20；职场青年26人，年龄为 23～29 岁（$M = 26.1$，$SD = 1.73$），其中男性 14 人，女性 12 人。

2. 仪器材料

用 E-prime 2.0 编写实验程序和收集数据，在 14 英寸笔记本电脑（分辨率为 1366 ＊ 768）上随机呈现，屏幕与被试眼睛直线距离约为 45 厘米。概念词和属性词的字体字号为黑色宋体 32 号，指导语为黑色宋体 18 号。

3. 实验设计

选定代表武汉人的概念词为武汉市民、武汉中学生、武汉人；代表西安人的概念词为西安市民、西安中学生、西安人。危险属性词取自前期预调研中的质性访谈，即危险、回避、警惕；通过中文词典查找出了相对应的反义词，即安全、接近、安心。同情属性词也取自前期预调研中的质性访谈，即可怜、同情、关爱；通过中文词典查找出了相对应的反义词，即幸运、嘲笑、漠视。实验任务分为相容和不相容两种任务类型。

在测量危险性态度的相容任务中，当屏幕中出现武汉人概念词或危险属性词时按 D 键，出现西安人概念词或危险反义属性词时按 K 键。在测量危险性态度的不相容任务中，屏幕出现武汉人概念词或危险的反义属性词时按 K 键，出现西安人概念词或危险属性词时按 D 键。测量同情性态度的实验设计与测量危险性态度一致，只是将危险属性词换成同情属性词，将危险反义属性词换成同情反义属性词。

4. 实验流程

首先测量危险性态度，步骤有如下 7 个。①概念词练习，对属于武汉人和西安人的概念词进行分类判断，练习次数为 12 次。②属性词练习，对危险属性词及其反义词进行分类判断，练习次数为 12 次。③相容任务练习，即出现武汉人的概念词或危险属性词时均按 D 键，出现西安人的概念词或危险反义属性词时均按 K 键，练习次数为 24 次。④相容任务正式实验，步骤与③同，一共 40 次。⑤对概念词/属性词进行按键反转的分类判断（12 次）。⑥不相容任务练习（24 次），即出现武汉人的概念词语或危险反义属性词时均按 K 键，出现西安人的概念词或危险属性词时均按 D 键。⑦不相容任务正式实验（40 次），步骤与⑥同。

再测量同情性态度，将危险属性词换成同情属性词，将危险反义属性词换成同情反义属性词，其余程序与测量危险性态度完全相同。

（二）结果

选取被试在正式联合测试阶段（第 4 步和第 7 步）的数据进行统计分析，由于刚开始的两次数据缺乏稳定和真实性，因此删除每个被试的前 2

次数据。IAT效应值为所有相容任务反应时的均值与不相容任务反应时的均值的差，IAT效应值越大说明其存在的内隐效应越强。敏感度D值为IAT效应值除以两组任务所有试次的总标准差。

1. 危险性态度

将敏感度D值与0作单样本t检验。结果显示，大学生 $[t (30) = 4.54, p < 0.001, Cohen's d = 1.15]$ 以及职场青年 $[t (25) = 3.95, p < 0.001, Cohen's d = 1.02]$，均在内隐态度上表现出对武汉人的危险性感知，认为西安人不具有危险性。

以不同青年群体（大学生 vs 职场青年）为组间差异，以任务类型（相容型 vs 不相容型）为组内差异，以危险性态度内隐测验反应时为因变量，使用混合设计 2×2 因素方差分析（见表3）。结果显示，青年群体主效应不显著，$F (1, 55) = 1.58, p > 0.05, \eta_p^2 = 0.227$；任务类型主效应显著，$F (1, 55) = 33.25, p < 0.001, \eta_p^2 = 0.377$，它们的交互作用不显著，$F (1, 55) = 0.005, p > 0.05, \eta_p^2 = 0.001$。这进一步表明，两个青年群体在相容任务上的反应时均显著性小于不相容任务，即在内隐态度上显示出对武汉人危险性的感知。并且，两个群体之间没有显著性差异。

表3 危险性内隐态度描述性统计

危险性内隐	相容任务		不相容任务		IAT效应值		敏感度D	
	M	SD	M	SD	M	SD	M	SD
大学生（N = 31）	844.07	111.47	959.39	111.46	115.32	156.92	0.64	0.79
职场青年（N = 26）	874.92	105.19	987.49	137.88	102.57	147.29	0.53	0.54

2. 同情性态度

表4 同情性内隐态度描述性统计

同情性内隐	相容任务		不相容任务		IAT效应值		敏感度D	
	M	SD	M	SD	M	SD	M	SD
大学生（N = 31）	835.01	115.16	992.43	96.78	157.43	152.64	0.79	0.68
职场青年（N = 26）	847.79	143.92	1009.27	109.43	161.49	163.76	0.63	0.72

将敏感度D值与0作单样本t检验。结果显示，大学生 $[t (30) = 6.24, p < 0.001, Cohen's d = 1.61]$ 以及职场青年 $[t (25) = 4.43, p < 0.001, Cohen's d = 1.22]$，均在内隐态度上认为武汉人值得同情，不认为西安人值得同情。

以不同青年群体（大学生 vs 职场青年）为组间差异，以任务类型（相容型 vs 不相容型）为组内差异，以同情性态度内隐测验反应时为因变量，使用混合设计 2×2 因素方差分析（见表4）。结果显示，青年群体主效应不显著，F (1, 55) = 0.417, $p > 0.05$, $\eta_p^2 = 0.008$；任务类型主效应显著，F (1, 55) = 58.23, $p < 0.001$, $\eta_p^2 = 0.514$，它们的交互作用不显著，F (1, 55) = 0.009, $p > 0.05$, $\eta_p^2 = 0.001$。这进一步表明，两个青年群体在相容任务上的反应时均显著性小于不相容任务，即在内隐态度上显示出对武汉人同情性的感知。并且，两个群体之间没有显著性差异。

四　讨论与结论

研究一的结果表明，所选被试没有对武汉人和西安人有明显的偏爱或讨厌，且大学生与职场青年没有显著差异，这为后续研究结果的可靠性奠定了基础。在外显认知态度上，大学生倾向于认为武汉人比西安人更危险，而职场青年持中立态度，即不认为武汉人比西安人更危险，也不认为西安人比武汉人更危险。研究二的内隐联想测验的结果显示，大学生和职场青年把武汉人和危险性属性词相联系时，反应时比把西安人和危险性属性词相联系时更短；把武汉人和同情性属性词相联系时，反应时比把西安人和同情性属性词相联系时更短。这说明大学生和职场青年在内隐态度上均认为武汉人更危险且更值得同情。本文将从对武汉人的外显和内隐消极态度、外显和内隐积极态度、大学生和职场青年的态度对比三个方面对研究结果进行讨论。

（一）对武汉人的外显和内隐消极态度

本文研究结果显示，在外显态度上，大学生认为武汉人比西安人更危险；在内隐态度上，大学生和职场青年均表现出对武汉人危险性感知。许多国外的研究结果显示，民众对一线工作的医务人员、感染者产生了歧视和排斥（Bhanot et al., 2020；Jun et al., 2021；Singh & Subedi, 2020）；而本研究结果表明了人们会将歧视泛化，对具有与疾病相关的地域、组织、身份等特质的人群产生歧视和排斥等消极态度和行为。2003年，"非典"期间，凡是与"非典"扯上关系的人（如患者和医护人员）被许多民众认为是不洁的、可怕的，即便他们已经痊愈了，排除了"非典"的威胁，也会遭受歧视和排斥（林少真，2003）。新冠疫情中产生的群际歧视和排斥与"非典"时期类似。

佐斌和温芳芳（2020）综述了疫情期间民众对武汉人的歧视态度和行为，并用心理学的相关理论进行解释和阐述。本文也用实证研究证明了相比非武汉人，青年人更倾向于对武汉人持消极态度。这说明了人们将人群分为"来自疫情重灾区人群"和"非疫情重灾区人群"，在疫情程度不严重地区的民众容易对"非疫情重灾区人群"形成群体内部成员的偏好，并视"来自疫情重灾区人群"为外部群体而对其产生歧视。

本文研究发现，职场青年在对武汉人危险性态度上的外显和内隐态度不一致，即外显态度上不认为武汉人是危险的，而内隐态度上显示出对武汉人的危险性认知态度。这与以往的偏见、刻板印象方面的研究结果一致，即外显态度上不存在偏见，但内隐态度上仍有偏见（Dovidio et al.，1997；Kim et al.，2003）。

武汉在疫情防控初期，媒体大力宣传不应该歧视武汉人。有可能职场青年之前认为武汉人是危险的，但受到社会道德规范的影响，职场青年逐渐意识到对武汉人的偏见和歧视是不应该的，因此克服了自己的偏见态度。这符合双重态度理论（Wilson et al.，2000），该理论认为外显态度是有意识的，受认知控制，反映了精心思考后的结果。还有可能职场青年由于社会赞许效应，在填写问卷时控制了自己的偏见态度。当想要克服和控制自己偏见的意愿增强时，外显偏见态度就会减少（Rudman，2004）。

外显态度和内隐态度分属于不同的心理结构，有不同的加工方式和特点（张林、张向葵，2003）。双重态度理论指出，旧的态度不会被新的态度替代，而是进入潜意识中，不外显不外露，变成内隐态度。由于后来社会意识形态的宣传，职场青年改变了对武汉人原有的负面态度，这改变的只是外显态度，而其对武汉人的消极内隐态度仍然存在。这也与 Greenwald 和 Banaji（1995）的研究结果一致，他们指出，内隐态度反映的是过去的或一些被遗忘的经历，而外显态度更多地反映近期的经历和事件。内隐态度更多的与情感体验有关（Phelps et al.，2000）。出于对新冠病毒的恐惧，人们会对来自疫情重灾区的人产生恐惧感。这种负面情绪会根植于内隐态度中，所以职场青年会在内隐态度中显示出回避和警惕，但经过深思熟虑的理性上认为不应该对武汉人产生歧视偏见，则在外显态度上不显示出对武汉人的危险感知。

（二）对武汉人的外显和内隐积极态度

不论外显还是内隐态度的研究结果都显示，相比非疫情重灾区的西安，大学生和职场青年均对疫情重灾区人群武汉人产生强烈的同情心，且两个群体之间没有显著性差异。这表明了青年群体在疫情期间对弱势群体的关切，体现了他们的社会责任感。这与我国的实际情况和媒体的宣传不无关系。由于受疫情影响最严重，武汉依据国家防控政策实施管控，除了与疫情相关的工作人员，市民被要求足不出户，生活所需物资皆由社区统一分发送到住宅小区。媒体都在大幅度宣传武汉人民抗疫的艰辛和坚强的精神，在一线工作的医疗人员不辞劳苦，全力奋战，抗击疫情，全国上下都在为武汉捐赠物资和输送医疗人员。新冠疫情被视作一场不可控的灾难，也是一场战斗；受疫情影响的人们都是受害者，为抵抗疫情而工作和奉献的都是战士。而武汉人在受到疫情严重影响之后，还要遭受城市解封之后外地人的歧视，所以不论是理性上还是情感上，人们都会对武汉人产生同情和关爱的态度。

青年群体是中国网民中最重要的组成部分，20～40 岁的青年群体占网民总体的 48%（郭小弦、芦强、王建，2020）。在 2020 年疫情比较严重的时候，大学生都是居家上网课，企业员工也大多居家办公，他们获得的信息主要来源于互联网。有研究发现，在疫情期间，媒体卷入度越高的人，产生同情心和共情心越多（Chen et al.，2020）。这也能够解释本文的研究结果。

（三）大学生和职场青年的态度对比

以往鲜有研究探查大学生和职场青年这两个群体在态度和行为上的差异。本研究结果显示，在同情感知方面，大学生和职场青年对武汉人的外显和内隐态度上具有一致性；在危险性感知方面，大学生在外显和内隐态度上一致性地认为武汉人比西安人更危险，但职场青年的外显和内隐态度不一致，即在外显态度上持中立，在内隐态度上依然认为武汉人更加危险。

两个青年群体在外显和内隐态度上差异的原因可能有如下几个方面。第一，职场青年比大学生更理性成熟，改变了自己对武汉人的负面态度。职场青年已步入社会，有一定的社会经验，社会态度更趋于成熟和理性。在媒体多方面宣传不应歧视武汉人之后，有意识地改变了自己原有的歧视偏见，所以在外显态度上不认为武汉人是危险的；但潜意识里出于对疾病的恐惧和自身安全的保护，对武汉人有本能的排斥，因此内隐态度上认为武汉人更危险。大学生对社会冲突的感知较敏感，相较职场青年缺乏社会经验，容易产生不理性的情绪（苏晔、孙天雨，2021），所以在外显和内隐态度上均展现出对武汉人的危险性感知。第二，职场青年比大学生更注重印象管理，在填写问卷时比大学生更能够压制自己对武汉人的负面态度。职场青年由于受到社会赞许性影响，压抑了对武汉人的消极态度。第三，大学生被迫长期居家网上上课学习，可能比职场青年的负面情绪更多，因此更容易产生偏见。在武汉进入常态化防控后，许多企业员工开始回归岗位工作，而大学生被要求不能返校，只能在网上进行学习。这可能导致了大学生的封闭生活感知的延长，更加重了其负面情绪。有研究显示，对网络学习平台操作不熟悉、不满意网络教学效果会加重大学生的心理压力（Yu et al.，2021）。产生某种情绪的人会对与这种情绪有关的群体持有更多的偏见（Tapias et al.，2007）。大学生的负面情绪由疫情而致，所以他们可能对与疫情相关的群体（来自重灾区的人群）持有更多的消极态度。

（四）研究不足之处

本研究存在以下不足。首先，本研究样本量较小，取样范围较窄，仅限于成都，可能存在代表性不足的情况。其次，内隐联想测验的实验步骤较为复杂，被试在重复反应时可能会产生一定的疲劳效应，对结果造成一定的影响。再次，本研究仅仅探查了青年群体对武汉人的态度，没有探讨影响态度的原因。未来类似的研究可以进一步探讨群际间态度的影响因素。最后，本研究属于横断研究，没有调查青年群体态度的变化。对武汉人的外显和内隐偏见在何时会逐渐消失？当疫情防控变为常态化后，其他地区的人还会不会对来自疫情中高风险地区的人持有歧视态度？这些都有待后续研究。

（五）结论

以往较少有学者对中国突发公共卫生事件导致的群际间的消极和积极态度进行研究。本研究结合以往国外国内的研究结果，反映了突发公共卫生事件发生后群际间形成的态度规律。青年是互联网用户的主要群体，其思想和行为模式与主流社会舆论导向息息相关。本研究通过实证证据分析了新冠疫情初期，青年对来自疫情重灾区人员（武汉人）产生的歧视偏见和同情关爱态度，并对比了青年群体中大学生和职场青年两个亚群体在态度上的差异。大学生在外显和内隐态度上均表现出对武汉人的危险性感知。尽管职场青年可能受到社会道德规范的影响或出于印象管理的目的，在外显态度上抑制了自己对武汉人的消极态度，但在内隐态度上仍然表现出对武汉人的排斥和警惕。这表明青年人对新冠病毒产生了极强的恐惧，不由自主地将人群分为"非疫情重灾区人群"和"疫情重灾区人群"，出于对自身安全的保护而本能地排斥来自疫情重灾区的人员。大学生和职场青年均在外显和内隐态度上对疫情重灾区的人表示同情和关爱。这体现了青年群体在疫情期间对弱势群体的关切，也与我国的社会文化、实际国情和媒体宣传等因素不无关系。大学生和职场青年在对武汉人态度上的差异体现在：大学生外显和内隐态度上一致认为武汉人危险，而职场青年在外显态度上持中立态度，但在内隐态度上与大学生一样。这可能是因为职场青年由于社会经验更丰富、思想更成熟，能够很好地改变或压抑消极外显态度。

参考文献

高旸，2020，《从"污名"到"同情"：疫情时期社会心态调整探析——以疫情流言为分析视角》，《思想教育研究》第 3 期，第 76～81 页。

郭小弦、芦强、王建，2020，《互联网使用与青年群体的幸福感——基于社会网络的中介效应分析》，《中国青年研究》第 6 期，第 5～12 页。

胡媛艳、李成霞、谭东超、张娟娟、张珊珊，2017，《大学生内隐死亡态度与外显死亡态度的关系》，《中国心理卫生杂志》第 5 期，第 389～394 页。

林少真，2003，《歧视抑或尊重？——对"非典"患者遭受歧视的思考》，《福州大学学报》（哲学社会科学版）第 4 期，第 16～18+113 页。

苏晔、孙天雨，2021，《大学生对公共突发事件网络舆情的态度研究》，《华北理工大学学报》（社会科学版）第 4 期，第 79～84 页。

张林、张向葵，2003，《态度研究的新进展——双重态度模型》，《心理科学进展》第 2 期，第 171～176 页。

赵延东，2003，《"非典"期间的社会歧视现象及其成因分析》，《青年研究》第 12 期，第 20～26 页。

朱峰，2018，《青年性、暴力结构与青年膨胀——从现代到当代冲突世界中的青年问题考察》，《中国青年研究》第 2 期，第 30～37 页。

佐斌、温芳芳，2020，《新冠肺炎疫情时期的群际歧视探析》，《华南师范大学学报》（社会科学版）第 3 期，第 70～78 页。

Baron, J. & Miller, J. G. (2000). Limiting the scope of moral obligations to help: A cross-cultural investigation. *Journal of Cross-Cultural Psychology*, 31 (6), 703–725.

Bauer, M., Blattman, C., Chytilová, J., Henrich, J., Miguel, E. & Mitts, T. (2016). Can war foster cooperation? *Journal of Economic Perspectives*, 30 (3), 249–74.

Becker H. S. (1963). *Outsiders: Studies in the sociology of deviance.* New York: Free Press.

Berkowitz, L. (1972). Social norms, feelings, and other factors affecting helping and altruism. In L. Berkowitz (Eds.), *Advances in experimental social psychology* (Vol. 6). New

York: Academic Press.

Bhanot, D., Singh, T., Verma, S. K. & Sharad, S. (2020). Stigma and discrimination during COVID – 19 pandemic. *Frontiers in Public Health*, 8, 1 – 11.

Chang, S. H. & Cataldo, J. (2014). A systematic review of global cultural variations in knowledge, attitudes and health responses to tuberculosis stigma. *The International Journal of Tuberculosis and Lung Disease*, 18 (2), 168 – 173.

Chen, X., Liu, T., Li, P., Wei, W. & Chao, M. (2020). The relationship between media involvement and death anxiety of self-quarantine people in the COVID – 19 outbreak in China: The mediating roles of empathy and sympathy. *OMEGA-Journal of Death and Dying*, 85 (4), 974 – 989.

Cozzarelli, C., Wilkinson, A. V. & Tagler, M. J. (2001). Attitudes toward the poor and attributions for poverty. *Journal of Social Issues*, 57 (2), 207 – 227.

Davoren, M. P., Demant, J., Shiely, F. & Perry, I. J. (2016). Alcohol consumption among university students in Ireland and the United Kingdom from 2002 to 2014: A systematic review. *BMC Public Health*, 16, 1 – 13.

Dasgupta, N. (2013). Implicit attitudes and beliefs adapt to situations: A decade of research on the malleability of implicit prejudice, stereotypes, and the self-concept. *Advances in Experimental Social Psychology*, 47, 233 – 279.

Dovidio, J. F., Kawakami, K., Johnson, C., Johnson, B. & Howard, A. (1997). On the nature of prejudice: Automatic and controlled processes. *Journal of Experimental Social Psychology*, 33 (5), 510 – 540.

Fazio, R. H. & Olson, M. A. (2003). Implicit measures in social cognition research: Their meaning and use. *Annual Review of Psychology*, 54 (1), 297 – 327.

Fazio, R. H., Jackson, J. R., Dunton, B. C. & Williams, C. J. (1995). Variability in automatic activation as an unobtrusive measure of racial attitudes: A bona fide pipeline? *Journal of Personality and Social Psychology*, 69 (6), 1013 – 1027.

Gawronski, B. & Bodenhausen, G. V. (2006). Associative and propositional processes in evaluation: An integrative review of implicit and explicit attitude change. *Psychological Bulletin*, 132 (5), 692 – 731.

Greenwald, A. G. & Banaji, M. R. (1995). Implicit social cognition: Attitudes, self-esteem, and stereotypes. *Psychological Review*, 102 (1), 4 – 27.

Greenwald, A. G., Banaji, M. R., Rudman, L. A., Farnham, S. D., Nosek, B. A. & Mellott, D. S. (2002). A unified theory of implicit attitudes, stereotypes, self-esteem, and self-concept. *Psychological Review*, 109 (1), 3 – 25.

Greenwald, A. G., McGhee, D. E. & Schwartz, J. L. (1998). Measuring individual differences in implicit cognition: The implicit association test. *Journal of Personality and Social Psychology*, 74 (6), 1464 – 1480.

Hellmann, D. M., Dorrough, A. R. & Glöckner, A. (2021). Prosocial behavior during the COVID – 19 pandemic in Germany. The role of responsibility and vulnerability. *Heliyon*, 7 (9), e 08041.

Herek, G. M. (1999). AIDS and stigma. *American Behavioral Scientist*, 42 (7), 1106 – 1116.

Jun, J., Woo, B., Kim, J. K., Kim, P. D. & Zhang, N. (2021). Asian Americans' communicative responses to COVID – 19 discrimination in application of co-cultural theory. *Howard Journal of Communications*, 32 (3), 309 – 327.

Kim, D. Y. (2003). After the South and North Korea summit: Malleability of explicit and implicit national attitudes of South Koreans. *Peace and Conflict: Journal of Peace Psychology*, 9 (2), 159 – 170.

Luce, R. D. (1986). *Response times: Their role in inferring elementary mental organization*. New York: Oxford University Press.

Páez, D., Basabe, N., Ubillos, S. & González-Castro, J. L. (2007). Social sharing, participation in demonstrations, emotional climate, and coping with collective violence after the March 11th Madrid bombings. *Journal of Social Issues*, 63 (2), 323 – 338.

Phelps, E. A., O'Connor, K. J., Cunningham, W. A., Funayama, E. S., Gatenby, J. C., Gore, J. C. & Banaji, M. R. (2000). Performance on indirect measures of race evaluation predicts amygdala activation. *Journal of Cognitive Neuroscience*, 12 (5), 729 – 738.

Rudert, S. C. & Janke, S. (2021). Following the crowd in times of crisis: Descriptive norms predict physical distancing, stockpiling, and prosocial behavior during the COVID – 19 pandemic. *Group Processes & Intergroup Relations: GPIR*, 1 – 17.

Rudman, L. A. (2004). Sources of implicit attitudes. *Current Directions in Psychological Science*, 13 (2), 79 – 82.

Schwartz, S. H. (1975). The justice of need and the activation of humanitarian norms. *Journal of Social Issues*, 31 (3), 111 – 136.

Shachat, J., Walker, M. J. & Wei, L. (2020). The impact of the Covid – 19 pandemic on economic behaviours and preferences: Experimental evidence from Wuhan. *ESI Working Paper* 20 – 33. https://digitalcommons. chapman. edu/esi_ working_ papers/328/.

Sigelman, C. K. (2012). Rich man, poor man: Developmental differences in attributions and perceptions. *Journal of Experimental Child Psychology*, 113 (3), 415 – 429.

Singh, R. & Subedi, M. (2020). COVID – 19 and stigma: Social discrimination towards frontline healthcare providers and COVID – 19 recovered patients in Nepal. *Asian Journal of Psychiatry*, 53, 1 – 2.

Tapias, M. P., Glaser, J., Keltner, D., Vasquez, K. & Wickens, T. (2007). Emotion and prejudice: Specific emotions toward outgroups. *Group Processes & Intergroup Relations*, 10 (1), 27 – 39.

Valizadeh, L., Zamanzadeh, V., Bayani, M. & Zabihi, A. (2017). The social stigma experience in patients with hepatitis B infection. *Gastroenterology Nursing*, 40 (2), 143 – 150.

Van de Groep, S., Zanolie, K., Green, K. H., Sweijen, S. W. & Crone, E. A. (2020). A daily diary study on adolescents' mood, empathy, and prosocial behavior during the COVID – 19 pandemic. *PloS One*, 15 (10), e0240349, 1 – 20.

Van Dessel, P., De Houwer, J., Gast, A. & Smith, C. T. (2015). Instruction-based approach-avoidance effects: Changing stimulus evaluation via the mere instruction to approach or avoid stimuli. *Experimental Psychology*, 62（3）, 161 – 169.

Varma, M. M. , Chen, D. , Lin, X. L. , Aknin, L. B. & Hu, X. （2020, August 12）. Prosocial behavior promotes positive emotion during the COVID – 19 pandemic. PsyArXiv, https://doi. org/10. 31234/osf. io/vdw2e.

Wilson, T. D. , Lindsey, S. & Schooler, T. Y. （2000）. A model of dual attitudes. *Psychological Review*, 107（1）, 101 – 126.

Yu, L. , Huang, L. , Tang, H. R. , Li, N. , Rao, T. T. , Hu, D. , ... & Shi, L. X. （2021）. Analysis of factors influencing the network teaching effect of college students in a medical school during the COVID – 19 epidemic. *BMC medical education*, 21（1）, 1 – 8.

《中国社会心理学评论》 第 24 辑
第 100~117 页
© SSAP, 2023

道德提升感对艾滋病公众污名的影响：
无偏见动机的中介作用[*]

张彦彦　赵英男　周佳悦^{**}

摘　要： 艾滋病公众污名是指人们对艾滋病确诊或是疑似患者群体所持有的刻板印象，以及在此基础上表现出的敌对行为。本研究通过两个实验探讨了艾滋病公众污名的现状及其影响因素。研究 1 采用单类内隐联想测验检验了内隐艾滋病公众污名，同时使用问卷测量了外显艾滋病公众污名，并探究了两者间的关系。研究 2 检验道德提升感对艾滋病公众污名的影响及无偏见动机的中介效应。研究结果表明，大学生群体中同时存在着对于艾滋病的内隐公众污名和外显公众污名，但二者并不相关。道德提升感可以减少内隐和外显艾滋病公众污名，内隐艾滋病公众污名更容易受道德提升感的影响。"正义"取向和"关怀"取向两种道德提升感类型在减少艾滋病公众污名的效果方面不存在差异；在内隐艾滋病公众污名的作用方面，性别与道德提升感类型之间存在着交互作用。具体而言，启动"正义"取向的道德提升感可以显著降低男性被试的内隐艾滋病公众污名；启动"关怀"取向的道德提升感可以显著地降低女性被试的内隐艾滋病公众污名。无偏见动机在道德提升感与内隐、外显艾滋病公众污名中的中介作用均显著。

关键词： 艾滋病公众污名　道德提升感　无偏见动机　中介效应

＊ 本研究得到了国家社科基金重点项目（22ASH016）的资助。
＊＊ 张彦彦，吉林大学哲学社会学院心理学系教授、博士生导师；赵英男，吉林大学哲学社会学院社会学系社会心理学方向博士研究生；周佳悦，吉林大学哲学社会学院心理学系硕士研究生。

一　引言

　　污名（stigma）是一种先入为主的负面态度。污名使人丢脸、声誉败坏，它使被污名者具有污点、被社会贴上标签、身份降低（Goffman，1963），本质上是一种消极的刻板印象（Major & O'Brien，2005）。公众污名（public stigma）是污名的一种表现形式，是指大多数社会群体对于被污名群体持有刻板印象并表现出敌意行为的现象（Corrigan，2005）。艾滋病公众污名（public stigma of AIDS）就是大多数社会群体往往会对艾滋病确诊或疑似患者群体产生刻板印象，并给其贴上社会"标签"、降低其身份（Wight et al.，2006；Mak，2006）。

　　根据能否由意识干预，刻板印象可分为内隐和外显两种。其中外显刻板印象是人们对某个群体的成员所持有的共同信念，激活需要意识的参与；而内隐刻板印象的激活则是一种无意识的过程，只需要特定线索的刺激就会激活群体关联的刻板印象（Devine，2001；徐霄扬等，2019；张凤娟等，2022）。艾滋病公众污名作为一种刻板印象，也存在外显和内隐两种水平。近期研究发现，人们对艾滋病患者的内隐和外显态度的相关程度较低甚至不显著（陈光华、张治星，2012）。Amodio（2014）基于认知神经科学的研究结果，提出刻板认知存在表征与控制两个神经网络，二者分别对应了"自下而上"的内隐加工过程和"自上而下"的外显模式（贾磊等，2016；徐霄扬等，2019）。根据双重态度模型（Wilson et al.，2000），人们的刻板印象可能存在着外显与内隐两种形式，且两者间相互分离。本研究尝试从内隐和外显两个层面分别对其进行研究。

　　道德提升感（moral elevation）从属于积极道德情绪。当个体听说或看到他人的道德行为时，会产生欣赏他人美德的感受，并感觉自己的道德情操提升了，此时个体就产生了道德提升感（Haidt，2000、2003；Haidt & Keltner，2004）。道德提升感可以提升个体的亲社会倾向，并改善个体对外群体的态度（Oliver et al.，2015；Krämer，2017；Lai et al.，2014；Freeman，Aquino，& McFerran，2009；吴玮，2011）。激活道德提升感可以提高个体感知到的与外群体之间的联系，并表现出对外群体更友好的态度，还能提高与刻板印象化的外群体进行交往的意愿（Oliver et al.，2015；Krämer et al.，2017）。例如，启动异性恋者的道德提升感可以降低其对同性恋者的外显和内隐偏见（Lai et al.，2014）；道德提升感还可以改善白人向黑人慈善团体捐款的态度（Freeman, Aquino, & McFerran, 2009）。道德提升感还能促使人们奖励他人的美德行为（廖珂，2015）。因此，基于道德提升感的亲社会影响，本研究假设道德提升感会减少个体对于艾滋病的恐惧，进而消减对艾滋病患者群体的负面态度。同时，根据 Gilligan（1982）的道德取向理论，女性具有不同于男性的道德原则，她们道德的核心关注是"关怀"，其后大量的道德心理学研究都围绕着"关怀"和"公正"两个原则进行讨论。因此，本研究使用基于"关怀"和"公正"两种取向的材料分别诱发被试的道德提升感，预期二者都能缓解对艾滋病的公众污名。

无偏见动机（non-prejudiced motivation）是一种个人信念，这种信念可以促进个体进行自我调控，进而规避偏见行为的产生（Plant & Devine, 1998; Dunton & Fazio, 1997; Legault et al., 2007）。早期共同的社会化过程使人们形成了相同的刻板印象，而在社会化后期人们形成了不同的个人信念，这些信念会对已经形成的刻板印象进行修正或调整。Devine（1989）认为，有的个体能够形成独立于刻板印象的个人信念，因此他们就能够调整和抑制那些自动激活的刻板印象，从而避免产生偏见。现有研究表明，无偏见动机能够显著预测内隐和外显偏见（Devine et al., 2002；温芳芳、佐斌，2013）。此外，道德提升感能增加个体感知到的、自我与人类的共享性和一致性，从而增加人们对外群体的友善态度（Oliver et al., 2015）；并且道德提升感能促进人们产生"普世主义"态度，从而削弱刻板印象并提高其与外群体交往的意愿（Krämer et al., 2017）。基于以上研究，本研究假设道德提升感能提高个体的无偏见动机，且个体的无偏见动机在此过程中可能发挥中介作用。此外，由于特质道德提升感与共情存在正相关（Diessner et al., 2013），本研究检验中介效应时还将共情作为控制变量。

综上所述，为了探讨艾滋病公众污名的现状及影响因素，本研究设计了两个子研究。其中研究 1 分别采用单类内隐联想测验检验内隐艾滋病公众污名，使用问卷测量外显艾滋病公众污名，并考察二者之间的关系。研究 2 通过给被试呈现视频材料来启动道德提升感，检验这一变量对艾滋病公众污名的影响，以及无偏见动机在道德提升感预测艾滋病公众污名过程中的中介效应。研究提出以下假设。

假设 1：大学生群体中同时存在艾滋病内隐公众污名和外显公众污名，但二者之间不存在显著相关关系。

假设 2：道德提升感可以有效抑制个体对于艾滋病患者群体的污名，启动道德提升感可以降低内隐和外显的艾滋病公众污名。

假设3：道德提升感的两种类型（"正义"和"关怀"取向的道德提升感）均能够显著降低内隐和外显艾滋病公众污名水平。

假设4：无偏见动机在道德提升感影响内隐和外显艾滋病公众污名的过程中起到了中介作用。

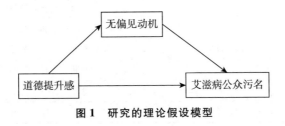

图1　研究的理论假设模型

二　研究1：大学生的外显和内隐艾滋病公众污名

（一）研究方法

1. 被试

在某大学随机招募110名全日制大学生为被试，其中47.3%（$n = 52$）为男性，平均年龄为$M = 23.19$岁（$SD = 3.16$）。被试均能熟练使用电脑，双眼视力或者矫正视力正常。

2. 研究工具

本研究采用中文修订版的大学生艾滋病污名问卷测量个体的外显艾滋病公众污名（杨金花等，2010）。该量表包含15个条目，包括了"道德评判"、"法律和社会福利"以及"接近恐惧"三个维度。采用5点记分（1 = "不符合"，5 = "符合"）。本研究中的内部一致性系数为0.89。

对于内隐艾滋病公众污名的测量，本研究采用单类内隐联想测验（Single Category Implicit Association Test，SC-IAT）范式，被试的反应时体现了对样例刺激进行反应的容易程度，即内隐艾滋病公众污名的程度。作为内隐联想测验的一种变体，SC-IAT具有良好的信度和效度（Karpinski & Steinman，2006），在与污名相关的研究中被广泛使用（王晓刚等，2014）。例如，在对"艾滋病患者 + 积极属性词"样例的反应中，反应时越长代表被试越难做出反应，其内隐艾滋病公众污名的水平越高。正式测量前筛选了概念词和属性词，并对词汇效价、特异性进行了评估，最终确定了4个概念词、9个积极属性词和9个消极属性词用于SC-IAT程序，属性词分为认知、情感、行为倾向三个维度（见表1）。

表1　SC-IAT 词汇示例

类别		项目
概念词		艾滋病、艾滋病患者、HIV 感染者、HIV
积极属性词	认知	自信、乐观、坚强
	情感	愉快、平和、喜悦
	行为倾向	亲近、尊重、关爱
消极属性词	认知	厌世、悲观、脆弱
	情感	讨厌、害怕、可悲
	行为倾向	贬低、排斥、冷漠

SC-IAT 程序由 E-Prime 2.0 编制。为预防反应偏差，在前测与后测中的相容任务中，概念词、消极属性词和积极属性词分别以1∶1∶2的频次出现，这样被试有50%的机会左、右按键。每个试次结束后屏幕会出现对于被试反应是正确或错误的反馈。具体的测验程序如表2所示。

表2　SC-IAT 的测验程序示例

步骤	次数	任务	反应键	
			F 键	J 键
1	24	相容任务的练习阶段	艾滋病人＋消极词	积极词
2	72	相容任务的正式测验	艾滋病人＋消极词	积极词
3	24	不相容任务的练习阶段	消极词	艾滋病人＋积极词
4	72	不相容任务的正式测验	消极词	艾滋病人＋积极词

3. 研究程序

被试来到实验室后，首先获取被试的知情同意，随后要求被试完成 SC-IAT 的反应任务，然后填写《大学生艾滋病污名问卷》（包括人口学信息），最后由主试发放报酬并为其解释实验原理。

（二）研究结果

首先进行数据筛选，剔除 SC-IAT 任务中反应的错误率高于20%的被试6个，同时剔除了反应时低于350毫秒以及高于10000毫秒的数据。将错误反应时数据替换为其所在组块的正确反应时平均时（加上400毫秒）。然后，用不相容任务中的平均反应时减去相容任务中的平均反应时，将其差值除以相容任务中的平均反应时的标准差计算出 D 分数（艾传国、佐斌，2011）。所有数据录入 SPSS 23.0 进行统计分析。

1. 艾滋病公众污名的整体状况

内隐艾滋病公众污名测量值（D 分数）的平均值为 $M = 0.21$（$SD = 0.33$）。对所有被试的 D 分数进行单样本 t 检验，结果表明被试 D 分数和 0 值间存在显著差异，这表明大学生群体确实存在着内隐艾滋病污名的倾向（$t_{(109)} = 6.78$，$p < 0.01$），结果如表 3 所示。

表 3　艾滋病公众污名整体得分情况

	最大值	最小值	M	SD	t
内隐污名	1.17	0.33	0.21	0.33	6.78**
外显污名	70	15	2.26	0.78	-9.96
道德评判	17	4	1.97	0.81	-13.36
接近恐惧	40	8	2.47	0.91	-6.09
法律与社会福利	15	3	2.1	1.02	-9.26

$^* p < 0.05$，$^{**} p < 0.01$，$^{***} p < 0.001$。

艾滋病外显公众污名的测量值 $M = 33.94$（$SD = 11.29$）。以理论中值（45）为参照标准进行单样本 t 检验，结果显著低于理论中值（$t_{(109)} = -9.96$，$p < 0.001$）。其中，道德评判维度被试得分均值（$M = 7.87$，$SD = 3.14$）显著低于理论中值（$t_{(109)} = -13.36$，$p < 0.001$）。接近恐惧维度的均值（$M = 19.77$，$SD = 7.28$）显著低于理论中值（$t_{(109)} = -6.09$，$p < 0.001$）。法律与社会福利维度的均值（$M = 6.29$，$SD = 3.07$），显著低于理论中值（$t_{(109)} = -9.26$，$p < 0.001$）。

此外，使用独立样本 t 检验比较艾滋病公众污名的人口统计学差异。结果表明，内隐艾滋病公众污名不存在显著的性别差异（$t_{性别} = 0.59$，$p > 0.05$）；外显艾滋病公众污名总分的性别差异边缘显著（$t_{总分} = 1.81$，$p = 0.073$），男性（$M = 2.40$，$SD = 0.80$）略高于女性（$M = 2.14$，$SD = 0.74$）。"接近恐惧"和"法律与社会福利"两个维度的得分不存在显著的性别差异（$t_{接近恐惧} = 1.29$，$p > 0.05$；$t_{法律与社会福利} = 1.56$，$p > 0.05$）；但男性比女性在"道德评判"的维度上的得分更高（$t = 2.13$，$p < 0.05$）。

2. 内隐和外显艾滋病公众污名间的相关性检验

通过皮尔逊积差相关来检验内隐艾滋病公众污名的测量值 D 分数与外显艾滋病公众污名总分（及各维度得分）的相关程度。结果显示，与假设 1 一致，除了外显艾滋病公众污名的"法律和社会福利"子维度与内隐艾滋病公众污名之间存在显著相关但程度较低（$r = -0.24$，$p < 0.05$），外显污名的总分及其他子维度与内隐污名之间均不存在显著相关（见表4）。

表4　内隐、外显艾滋病公众污名的相关

	1	2	3	4	5
1 内隐污名	1				
2 外显污名	-0.04	1			
3 道德评判	0.07	0.8***	1		
4 接近恐惧	0.06	0.94**	0.21*	1	
5 法律与社会福利	-0.24*	0.71**	0.45**	0.52**	1

*$p < 0.05$，**$p < 0.01$，***$p < 0.001$。

（三）讨论

研究1发现，大学生群体中的确同时存在着内隐和外显的艾滋病公众污名，但二者间相互独立，验证了假设1。通过D分数和0值间的单样本 t 检验发现，大学生群体中存在着针对艾滋病的内隐污名。外显艾滋病公众污名的平均分显著低于理论中值。从D分数和外显污名总分的描述统计值（包括最小值、最大值和标准差）来看，内隐和外显艾滋病公众污名的个体差异程度较高。人们在对于艾滋病的知识水平、生活环境中是否能够接触到相关群体以及人格特质等方面均存在个体差异，因此在对于艾滋病的污名化程度上也会存在一定的变异性。此外，在外显公众艾滋病污名的"道德评判"子维度上，男性和女性之间的得分存在着显著的差异（男性比女性更严苛）。以往研究也发现了女性对艾滋病的态度更加宽容，并会表现出更强的社会支持意愿（黄金、王红红、Williams，2003）。在污名化的语境中，艾滋病很有可能被定义为道德问题。鉴于在道德判断时，女性比男性更注重维护和发展人际间的积极关系，并认为道德问题的解决更多地依赖于自身的爱、真理和关系（岑国祯，1992），女性或许比男性更容易接受艾滋病患者，较少对其进行"道德化"和"标签化"的评价。

值得强调的是，内隐艾滋病公众污名总分与外显艾滋病公众污名总分间不存在相关关系。除外显污名中的"法律与社会福利"维度与内隐污名之间存在着较弱的负相关外，其他维度之间不存在相关。这就验证了双重态度模型，说明了个体在内隐层面上对艾滋病患者存在着排斥，但外显水平上或出于社会赞许倾向而有意识地对外显态度进行了"纠正"。

三　研究 2：道德提升感对艾滋病公众污名的影响

研究 2 试图检验艾滋病公众污名的影响因素及其作用机制，即道德提升感和无偏见动机的作用。为了保证实验操纵的有效性，首先通过预实验筛选出了正式实验中需要用到的道德提升感的视频启动材料。根据传统道德领域理论，将道德提升感分为了"关怀"取向和"正义"取向两种类型作为两个实验组。其中实验组 1（"关怀"取向的道德提升感）的两段视频分别介绍了（A1）长期在山区小学支教的夫妻和（A2）用生命守护学生的英勇教师的事迹；实验组 2（"正义"取向的道德提升感）的两段视频分别介绍了（B1）英勇打击暴恐分子的新疆民警和（B2）执法无私、恪尽职守的"焦裕禄"式的好干部的事迹；控制组的两段视频分别是（C1）音乐背景轻快的美食制作视频和（C2）娱乐风格的英语单词讲解视频。视频材料的时长均为 7～10 分钟，实验组的材料均被证实能有效启动被试的道德提升感。

（一）研究方法

1. 研究工具

道德提升感的测量使用《中文版道德提升感量表》（丁菀等，2014），量表含有对自我的认知、对他人的认知、情感及其流露、行为倾向四个维度，共 21 个项目，采用 5 点记分（1 = "不符合"，5 = "符合"）。量表的内部一致性系数为 0.92。

无偏见动机的测量使用张陆（2010）编制的《无偏见动机量表》，该量表包括外部调节、自主调节和投射调节三个维度。采用 5 点记分（1 = "不符合"，5 = "符合"）。在本实验中的内部一致性系数为 0.86。

共情的测量使用《中文版人际反应指针量表》（张凤凤等，2010），共21 个题目，采用 5 点记分（1 = "不符合"，5 = "符合"），包括观点采择、想象力、共情性关心、个人痛苦四个维度。量表的内部一致性系数为 0.76。

内隐与外显艾滋病公众污名的测量分别采用与研究 1 相同的单类内隐联想测验任务（SC-IAT）和大学生艾滋病污名问卷。

2. 被试

在某大学随机招募 112 名全日制大学生为被试，其中 50.5%（n = 50）

为男性，平均年龄为 22.65 岁 （$SD = 2.77$）。被试均能熟练使用电脑，双眼视力或者矫正视力正常。

3. 实验程序

被试首先在实验室的电脑上完成 SC-IAT 任务并填写《大学生艾滋病污名问卷》，以此获得内隐和外显艾滋病公众污名的基线数据；随后被随机分配到实验组或控制组观看相应的视频材料，并完成《道德提升感量表》；最后被试再次完成 SC-IAT 任务，之后填写《大学生艾滋病污名问卷》、《无偏见动机量表》和《中文版人际反应指针量表》，并填写人口学信息。

（二）研究结果

对没有正确作答的被试进行筛选，剔除 8 个在 SC-IAT 任务中错误率大于 20% 的被试的数据，最终有 97 名被试的数据计入分析。此外，还剔除了单次实验中反应时低于 350 毫秒和高于 10000 毫秒的数据，并将被试错误反应的反应时替换成其所在组块的正确反应时平均值（加 400 毫秒）。

1. 操作检验

首先检验研究中用于道德提升感启动的视频材料是否能够有效地启动被试的道德提升感。独立样本 t 检验结果显示，"关怀"组和"正义"组的被试在道德提升感量表的总分以及各维度得分均显著高于控制组（$p < 0.001$），表明实验操作有效（见表 5）。

表 5　操作检验

	道德提升感	对他人的认知	对自我的认知	情感及其表露	行为倾向
"关怀"组（t）	21.72 ***	17.89 ***	16.73 ***	15.90 ***	19.95 ***
"正义"组（t）	24.90 ***	19.57 ***	28.82 ***	9.52 ***	34.78 ***

　　$^{*} p < 0.05$，$^{**} p < 0.01$，$^{***} p < 0.001$。

2. 不同类型道德提升感对内隐和外显艾滋病公众污名的影响

使用配对样本 t 检验对比实验组 D 分数（内隐污名的指标）前测与后测分数，结果表明，观看道德提升感视频可以显著降低被试的内隐艾滋病公众污名（$t = 6.82$，$p < 0.001$）。使用配对样本 t 检验对比实验组外显艾滋病公众污名的前测与后测分数，结果表明观看道德提升感视频可以显著降低外显艾滋病公众污名（$t = 3.73$，$p < 0.001$）（见表 6）。

表6　艾滋病公众污名在前后测中的变化

	M	SD	t	df
内隐污名	0.21	0.3	6.82***	65
外显污名	2.09	5.53	3.73***	
道德评判	0.05	2.25	0.23	
接近恐惧	1.51	3.78	3.92***	
法律与社会福利	0.54	1.79	2.96***	

*$p < 0.05$, **$p < 0.01$, ***$p < 0.001$。

　　使用被试在前、后测中内隐、外显艾滋病公众污名的变化量（变化量 = 后测分数 – 前测分数）衡量道德提升感对公众污名的影响，变化量的绝对值代表了实验条件对艾滋病公众污名的影响，其正负号代表前测与后测之间分数变动的方向。以内隐艾滋病公众污名变化量为因变量，以实验条件（实验组1/实验组2/控制组）为自变量进行单因素方差分析。结果表明，内隐艾滋病公众污名变化量的差异显著 [F (1, 94) = 15.20, $p <$ 0.001]。LSD事后多重比较结果显示，控制组与两个实验组在内隐艾滋病公众污名变化量的差异显著（$t_{实验组1}$ = –3.98, $p < 0.001$; $t_{实验组2}$ = –7.06, $p < 0.001$）；但两个实验组之间的差异并不显著（$t = 1.24$, $p = 0.22$），表明"关怀"取向和"正义"取向的道德提升感都能减少内隐艾滋病公众污名，且作用相同。以外显艾滋病公众污名变化量为因变量、以实验条件为自变量进行单因素方差分析。结果表明，外显艾滋病公众污名变化量在组别间的差异不显著 [F (2, 94) = 0.13, $p = 0.08$]，表明实验条件不影响外显艾滋病公众污名的变化量。

　　内隐艾滋病公众污名（D分数）是通过反应时计算得到的，而外显艾滋病公众污名是李克特等级量表上的评分，因此无法直接对二者进行比较。故将实验处理的条件设置为虚拟变量，即：1 = "有道德提升感"，0 = "没有道德提升感"，将虚拟变量作为自变量，分别将D分数变化量、外显艾滋病公众污名变化量作为因变量进行线性回归分析。结果表明，道德提升感对内隐艾滋病公众污名比对外显艾滋病公众污名的影响更大。对于内隐艾滋病公众污名，道德提升感显著负向预测内隐艾滋病公众污名的改善程度（$Beta$ = –0.48, t = –5.28, $p < 0.001$），整体模型的解释力为22%（$R^2 = 0.22$）；而对于外显艾滋病公众污名，道德提升感不能显著预测外显公众污名的变化量（$Beta = 0.02$, $t = 0.20$, $p > 0.05$，调整后 $R^2 = 0.01$）。

3. 性别与道德提升感类型对内隐、外显艾滋病公众污名的影响

就外显艾滋病公众污名而言，道德提升感的种类、性别主效应及交互作用均不显著。对内隐艾滋病公众污名而言，性别和道德提升感种类的主效应不显著，二者交互效应显著。对男性被试来说，启动"正义"型道德提升感能够显著减少艾滋病公众的内隐污名。反之，对女性被试来说，启动"关怀"型道德提升感能够更加显著地减少内隐艾滋病的公众污名 $[F\ (1,\ 62)\ =9.38,\ p<0.05]$（见图2）。

表 7　性别和道德提升感类型的交互作用

因变量	自变量	$F\ (1,\ 62)$	P
内隐艾滋病公众污名的变化量	道德提升感类型	1.77	0.19
	性别	2.83	0.98
	道德提升感类型 * 性别	9.38 *	0.03
外显艾滋病公众污名的变化量	道德提升感类型	2.32	0.63
	性别	3.39	0.07
	道德提升感类型 * 性别	0.37	0.54

$^* p<0.05,\ ^{**} p<0.01,\ ^{***} p<0.001$。

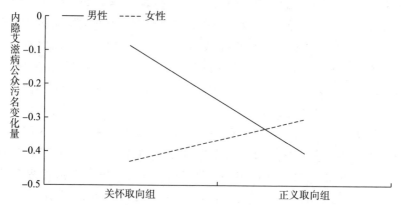

图 2　性别与道德提升感类型在内隐艾滋病公众污名变化量上的交互效应

4. 变量间的相关分析

将内隐和外显艾滋病公众污名变化量、无偏见动机进行相关性分析，结果见表8。其中，内隐和外显艾滋病公众污名变化量相关不显著。此外，无偏见动机和外显艾滋病污名变化量边缘显著负相关（$r=-0.20$，$p=0.05$）。无偏见动机和内隐艾滋病公众污名变化量显著负相关（$r=-0.21$，$p<0.05$）。

表 8　内隐和外显艾滋病公众污名变化量和无偏见动机的相关性

	1	2	3
1 内隐艾滋病公众污名的变化量	1		
2 外显艾滋病公众污名的变化量	− 0.09	1	
3 无偏见动机	− 0.21 *	− 0.20 *	1

* $p < 0.05$，** $p < 0.01$，*** $p < 0.001$。

5. 变量间的回归分析

以道德提升感、无偏见动机为自变量，内隐、外显艾滋病公众污名变化量为因变量进行线性回归分析。由于不同类型道德提升感对因变量的干预作用无差异，在进行回归分析前，将道德提升感变量转换成虚拟变量，赋值为：1 = "有道德提升感"，0 = "没有道德提升感"。由表 9 可知，道德提升感可以显著预测内隐艾滋病公众污名的变化量（$t = − 5.28$，$p < 0.001$）；无偏见动机可以显著预测内隐艾滋病公众污名的变化量（$t = − 2.13$，$p < 0.05$）

表 9　回归分析结果

	Beta	t	p	调整后 R^2
道德提升感→内隐艾滋病公众污名变化量	− 0.48	− 5.28	0	0.22
无偏见动机→内隐艾滋病公众污名变化量	− 0.21	− 2.13	0.04	0.035
道德提升感→外显艾滋病公众污名变化量	0.02	0.20	0.84	0.01
无偏见动机→外显艾滋病公众污名变化量	0.17	1.73	0.09	0.02

6. 中介作用检验

以道德提升感为自变量，无偏见动机为中介变量，共情为协变量，内隐艾滋病公众污名变化量为因变量。中介作用的间接效应为 − 0.03，95% 的置信区间为 [− 0.0880，− 0.0038]，中介作用显著。以道德提升感为自变量，无偏见动机为中介变量，外显艾滋病公众污名变化量为因变量，使用 Process 模型 4 进行检验。结果表明：中介作用的间接效应为 0.67，95% 的置信区间为 [0.0886，1.7991]，中介作用显著。具体结果见表 10。综上所述，无偏见动机在道德提升感与内隐、外显艾滋病公众污名中的中介作用皆显著。

表 10 无偏见动机的中介效应检验

路径	直接效应	间接效应	95% CI
道德提升感→无偏见动机→内隐艾滋病公众污名	-0.28	-0.03	[-0.0880, -0.0038]
道德提升感→无偏见动机→外显艾滋病公众污名	-0.43	0.67	[0.0886, 1.7991]

(三) 讨论

第一，研究 2 的结果发现道德提升感可以显著降低艾滋病公众污名。在启动道德提升感后，被试对于艾滋病的内隐和外显污名倾向都减少了，这一结果与研究假设一致。以往研究也发现，启动人们的道德提升感会降低其对外群体的刻板化以及污名的程度（Krämer et al., 2017；Oliver et al., 2015）。本研究使用中国被试得到了类似的研究结果，这表明道德提升感在有效地减少负面社会认知方面具有跨文化一致性。使用回忆、视频诱导等方法启动的道德提升感能激发个体亲社会行为（Haidt, 2000；Algoe & Hadit, 2009），在社会认知层面对原有刻板印象进行调整和修订，进而接纳和包容那些地位较低、被"标签化"和"不道德化"的外群体，从而有意或无意地减少了自身对艾滋病及艾滋病患者群体的污名程度。

第二，从道德提升感的类型影响来看，"关怀"取向和"正义"取向的道德提升感对于减少污名的作用相似。评价倾向框架（Appraisal Tendency Framework，ATF）理论认为，不同的情绪会促进特定类型的判断和决策，即每种情绪都会激活特定的评估倾向（Horberg, Oveis, & Keltner, 2011）。Van de Vyver 和 Abrams（2015）的研究也表明，启动道德提升感后被试会增加对慈善机构的捐款，而道德义愤则促进了正义领域的亲社会行为，增加了亲社会政治行动意图和第三方补偿。本研究同时使用了"关怀"和"正义"领域的视频材料来启动道德提升感，但并未发现两者间的效应差异。这可能是由于减少艾滋病公众污名既可以被视为从属于"关怀"领域也可以被视为从属于"正义"领域的亲社会行为倾向。换言之，人们可能是出于对艾滋病群体的关心和同情而想要减少对其的污名，也可能出于正义动机而想要减少对艾滋病公众污名这种歧视行为。

第三，道德提升感对于内隐和外显艾滋病公众污名存在着不同的影响。道德提升感不能显著预测外显艾滋病污名的变化量，但可以显著预测内隐艾滋病污名变化量。相比于外显艾滋病公众污名，内隐艾滋病公众污名受道德提升感的影响程度会更大。这可能是由于内隐艾滋病公众污名与外显艾滋病公众污名是两个独立的态度系统（贾磊等，2016）。这也与前

人研究发现的"内隐和外显态度不相关、低相关"的结果一致（Wilson,
Lindsey, & Schooler, 2000；陈光华、张治星，2012）。外显污名的形成容
易受到生活成长环境或重要他人的影响，也容易受到个人信念、价值观、
人格特质的影响（张陆、佐斌、赵菊，2013），而内隐污名是在无意识状态
下的污名，很可能不受认知、意志的控制。因此相比于外显艾滋病公众污
名，内隐艾滋病公众污名更容易受道德提升感的影响，且影响程度较大。

第四，本研究发现性别与道德提升感类型的主效应不显著，但两者在
影响内隐艾滋病污名方面存在着交互效应。启动"正义"型的道德提升感
能够显著减少男性的内隐艾滋病公众污名，而启动"关怀"型的道德提升
感能够显著减少女性的内隐艾滋病公众污名，这表明诱发不同道德取向的
道德情绪可以带来不同的效果，也验证了 Gilligan 关于道德取向存在性别
差异的理论。

第五，本研究发现无偏见动机在道德提升感对艾滋病公众污名的影响
上起中介作用，这与以往的研究结果一致，即道德提升感能通过某些变量
改善个体对外群体的态度。例如，Oliver 等（2015）的研究发现，视频诱
发的道德提升感能够增强被试的自我和人类之间的重叠感，而这种重叠感
与更多的种族群体联结感相关。Krämer 等（2017）的研究也发现，描绘人
类之善的视频促进了人们对被刻板印象的群体更积极的态度，道德提升感
和普遍取向在这一影响上起中介作用。当前的结果表明无偏见动机在道德
提升感对艾滋病公众污名的影响中起中介作用。无偏见动机是个体避免表
现出偏见的信念，是自我调节偏见心理的过程。由于"偏见"本身就具有
伦理道德评价的角度，因此"污名"与"偏见"在概念上具有类似的成
分。偏见是一种不公平、不合理的消极否定态度，常与歧视行为相关联
（乐国安，2017），而污名意味着出现了贴标签、刻板印象、地位丧失和歧
视（Link & Phelan, 2001）。这一自我调节的过程容易受到社会期望、社会
道德规范以及个体道德同一性的影响。道德同一性是一种寻求超越个体自
我的道德观念，其本质是对道德的自我认同和自我超越（王晓峰、李丹，
2017）。在启动道德提升感后，个体可能会意识到道德相关的社会期望或
者自主寻求道德超越，进而通过调整认知来减少具有"不道德"色彩的偏
见，从而改善了对艾滋病患者群体的污名程度。此外，有研究发现，高水
平无偏见动机的个体倾向于表现出更少的内隐偏见和外显偏见，这说明无
偏见动机对自我报告测量和间接测量的偏见都有预测作用（温芳芳、佐
斌，2013）。因此，在本研究中无偏见动机在道德提升感对内隐、外显艾
滋病公众污名的影响中的中介效应皆显著。

四　总讨论

　　研究 1 考察了大学生群体中艾滋病公众污名的现状，并探究了内隐和外显艾滋病公众污名间的关系。结果显示，大学生群体中分别存在着对于艾滋病的内隐和外显公众污名且二者不相关，这表明内隐和外显艾滋病公众污名是两个独立的态度系统（Wilson、Lindsey、& Schooler，2000）。研究 2 则通过实验法诱发道德提升感，被试的外显和内隐艾滋病公众污名均显著降低，发现启动个体的道德提升感能有效减少艾滋病公众污名，并检验了其内部作用机制。研究 2 在中国文化背景下检验了道德提升感与外群体态度的关系（Krämer et al.，2017；Oliver et al.，2015），并发现了道德提升感对抑制负面群际态度的作用。在启动了道德提升感之后，人们由于道德意识的提升或是出于道德形象管理的目的而增强了接纳和包容外群体的动机，进而对偏见和污名行为进行修正。本研究发现，相比于外显艾滋病公众污名，内隐艾滋病公众污名更容易受道德提升感的影响，并且关怀和正义类型的道德提升感都能显著减少内隐艾滋病公众污名。此外，研究也印证了 Gilligan 关于性别的道德取向理论，说明了在控制内隐艾滋病公众污名方面应当针对不同的性别启动不同类型的道德情绪。

　　本研究旨在从道德心理的角度出发，探究道德提升感对艾滋病公众污名的影响及其作用机制，具有重要的理论和实践价值。艾滋病公众污名作为一种负面的"标签"，是社会对艾滋病患者及艾滋病本身的一种歧视，它不但损害了艾滋病患者群体的生存权和发展权，也阻碍了社会卫生与健康事业的发展，因此探索其内在机制对于消减其负面影响至关重要。在实践方面，本研究为艾滋病的"去污名化"提供了一些思路：学校的道德教育应注重道德提升感的培养；新闻媒体也应该避免公众对艾滋病患者的污名化，使社会对艾滋病的态度中性化、立场客观化；在艾滋病公众污名干预实践中，可将道德提升感作为未来的工作方向。

五　结论

　　本研究通过两个子研究考察了艾滋病公众污名的现状及影响因素，得到最终结论如下。

　　（1）大学生群体中存在着对于艾滋病的内隐公众污名和外显公众污名，且两者不相关。

（2）道德提升感可以减少内隐和外显艾滋病公众污名。相比于外显艾滋病公众污名，内隐艾滋病公众污名更容易受道德提升感的影响。

（3）道德提升感的两种类型（"正义"和"关怀"）在减少艾滋病公众污名的效果方面没有差异。对于内隐艾滋病公众污名，性别与道德提升感的类型之间存在交互作用。对于外显艾滋病公众污名，性别与道德提升感的类型之间的交互作用不显著。

（4）无偏见动机在道德提升感与内隐、外显艾滋病公众污名中的中介作用均显著。

参考文献

艾传国、佐斌，2011，《单类内隐联想测验（SC-IAT）在群体认同中的初步应用》，《中国临床心理学杂志》第 4 期，第 476～478 页。

陈光华、张治星，2012，《大学生对残疾人的内隐与外显态度》，《中国特殊教育》第 8 期，第 22～29 页。

岑国桢，1992，《吉利根对道德认知发展理论的修正》，《心理科学》第 4 期，第 31～35 页。

丁菀、王晓真、孙炳海、李伟健，2014，《道德提升感的结构与测量》，《心理学进展》第 6 期，第 777～787 页。

黄金、王红红、Williams A. B.，2003，《大学生艾滋病知识、态度的现状调查及其相关性分析》，《实用预防医学》第 4 期，第 454～457 页。

贾磊、祝书荣、张常洁、张庆林，2016，《外显与内隐刻板印象的分布式表征及其激活过程——基于认知神经科学视角的探索》，《心理科学进展》第 10 期，第 1519～1533 页。

乐国安，2017，《社会心理学》，中国人民大学出版社。

廖珂，2015，《道德提升感对道德判断和道德奖惩行为的影响——从道德基础理论视角出发研究》，硕士学位论文，浙江大学。

王晓峰、李丹，2017，《论道德同一性》，《上海师范大学学报》（哲学社会科学版）第 5 期，第 37～43 页。

王晓刚、黄希庭、陈瑞君、章麟，2014，《心理疾病内隐污名：来自单类内隐联想测验的证据》，《心理科学》第 2 期，第 272～276 页。

温芳芳、佐斌，2013，《无偏见目标对内隐与外显相貌偏见的调节效应——基于 IAT 与 AMP 的测量》，《中国特殊教育》第 1 期，第 73～78 页。

吴玮，2011，《大学生道德提升感状况及其与亲社会行为的关系》，硕士学位论文，上海师范大学。

徐同洁、胡平，2017，《预期道德行为增加当前不道德行为？——预期道德心理许可效应的本土验证》，《中国临床心理学杂志》第 5 期，第 828～831 页。

徐霄扬、张学新、汪萱，2019，《社会认知双加工视角下的刻板印象激活机制》，《心理学探新》第 5 期，第 445 ~ 450 页。

杨金花、王沛、袁斌，2010，《大学生艾滋病污名问卷的编制》，《中国临床心理学杂志》第 3 期，第 304 ~ 306 页。

张陆，2010，《无偏见动机及其作用》，博士学位论文，华中师范大学。

张陆、佐斌，2013，《偏见的消融——无偏见动机的抑制作用》，《中国临床心理学杂志》第 6 期，第 912 ~ 915 页。

张陆、佐斌、赵菊，2013，《权威主义对同性恋态度的影响——无偏见动机的中介作用》，《湖北经济学院学报》（人文社会科学版）第 10 期，第 22 ~ 23 页。

张凤凤、董毅、汪凯、詹志禹、谢伦芳，2010，《人际反应指针量表（IRI-C）的信度及效度研究》，《中国临床心理学杂志》第 2 期，第 155 ~ 157 页。

张凤娟、吴欢、吕军伟、王丹阳、刘茜茜，2022，《中学生群体对贫困生的外显与内隐刻板印象》，《心理发展与教育》第 2 期，第 171 ~ 177 页。

Algoe, S. B. & Hadit, J. (2009). Witnessing excellence in action: The "other-prasing" emotions of elevation, gratitude, and admiration. *The Journal of Positive Psychology*, 4 (2), 105 – 127.

Amodio, D. M. (2014). The neuroscience of prejudice and stereotyping. *Nature Reviews Neuroscience*, 15 (10), 670 – 682.

Corrigan, P. W., Kerr, A. & Knudsen, L. (2005). The stigma of mental ill-ness: Explanatory models and methods for change. *Applied and Preventive Psychology*, 11, 179 – 190.

Devine, P. G. (1989). Stereotypes and prejudice: Their automatic and controlled components. *Journal of Personality and Social Psychology*, 56, 5 – 18.

Devine, P. G. (2001). Implicit prejudice and stereotyping: How automatic are they? Introduction to the special section. *Journal of Personality and Social Psychology*, 81 (5), 757 – 759.

Devine, P. G., Plant, E. A, Amodio, D. M., Harmon-Jones, E. & Vance, S. L. (2002). The regulation of explicit and implicit race bias: The role of motivations to respond without prejudice. *Journal of Personality and Social Psychology*, 82, 835 – 848.

Diessner, R., Iyer, R., Smith, M. M. & Haidt, J. (2013). Who engages with moral beauty? *Journal of Moral Education*, 42 (2), 139 – 163.

Dunton, B. C. & Fazio, R. H. (1997). An individual difference measure of motivation to control prejudiced reactions. *Personality and Social Psychology Bulletin*, 23, 316 – 326.

Freeman, D., Aquino, K. & McFerran, B. (2009). Overcoming beneficiary race as an impediment to charitable donations: Social dominance orientation, the experience of moral elevation, and donation behavior. *Personality and Social Psychology Bulletin*, 35 (1), 72 – 84.

Gilligan, C. (1982). *In a different voice. Psychological theory and women's development.* Cambridge. Mass, Harvard University Press.

Goffman, E. (1963). *Stigma: Notes on the management of spoiled identity.* Englewood Cliffs, NJ: Prentice Hall.

Haidt, J. (2000). The positive emotion of elevation. *Prevention & Treatment*, 3 (1), Article 3c.

Haidt, J. (2003). The moral emotions. In R. J. Davidson, K. R. Scherer & H. H. Goldsmith

（Eds.），*Handbook of affective science.* UK：Oxford University Press.

Haidt, J. & Keltner, D. （2004）. Appreciation of beauty and excellence. In C. Peterson &M. E. P. Seligman （Eds.），*Character strengths and virtues.* Washington DC, US：American Psychological Association Press, 537 – 551.

Horberg, E. J., Oveis, C. & Keltner, D. （2011）. Emotions as moral amplifiers：An appraisal tendency approach to the influences of distinct emotions upon moral judgment. *Emotion Review*, 3 （3）, 237 – 244.

Karpinski, A. & Steinman, R. B. （2006）. The single category implicit association test as a measure of implicit social cognition. *Journal of Personality and Social Psychology*, 91 （1）, 16 – 32.

Krämer, N., Eimler, S. C., Neubaum, G., Winter, S., Rösner, L. & Oliver, M. B. （2017）. Broadcasting one world：How watching online videos can elicit elevation and reduce stereotypes. *New Media & Society*, 19 （9）, 1349 – 1368.

Lai, C. K., Haidt, J. & Nosek, B. A. （2014）. Moral elevation reduces prejudice against gaymen. *Cognition & Emotion*, 28 （5）, 781 – 794.

Lai, C. K., Klonis, S. C., Plant, E. A. & Devine, P, G. （2005）. Internal and external motivation to respond without sexism. *Personality and Social Psychology Bulletin*, 319, 1237 – 1249.

Legault, L., Green-Demers, I., Grant, P. & Chung, J. （2007）. On the self-regulation of implicit and explicit prejudice：A self-determination theory perspective. *Personality and Social Psychology Bulletin*, 33, 732 – 749.

Link, B. G. & Phelan, J. C. （2001）. Conceptualizing stigma. *Annual Review of Sociology*, 27 （1）, 363 – 385.

Major, B. & O'Brien, L. （2005）. The social psychology of stigma. *Annual Review of Psychology*, 56, 393 – 421.

Mak, W. W. S., Mo, P. K. H., Cheung, R. Y. M., Woo, J., Cheung, F. M. & Lee, D. （2006）. Comparative stigma of HIV/AIDS, SARs, and Tuberculosis in Hong Kong. *Social Science& Medicine*, 63, 1912 – 1922.

Oliver, M. B., Kim, K., Hoewe, J., Chung, M. – Y., Ash, E., Woolley, J. K. & Shade, D. D. （2015）. Media-induced elevation as a means of enhancing feelings of intergroup connectedness. *Journal of Social Issues*, 71 （1）, 106 – 122.

Plant, E. A. & Devine, P. G. （1998）. Internal and external motivation to respond without prejudice. *Journal of Personality and Social Psychology*, 753, 811 – 832.

Van de Vyver, J. & Abrams, D. （2015）. Testing the prosocial effectiveness of the prototypical moral emotions：Elevation increases benevolent behaviors and outrage increases justice behaviors. *Journal of Experimental Social Psychology*, 58, 23 – 33.

Wight, R. G., Aneshensel, C. S., Murphy, D. A., Miller-Martinez, D. & Beals, K. P. （2006）. Perceived HIV stigma in AIDS caregiving dyads. *Social Science and Medicine*, 62, 444 – 456.

Wilson, T. D., Lindsey, S. & Schooler, T. Y. （2000）. A model of dual attitudes. *Psychological Review*, 107 （1）, 101 – 26.

《中国社会心理学评论》 第 24 辑
第 118～131 页
© SSAP，2023

艾滋病污名影响下感染者的身份认同困境

段知壮[*]

摘 要： 自"污名"这一概念被提出后，各个领域均围绕该概念进行了大量的研究，作为一项"社会议题"的艾滋病自然也不例外。但"获得性免疫缺陷综合征"（艾滋病）作为一种具有典型非直观表征的疾病，感染者在面对艾滋病污名的压力下，可能因对医学判断标准的强烈抵触而表现出人为的"感染者"身份认同回避。与此同时，当立法者试图直接采取公共卫生管理领域的判断标准对相关主体进行权利义务界定时，有可能会因忽略社会意义背景下的"标准"认定差异进而产生与医学判断标准背离的规范内容。

关键词： 艾滋病污名 身份认同 法律规制

有学者指出，"疾病"依赖于有机体的存在和文化对病理和病痛的定义（徐一峰、严非，2005），在艾滋病防治工作上这种观点表现得异常明显，医学对艾滋病传染方式的证成一方面为人们预防艾滋病传播提供了更为科学化的行为指引，另一方面也导致了人与人之间的分化出现可能。艾滋病感染者开始被塑造成一类不同寻常的人，不仅仅因为他们体内携带着艾滋病病毒，更重要的是他们被看作一些在过往行为举止上十分"另类"的人（张剑源，2015），此时基于这种主观"标准"下的身份差异构建就自然而然地形成了潜在的污名后果。那么对这种已然超越单纯医学意义上的对象分化，究竟是采取"堵塞"还是"疏导"的策略直接决定这种对疾病的角色定位，且这种定位一旦被社会大众所接受很快就会反过来对该种疾病产生超越医学意义上的价值判断，这种价值判断甚至还会影响在医学

---

* 段知壮，法学博士，日本学术博士，浙江师范大学行知学院副教授、硕士生导师。

方面的研究走向以及在具体医疗实践过程中的运作方式。即便是医务工作者，他们中的一部分人仍然会因被包含价值判断的前见所左右而形成潜在的恐惧心理。因此，如何在艾滋病防治中保持以权利维护为基点就成为解决艾滋病感染者在面对艾滋病污名时的一个实践困境所在。

一　"艾滋病污名"："标准"建构下的
"差异"认知

20 世纪 60 年代，美国社会学家戈夫曼提出"污名"这一概念后，污名被用于许多不同的领域进行了大量的相关研究。在众多研究中，通常将污名认为是根源于差异以及差异认知的刻板印象，而在人们的互动交往中逐渐凝结成具备诸多功能的一种社会身份或指称（Link & Phelan，2001），在这样一种逻辑下，污名是一种负面的"认知—认同—行动"逻辑。艾滋病污名①也不例外，其认知的建构和形成涉及对传播途径、感染风险、刻板印象、社会规范、风险意识等一系列"知识"的学习，并在交往中得到践行（Burkholder et al.，1999）。对艾滋病污名的构建在很大程度上源自一种健康与疾病的二元对立，当"健康者"一方通过强化"患病者"之"责任"来凸显自我的优位时，污名便逐渐形成了（Devine，1989）。比如艾滋病感染者常常被归咎为主体的"越轨"行为所导致，进而被"烙印化"或"标签化"，因为非感染者害怕疾病的蔓延会破坏原先各族群间的社会区别，因此便针对该族群或个人给予谴责，以将被标签化的高危险族群与社会之间保持距离（Feldman & Johnson，1986），并且这种对艾滋病感染者的谴责反过来还有助于推卸对感染者未能提供适当照应的责任（Castro & Farmer，2005）。

需要指出，以往对艾滋病污名的研究中许多研究者都会将视线聚焦在污名与责任推定之间的关系上，即污名及其剧烈程度往往被认为与疾病的感染方式具有重要联系。同样的疾病如果其得病原因是个人无法控制的，这种情况下污名程度相对较轻，反之如果其得病是个人可控的原因，那么其污名化的程度则更为严重。也正因如此，艾滋病因其传播方式在一定范

---

① 有学者曾提及，在很多国家和地区，AIDS 污名和 HIV 污名是不同的概念，但对于中国而言很多人往往并不知道 HIV 与 AIDS 之间的关系，而在社会生活和日常话语中普遍流行的是 AIDS 污名——"艾滋病"。详见姚星亮、王文卿：《AIDS 在中国的污名化：一种政治移情的理论视角》，《云南师范大学学报》2014 年第 4 期。

围内的可控性反而造成了社会对其相对高的消极情感和低的帮助意向（维纳，2004）。比如在艾滋病传播的主要途径中，因母婴传播中婴儿对此结果的不可控而更容易受到同情，相反最能与当事人主观意志挂钩的性传播者则最容易成为被排斥的对象。与之相较，虽然有隔离、排斥，但诸如SARS、流感等传染性疾病并没有发展为强大的社会污名，因为任何人都可能在下一秒成为患者，污名的形成于己毫无益处（姚星亮，2017）。在这个角度我们甚至可以不无悲剧色彩地说，疾病分类也是更为宽泛的文化整体——某一社会的观念、价值和行事方式体系的一部分（汉，2010），恰恰是因为艾滋病在人群之间的可区隔性很强（传染途径有限），才出现了其他疾病也许并不会出现的污名及歧视之可能。

但随着艾滋病研究在医学上取得重大进展，绝对的"健康与疾病"二元分立被缓慢打破，原有的污名理论也出现动摇。此外对污名背后绝对的二元对立隐含着这样一种逻辑基础：制造第二个他者（污名化主体），把制造第一个他者（污名化客体）并加以污名化的罪责归咎于第二个他者，并将其再度污名化（郭金华，2015）。比如在当下反歧视的语境之下，一些言论很容易被贴上"艾滋歧视"的标签，进而造成舆论层面对言论主体的猛烈抨击，但不同行为人在现实生活中面对真实感染者时的具体行为表现却常被有意或无意地忽视，这颇有一番高举反歧视大旗但却无助于消解具体歧视行为的矛盾与尴尬。正是在这样一种背景下，以姚星亮为代表的学者提出新的观点，主张通过还原差异建构的过程，尤其是通过对"区别"和"差异"之间关系的澄清，逐步解析日常生活中人们在个体和群体层次的权力建构与政治参与。具体来说，基于"标准"的建构和实践而形成的差异认知才是污名的认知起源和基础；而界定标准的权势和维持标准的各项压制性对抗则是污名得以形成和作用的现实基础（姚星亮，2017）。这种观点认为"区别"并不必然会成为污名的来源，因为区别的多样性存在使得人们在理解不同类型的对比关系时无法很自然地得出一种绝对以自我为中心的"标准"结论，那么此时在面对自我与他者，乃至第三人、第四人之间纷繁复杂的区别时，也有可能会出现一种"向他人看齐"而缝补区别存在的潜在倾向，此时与那种将区别视为负面价值的污名还距离甚远，相反其极有可能是一种具有积极主观能动性的正面价值。之所以形成污名的关键可能是人类差异的认知图式及其关联结构使得我们关注某些差异，而忽视其他差异，比如人们对"感染艾滋病"这一标签太过于敏感，以至于忽视了诸如病毒载量等影响传染可能性的具体指标差异。特别是在行动意义上，污名已经不仅仅是一种单纯的标签粘贴，而成了不断加剧现存社会不平等性的社会过程（Parker & Aggleton，2003）。也正因如此，艾滋病污名与社会污名的交互不是偶然的，艾滋病污名的发展往往能敏感识别环境中的深层不平等社会关系，并附着其上，与相关的社会身份污名结合，指向本已处于被污名化地位的某些社会边缘群体（高一飞，2017）。

二　艾滋病污名对权利实现的影响路径

如果我们将污名视为一种在主观意向性"标准"之下对"差异"的负面评价，这还不能说明艾滋病污名具体的后果，有学者针对艾滋病污名的不同特性做出了"工具性污名"和"符号性污名"的划分，其中"工具性污名"通常关注的是风险和资源，主要表现为对艾滋病感染者在医疗、就业等方面的歧视；而"符号性污名"则通常关注抽象的价值观念，主要表现为因对艾滋病感染者做出道德评判而表现出的厌恶与排斥（Herek，2002）。这也在一定程度上对艾滋病污名与艾滋歧视进行了关联界定，尽管对两个概念不可能进行绝对分离，但作为"符号性污名"的后者并不必然直接以行为的方式对艾滋病感染者造成法律权利上的影响，这种污名往往会以一种背景化的色彩对艾滋病感染者形成具有压迫性的环境制约，也就是通常所说的社会关系层面之社会排斥。尽管中国现阶段艾滋病污名的符号性与工具性倾向仍然存在较大的分歧，但毋庸置疑的是随着公众对艾滋病致病原因的深入认识，艾滋病污名的形式也有所转变。如随着研究的深入，有学者也开始逐渐意识到在艾滋病污名问题上并不单一地表现为一种道德层面的否定性评价，因为即便是在对艾滋病病毒传染途径有着充分知识的人群当中仍然存在着与其知识储备不相符的外在行为表现，余翠娥（2010）将这种类型称为自我保护倾向型歧视，其认为这种类型的歧视是经过理性选择的结果，因为可能存在利益受损的潜在威胁而回避、排斥、拒绝感染者，目的在于把自己的风险或威胁降到最低，这可以看成一种过于关注自己的应激保护行为。而这种社会环境视角下的污名在法律层面则很难有明确的解决机制，虽然对工具性污名的概念转变可能会对符号性污名起到一定的宣传引导作用，但事实上那种已然在社会层面具有较深根基的符号污名也可能在某种程度上反过来消解已经存在的制度性反歧视规范。

那么基于这种分析我们暂时可以得出这样一个判断，即单纯的道德或者价值意义上的评判本身可能并不必然会对艾滋病感染者造成权利的减损，但事实上艾滋病污名远不止于此，其背后的核心问题在于那个"标准"的设定，以及在规则制定层面通过这个主观意义上的"标准"将艾滋病感染者与非感染者进行区隔进而采取差异性的对待。换言之，对于污名这种负面评价而言，个体偏见或许还不足以形成社会层面对于负面差异的背书，而社会贬抑之所以强而有力，是因为它们无法将被视为固执己见者的胡言乱语置之不理，相反它们构成了社会共享"真实"感的一部分。被贬抑的这个特质是人性被质疑的关键，由此，贬抑得以成功地生产并编织到社会的制度性结构之中（姚星亮，2017）。而一旦这种倾向真实形成，那么制度性的歧视就无法避免了，且法律当然可以对具体的（在法律评判意义上的）歧视行为进行相应的规制，但如果说这种评判标准本身就已然存在"标准"设定的前见，那么此时单纯的反歧视已然不再具有实质的保护效力了。概括地说，艾滋病之所以会被污名化，不仅仅是因为这个疾病能够摧毁患者的免疫系统而令人生畏，更牵涉到一连串社会因素，包括传统社会阶级分类、国家的强势现代性论述，以及伴随市场经济扩张而浮现的贫富差距。最重要的是，国家有意无意的疾病介入行动，也在这个负面发展过程中，扮演着临门一脚的关键角色（刘绍华，2015）。

正是在以上分析的基础上，我们基本可以达成一种共识，即社会文化或教育机构有责任用合适的方式促进艾滋病防治教育、提供艾滋病预防信息，并鼓励人们对艾滋病感染者要宽容、负责，不要歧视他们（王延光，2006），即以更为科学理性的视角去定位艾滋病感染者与非感染者之间"差异"背后的那个"标准"。比如占有非常重要地位的大众传播媒体不仅是许多人健康信息的主要来源，媒体内容还塑造了人们思考、了解与采取健康行为的方式。但与此同时也需要认识到，这种社会层面"标准"的设定并不能依赖某个单一主体，如景军教授就曾以"艾滋针刺谣言"为例阐述新闻媒体裹挟社会民众而形成的"集体道德恐慌"，进而对官方艾滋病话语体系产生巨大负面影响（景军，2006）。也就是说，艾滋病防治工作的议程定位无论是在政策制度角度，还是在媒介传播以及公众认知角度都是有机结合的整体。

无论如何，以往对艾滋病进行"恐吓"式的话语模式早就被认为是不利于艾滋病防治工作的（邵长庚，1994；张有春，2017），但这并不必然能为今后的艾滋病防治提供有指引性的基调。事实上对艾滋病的定位在当下即出现了因受众不同，特别是在感染者、所谓"高危人群"与非感染者之间形成的基于同一种媒介信息而产生不同的接受取向的误差。毕竟个人所在的亚群体始终处于集体应对外界信息的"符号再造"和"自我整合"的过程（王曙光，2005）。简单来说就是"高危人群"有可能过分解读了艾滋病传播路径的有限性及传播概率偏低的事实，而健康人群则更多地关注艾滋病的不可治愈及尚无有效疫苗的问题，这也正是在前期艾滋病污名影响下对社会群体进行人为区隔而产生的必然后果。因为对于观察者而言，"图像"表现客观事物的有限性和"图像"自身内在的局限性，在"图像"与观察者之间产生了一种距离，这种距离类似于观察者所期望了解疾病的客观真实状况与"图像"所描绘的疾病的"真实状况"之间的距离（吉尔曼，2008）。就艾滋病防治议题而言，宣导的最终目的应是希望增加目标受众对议题的涉入感与认知需求，进而期冀受众仰赖缜密的分析思考议题（徐美苓，2008），然而在污名的影响下前者并不必然导致后者。也就是说人们在逐步深入地了解艾滋病相关知识的同时，却并没有对原本的艾滋病污名形成实质上的思维改变，甚至在某种程度上这种客观知识的掌握（如上文所言的传染途径的有限性）反而在主观上加深了人们对污名产生之既定"标准"的固化。

三 污名建构"标准"背后的身份认同与回避

（一）污名影响下的规制可能

延续上文提到污名的核心指向——社会身份问题，管健（2012）曾提出对于污名的一种多维层次的结构模型，其中之一便是理解范畴维度的"个体与群体"角度。在对污名的认知连续体当中一端是以类别为基础的过程，在这个过程中人们所在的群体特征决定了个体在别人眼中的印象，正因如此，从对象的角度来看污名既是个体间现象也是群际现象（管健，2012）。但问题的关键是个人背后的群体身份认同在社会中往往是多元而非单一的，加之艾滋病表征的非直观性以及受污名者在面对污名时的一个通常的表现便是隐藏（尽管在某种程度上隐藏本身就是对污名的一种确认），作为个体艾滋病感染者的身份认同通常会随着所处环境的变化出现人为的转移。也就是说，艾滋病感染者在作为艾滋病污名的受害者的同时可能在其他可以隐藏其"身份"的场合本身就是艾滋病污名的构建者，因为此时缘于身份"隐蔽性"而将矛头对准"想象中"的"他群"恰恰有助于其作为个体对污名的逃离。比如在美国最早（在中国目前许多论述中也是如此）严重感染艾滋病的"高危群体"即男同性恋，"其既是艾滋病患者群落的一个创造者，同时又是孤立艾滋病患者，使其处于被骚扰和被迫害中的一种体验"（桑塔格，2014）。也就是说，我们很难得出一个明确的结论说究竟是"艾滋病"这一标签加重了对艾滋病感染者的污名与歧视，还是特定的艾滋病感染者群体（如性工作者、吸毒人员等）固化了"艾滋病"本应作为一种疾病背后那些被增设的社会意义上的价值判断。无论如何，从社会实践的角度而言与其去纠结这两者之间的因果关系，倒不如承认这两种倾向本身就是相互添附的，在不断循环往复下对艾滋病以及艾滋病感染者的印象固化越发强烈以至于再回过头来分析时已然很难分清最初的那些隐喻来源。但这种很难厘清源头的探索分析最后无疑都将视角集中在了一种对自我与他者的二元隔离之上，从这个意义上看，艾滋病破坏的不只是生物学意义上的免疫系统，也模糊了医学与社会学层面对健康与疾病的判断界限，更"必定会进入其他新兴的关于健康、疾病、个体性、人性和死亡的多文化话语中"（哈拉维，2012）。换言之，无论这种带有负面性评价色彩的标签是如何形成的，其形成的目的皆是统一的，即试图通过向污名背后"标准"的人为靠拢而将自我与他者进行排斥性的身份分离。

但在艾滋病污名中，用这种区隔的方式真的能够很好地将"健康－疾病"进行完全的阻断吗？答案显然是否定的。经典的"美丽和健康"与"丑陋和疾病"的模式假设被感染的人体则应该是患病的人体并且应该是丑陋的、病态的（吉尔曼，2008）。正是针对这样一种错觉，在一些艾滋病相关的宣传作品中专门对这种想象中的关联性进行反击，如在摄影作品中，同一个体的相同照片被贴以"我的艾滋病病毒检测阳性"和"我的艾滋病病毒检测阴性"的标签，以此来强调观察者没有能力从外表辨别艾滋病病毒检测的结果（吉尔曼，2008）。那么此时这种人为的二元区隔便产生了一种对危险的扩大，而非正视的客观效果。好比 16 世纪和 17 世纪的欧洲对"身强力壮的懒丐"这一"危险人群"进行"打烙印"的监控方式，"在他们身上烙上标记，可以使这一特别危险的群体从普通人中间分离出来，从而可以密切注意他们的动向，这样，至少可以在一定程度上消除他们四处迁徙的不良后果"，但与此同时，"没有邻里去监视那些流浪者，并使他们的行为齐一化。没有自然形成的'集体的监视者'，能够在足够长的时间内把这些流浪者置于自己的眼皮底下，并影响他们的行为；流浪者精通如何逃避'受到监视的区域'，知道如何避免在任何一个地方停留太长时间"（鲍曼，2000）。那么只要无法进一步将"危险人群"采取"监禁"的方式进行更有效的管控，这种所谓的"打烙印"不但不会减少社会对"危险人群"的恐惧，反而增强了"危险人群"的"强势地位"。也就是说，本身为了对他者之危险性进行区隔的标签化选择或许并不能达到其所期待的那种降低危险的效果，因为单纯的标签化只是将被构建出来的"特定人群"从社会整体之中进行分离，而这并不足以完成对这些"危险"的有效控制。由此得出的结论就是，这种人为身份区隔的"标准"设定甚至有可能会反过来增加危险的现实性。特别是在艾滋病问题上近年来对所谓"高危人群"的划分开始受到越来越多的质疑，这种划分是因为人们对健康和病患的认识更加依赖抽象思维能力，迅猛发展的流行病学实际上是对某一人群进行检测，去发现某一伙人某些条件与某种疾病之间的联系（刘谦，2010）。在那里，"健康被视为一个相对抽象的概念，因为人，不论是否有某些症状，都集散着潜在的致病风险因素"（Peterson & Lupton，1996）。

简而言之，强调凸显多元"差异"的同时谨慎对待一元"标准"或许是消解污名为数不多的方向选择。尽管基于国家公权力视角所谓的"标准"是社会治理过程中不可缺失的，甚至是最核心的组成部分，但如何尽可能地防止这种"标准"不适宜地外向辐射无疑也是治理能力的重要参考指标。当然，或许最初标准的设定（参与）者们并不能预见后续此种标准的具体影响走向，但更好地完成前期准备工作，进而防范后续因标准而产生关联性的印象固化确实是减少社会治理过程中负面效果的关键内容。

（二）建构还是解构：作为一种身份的艾滋病感染者

延续上文的分析，在对身份的区隔上，污名构建"标准"下的"标签"也在逐渐明显，即"受污名化的个体拥有（或者被相信拥有）某些属性、特质，而这些属性所传达的社会身份在某些脉络中是受贬抑的"（Major & Crocker，1993）。紧接而来的是，单纯的"艾滋病感染者"这一标签是否能构成一种社会身份？如果是的话，那么艾滋病感染者对标签的排斥究竟是一种掩饰，还是对"健康正常人"身份的冒充？正是在这种对污名之社会身份性的强调背景下，"主体建构的视角"（潘绥铭、黄盈盈，2007）开始得到越来越多的注意，其强调主体的话语生产，通过主体叙述来呈现其声音，从而尽可能地避免研究对象的客体化问题。但在很多以艾滋病感染者为对象的反歧视研究之标的，即在于尽管感染艾滋病病毒是一种客观事实，但我们应当消除这种"标签"作为一种身份进而给相关人员所带来的实质权利变动或客观潜在的影响，毕竟艾滋病感染者害怕自己的身份曝光而本身就会存有自我想象的歧视与污名（林正郓，2011）。如在李京文（2012）所主持的一项课题调研中发现，感染者在检测呈阳性后感到害怕或非常害怕的占比为 71.3%。此外，艾滋病病毒感染者往往选择对外保密自己的感染者身份，而对家人经常反复权衡而处于告知或不告知的进退两难的境地，有 83.6% 的感染者不愿意或极不愿意公开自己的感染者身份（李京文，2012）。从这个角度来看，"感染艾滋病病毒"这一标签作为一种身份（艾滋病病毒感染者）的出现主要是社会层面，特别是国家公共卫生管理的需要而对相关人群进行的分类所致，而并非一种主观上的自我身份认同，那么或许从艾滋病感染者的角度来说他们所一直努力的乃是消解这一"身份"标签，而并非试图通过对这种身份的自我认同而完成相关权利的争取实现。

但这里需要指出，如果我们将身份认同的理解视角扩大，作为一种身份政治的"艾滋病感染者"未必就如同想象中的那样负面，如有学者将"身份"的概念划为三个分析层面：第一，共享的集体身份是动员任何社会运动的必要条件；第二，身份可以成为社会运动中激进主义的目标，也可以是对污名化身份的接受，还可以是对身份类别的解构；第三，身份的表达在集体层面可以成为一种政治策略，从而致力于文化或工具性的目标（Bernstein，1997）。那么对于艾滋病的反歧视法律倡导而言艾滋病感染者的身份认同未必不是一种积极的力量。甚至从这个角度来说，如果不形成"艾滋病感染者"这一社会身份的主体构建，则或许不可能从根本上消除对这一标签的污名倾向。此外按照受艾滋病影响危险程度之高低而进行所谓"高危人群"或"易感人群"的分类无疑也有其合理的一面，早就有学者指出个人试图采取的健康行动大多来自与同伴的互动过程，因而在与艾滋病相关的行为干预中，必须借助同伴之间的人际互动，使相关信息得以扩散，并在此基础上促使人群在认知观念上发生变化，进而使其不安全行为逐渐转化为安全行为（Ajzen，1991）。不过群体成员之间的内部信息传递扩散固然具有以上优点，但其所形成的内部信息并不必然与外部所试图倡导形成的信息模板完全一致，甚至有可能因群体的封闭性与排外性而对原本信息导向进行变相理解进而出现截然相反的新型"对抗式"信息。与此同时还需要注意的是，这里对所谓群体的划分或许并不是一种身份政治的划分，更多地还是倾向于一种基于公共卫生管理角度对行为方式的主体集合，而一旦这种基于行为方式之共通性的群体划分被逐渐演变成一种具有社会意义的身份类别，那么前文中所阐述的那种污名之"标准"也就随之形成了。换言之，如何能在艾滋病防治意义上保持对"高危行为"重点关注的同时避免对"高危人群"的身份划分就成了避免艾滋病污名之负面后果产生的关键。

当然，身份总是多重的、复合的和构成的，特定的身份建构都是任意的、不稳定的和排他的，而身份政治则具有"定义自我和行为之模板的功能，它排除了勾画一个人的自我、身体，欲望、行动和社会关系的诸多可能方式"（Seidman，1994）。与诸如包括同性恋人群在内的诸多社会"边缘群体"积极构建自身的身份政治不同，① 尽管"艾滋病感染者"有着相对统一性权利诉求，但此类诉求多体现为一种消解其感染者"身份"的面向。换言之，可能对于许多艾滋病感染者而言，他们更多地是希望打破原本只是作为一种医学判断，却因在法律上权利义务的明确界定而跨越了医学范畴的那种社会意义上的身份政治构建。这种自上而下的身份政治构建尽管经由法律认可而从宏观上保障感染者的特定权利，但与此同时也反向地强化了社会层面的身份确定，这无疑意味着感染者可能会因此被定型从而需要面对社会层面更强大的抵制力量。用更准确的话来表达就是艾滋病感染者身份政治构建的最初意图可能在法律运作过程中被逆转，广义的构建者在保留艾滋病感染者原身份标签的前提下在社会属性层面颠倒了附着在该身份上的价值观念。当然，正因为权势关系的决定性影响，基于某种标准而建构并共享的类型化差异，得以凝练、积淀、糅合于社会文化之中，成为人际交往与再认识的基础和原型，也是污名得以认同、维持、扩展和再生产的前提（姚星亮，2017）。尽管我们可以通过具体的法律意义上的反歧视规定对艾滋病感染者的权利进行"想象"中的保护，但法律对歧视之判断标准本身或许早已成为一种污名的起点。也就是说当主体建构意义上的"差异"经由权势形成社会建构意义上的"标准"的时候，污名已然产生，而这种"标准"之下对歧视的定义无外乎是污名的再生产及其实践的结果罢了。况且一旦"标准"被建构形成，原本基于不同主体建构意义上的"区别"反而被淡化了，"刻板印象即是对一群人的特征或动机加以概括，把概括得出的群体特征归属于群体的每一个人，认为他们每人都具有这种特征，而无视群体成员中的个体差异"（林正鹩，2011）。这也可以说明为何在众多对艾滋病防治相关法律的讨论中，对义务的界定如此受到重视而对权利的讨论却"耗时费力"，这种对标准的选择——不管是预防风险还是维护权利——本身就是艾滋病污名的逻辑起点，毕竟在风险防范的"标准"基础上进行义务限定要比针对个体"区别"进行能力保障进而实现权利容易操作得多。

---

① 对此问题学界已有许多先行研究，其中较具代表性的可参见魏伟著《公开：当代成都"同志"空间的形成和变迁》，上海三联书店，2012；王晴锋著《同性恋研究：历史、经验与理论》，中央民族大学出版社，2017。

四 总结与展望

正如苏珊·桑塔格所描述的那样，"把疾病妖魔化，就不可避免地发生这样的转变，即把错误归咎于患者，但不管患者本人是否被认为疾病的牺牲品。牺牲品意味着无知。而无知，以支配一切人际关系词汇的那种无情逻辑看来，意味着犯罪"（桑塔格，2014）。当然，在当下的医学语境中去评析 20 世纪 80 年代以及世纪之交艾滋病立法的"隐喻范式"和"规训范式"或多或少还是有些"事后诸葛亮"的意味。在"艾滋病污名"客观存在、艾滋病无法治愈的条件下，完全消除艾滋病污名也许根本就只是一种理想（余翠娥，2010），现阶段许多对艾滋病污名的研究通常会将社会宣传教育视为消除歧视的主要途径，这种途径固然具有重要价值，但或许对于制度性歧视而言具体、切实的权利维护以及实现权利之能力的扩充才是对艾滋病感染者个体更为实际的帮助，也是艾滋病防治工作的方向所在。在笔者看来，艾滋病防治法律规范的制定与实施必须注意以下三个问题。

第一，笔者并不否认艾滋病作为一种现阶段无法治愈（并非不可治疗）的传染性疾病，立法层面上必然会存在一定数量基于风险而产生的专门制约性规范。但在艾滋病感染者的权利限制问题上，立法者必须摆脱道德前见，转向将医学意义上的"现实风险"作为立法依据。如果我们深入以往那些对艾滋病感染者进行法律限制的背景或者实践环境中就不难发现，许多所谓基于"潜在危险"的限制很有可能是一种基于道德评判而产生的"想象中的危险"。伦理学与法律是两回事，伦理学上不能得到辩护的不一定应该或可以立法禁止。一旦立法禁止，法律规定的执行就带有不同程度的强制性。但不是所有伦理学上不能够得到辩护的都能用强制的办法去解决（邱仁宗，1999）。换言之，法律制度过分地强调对道德的依附所可能造成的不利后果是，政府所主张的利益要么不甚明确，要么根本不存在。通常，受到质疑的法律往往反映出政府并不是为了维护公众的健康、安全或福利制定的，而是试图将某个道德准则强加于他人。尽管维护公众的良好道德品行确实属于政府治安权的一部分，但是政府基于此种目的做出的行为并不一定合法，尤其是在某些情况下，政府仅仅是为了促进某些抽象的所谓"良好道德"，而疏于考虑其行为可能会对他人或社会整体造成的不利影响（张民安，2014）。

第二，在法律强制力的视角下如果有艾滋病感染者基于过错而造成了对他人健康权的侵犯，这种行为无疑要受到法律的制裁，但法律上并不应该对任何一个具有"潜在伤害可能性"的人群，包括艾滋病感染者人群进行前期的权利限制，这也就是事先防范与事后追究之间的差异。用一个不恰当的比喻，说一个人身材壮硕且长期习武，那么他与普通人相比更有"能力"实施伤害他人的行为，但法律上不可以也不应该基于此就对这个人进行义务限定，这是一种并不具备"现实风险可能"的事先防范且该种防范措施在效力上造成了对防范对象的现实义务给定。艾滋病感染者也是如此，法律上不能因为艾滋病感染者具有"传播疾病的能力"就对其进行特定的义务限定，换句话说，如果按照这种分类我们几乎可以判定任何一个个体都存在这样或那样"伤害他人的能力"，但我们并不能因此就对每一个个体进行针对性的专属义务设置。在传统的以群体为基础的平等范式下，法律的适用可能确实太过于看重"不可改变性"了，也就是保护你"是"什么，不保护"做什么"（吉野贤治，2016）。

第三，社会层面实际上已经得到较大改善的艾滋病治疗效果并不为大众所知晓，这种状况在无形中延续着对艾滋病的恐惧，也延续着对艾滋病的歧视（韩跃红，2011）。比如随着艾滋病抗病毒治疗情况的日益好转，许多感染者并不必然地存在与普通人在生理上的差异，如有感染者就戏称"要不是每天还得吃药，我都快忘了我有艾滋病了"。一些由疾控牵头的感染者活动参与率低的现象也从某个层面体现了这个问题，许多通过按时服药而没有病情显现的感染者通常选择"不跟其他感染者一起玩"的方式以减少自己受艾滋病影响的可能性。未发病的感染者通过个人层面的利益衡量往往试图在最大可能的限度下减少自己的艾滋病标签，这种行为所获得的社会交往层面的"好处"与"便利"则进一步加剧了感染者对个人患病隐私的防护心理。换言之，认真对待作为理智人类的行动者使我们可以摆脱极端实证主义过渡简化的假设（德吕勒，2009）。当人们在社会化的过程中愿意追求社会规范、要求大家追求目标并采用社会规范鼓励使用追求该目标之手段时，被社会规范视为正统的目标和追求该目标的正统手段之间就保持了一种平衡与和谐。

参考文献

鲍曼，2000，《立法者与阐释者：论现代性、后现代性与知识分子》，洪涛译，上海人民出版社。

德吕勒，2009，《健康与社会：健康问题的社会塑造》，王鲲译，译林出版社。

高一飞,2017,《人口流动与艾滋病传播:污名的交互与再生》,云南人民出版社。

管健,2012,《身份污名与认同融合:城市代际移民的社会表征研究》,社会科学文献出版社。

郭金华,2015,《与疾病相关的污名:以中国的精神疾病和艾滋病污名为例》,《学术月刊》第7期,第105~115页。

哈拉维,2012,《类人猿、赛博格和女人——自然的重塑》,陈静、吴义诚译,河南大学出版社。

罗伯特·汉,2010,《疾病与治疗:人类学怎么看》,禾木译,东方出版中心。

韩跃红,2011,《生命伦理学维度:艾滋病防控难题与对策》,人民出版社。

吉尔曼,2008,《健康与疾病:不同的图像》,庄欣译,山东画报出版社。

吉野贤治,2016,《掩饰:同性恋的双重生活及其他》,朱静姝译,清华大学出版社。

景军,2006,《艾滋病谣言的社会渊源:道德恐慌与信任危机》,《社会科学》第8期,第5~17页。

李京文,2012,《艾滋病对中国经济和社会的影响》,社会科学文献出版社。

林正郓,2011,《男同性恋艾滋感染者就医就业障碍与因应方式之初探》,硕士学位论文,台湾师范大学。

刘谦,2010,《面对艾滋病风险的自律与文化:对低交易价格商业性行为的人类学研究》,中国社会出版社。

刘绍华,2015,《我的凉山兄弟:毒品、艾滋与流动青年》,中央编译出版社。

潘绥铭、黄盈盈,2007,《"主体建构":性社会学研究视角的革命及本土发展空间》,《社会学研究》第3期,第174~193页。

邱仁宗,1999,《艾滋病、性和伦理学》,首都师范大学出版社。

桑塔格,2014,《疾病的隐喻》,程巍译,上海译文出版社。

邵长庚,1994,《关于性病宣传与健康教育适当利用恐惧的商榷》,《中国性学》第1期,第2~3页。

王曙光,2005,《艾滋病的社会学发现:亚文化易感与适宜干预策略》,四川科学技术出版社。

王延光,2006,《艾滋病预防政策与伦理》,社会科学文献出版社。

维纳,2004,《责任推断:社会行为的理论基础》,张爱卿译,华东师范大学出版社。

徐美苓,2008,《艾滋病与媒体》,上海译文出版社。

徐一峰、严非,2005,《文化与健康:医学人类学实践》,上海人民出版社。

姚星亮,2017,《污名:差异政治的主体建构及其日常实践》,社会科学文献出版社。

余翠娥,2010,《国内艾滋歧视研究中的几个误区及应对策略》,《医学与哲学》第8期,第27~29页。

张剑源,2015,《再造团结:中国艾滋病防治法律制度研究》,法律出版社。

张民安,2014,《自治性隐私权研究》,中山大学出版社。

张有春,2017,《艾滋病宣传教育中的恐吓策略及其危害》,《思想战线》第3期,第18~24页。

Ajzen, I. (1991). The theory of planned behavior, organizational behavior and human decision processes. *Journal of Leisure Research*, 50 (2), 176 – 211.

Bernstein M. (1997). Celebration and suppression: The strategic uses of identity by the lesbian and gay movement. *American journal of Sociology*, 103 (3), 531 – 565.

Burkholder, G. J. , Harlow, L. L. & Washkwich, J. – L. (1999). Social stigma, hiv/aids knowledge, and sexual risk. *International Journal of Fracture*, 100 (1), 27 – 44.

Castro, A. & Farmer, P. (2005). American public health association-understanding and addressing aids-related stigma: From anthropological theory to clinical practice in haiti. *American Journal of Public Health*, 95 (1), 53 – 59.

Devine, P. G. (1989). Stereotypes and Prejudice: Their Automatic and Controlled Components. *Journal of Personality and Social Psychology*, 56, 5 – 18.

Feldman, D. A. & Johnson T. M. (1986). *The Social Dimensions of AIDS: Method and Theory*. New York: Praeger.

Herek, G. M. (2002). Thinking about aids and stigma: a psychologist's perspective. *The Journal of Law, Medicine & Ethics*, 30 (4).

Link, B. G. & Phelan, J. C. (2001). Conceptualizing stigma. *Annual Review of Sociology*, 27 (6), 363 – 385.

Major B. & Crocker J. (1993). *Social stigma: The consequences of attributional ambiguity*. Academic Press, pp. 345 – 370.

Parker, R. & Aggleton, P. (2003). Hiv and aids-related stigma and discrimination: a conceptual framework and implications for action. *Social Science and Medicine*, 54, 13 – 24.

Peterson, A. & Lupton, D. (1996). *The New Public Health: Health and Self in the age of Risk*, London: Sage.

Seidman, S. (1994). Queer pedagogy / queer-ing sociology. *Critical Sociology*, 20 (3), 169 – 176.

《中国社会心理学评论》 第 24 辑
第 132~156 页
© SSAP，2023

疾病威胁与文化信念对跨文化群际
援助的影响[*]

常 乐 陈 侠[**]

摘 要： 感知到外群体可能带来疾病威胁可激活人们排斥外群体的反应，此时群际关系还能否改善？实验 1 设置了文化会聚主义、文化本质主义两种文化信念启动情境，选取新冠病毒、诺如病毒、心脏病三种疾病威胁类型，组合成 6 种实验条件，比较分析了各实验条件下被试报告的捐款、志愿服务两种形式的跨文化群际援助意愿。实验 2 设置了文化会聚主义组与对照组，比较被试在新冠病毒、诺如病毒与心脏病三类疾病威胁条件下的跨文化群际援助意愿。结果发现：（1）新冠启动传染、死亡两类疾病威胁感知，从而抑制被试跨文化群际援助的动机；（2）文化会聚主义信念能弱化疾病威胁对群际关系的消极影响从而提升被试跨文化群际援助的意愿；（3）在疾病启动的传染威胁情境下，文化会聚主义信念对跨文化群际援助意愿的促进效应有可能受到抑制；（4）疾病威胁水平极高或文化群体之间有冲突历史的条件下，文化会聚主义对跨文化群际援助意愿的促进效应会受到抑制。

关键词： 文化会聚主义 文化本质主义 行为免疫系统理论 恐惧管理理论 跨文化群际援助

---

[*] 本研究受中国科普研究所委托项目"新冠肺炎疫情防控与社会治理模式及公众科学素养之间关联性的国际比较研究"资助完成（项目编号：200115EBR053；项目负责人：陈侠）。

[**] 常乐，武汉大学新闻与传播学院硕士研究生，论文主体完成时为四川大学文学与新闻学院本科生；陈侠，四川大学文学与新闻学院副教授，共同第一作者，通信作者，Email：cynthiachenxia@163.com。

一 问题提出

既有研究指出，群际威胁主要包括现实威胁（realistic threat）、文化威胁（cultural threat）及认同威胁（identity threat）三类，当人们认为外群体可能带来其中任一种威胁时，可能会激活对外群体成员的消极刻板印象与偏见，进而加剧群际间的隔阂、对立与冲突（张婍、冯江平、王二平，2009）。传染威胁和死亡威胁正是这样两种可能影响群际关系的现实威胁。一般情况下，群际关系的研究较少关涉传染威胁和死亡威胁并存的情形。但在重大历史时期，这两重威胁共同出现，催生对外群体的消极刻板印象、强化外群体偏见和诱发对外群体成员的歧视已经成为现实，例如，佐斌和温芳芳（2020）曾在新冠疫情的背景下基于观察指出："此次疫情发生后，不断攀升的疫情数据以及'病毒能够人传人''目前没有特效药'等信息被民众获知，引发了恐惧和焦虑，并由此激活了对特定人群的心理敏感和行为防御。"在本研究开展期间（2020年9月至2021年5月），权威机构发布新冠疫情监测数据并每日更新，在当时的社会民众心目中逐渐形成了一种观念：新冠病毒同时具备高传染高死亡威胁。综合上述观察与分析，本研究将探讨由疾病启动的传染与死亡两类群际威胁如何影响跨文化群体间的关系与互动。

纵观人类应对疾病威胁的历史实践，固有的刻板印象和看待不同文化间关系与互动的方式（文化信念）可能影响人们对待外群体的态度及援助外群体成员的意愿和行动。研究已多有揭示，受既有文化信念的影响，群际关系会呈现或紧张或和谐的不同面向（陈侠，2009）。人们如果持有"非我族类，其心必异"的文化本质主义信念，以维护文化纯洁性为出发点而过分强调文化差异，就可能基于对外群体成员的消极刻板印象产生排斥外群体的心理与行为反应，甚至引发群际冲突。例如，15世纪与16世纪之交的民众基于对特定外群体的负面刻板印象，以该群体所在地命名梅毒：法国军队称之为"那不勒斯病"，那不勒斯人称之为"威尼斯病"，俄国人称之为"波兰病"（施诚、倪娜，2020）。在鼠疫肆虐的历史上，受排斥的外群体也常被污名为病源。如在1900年旧金山唐人街疑似"鼠疫事件"中，当地白人抱持着针对华裔的刻板印象和偏见实施了一系列排华行动（李永，2022）。与之相类似，新冠疫情下的印度出现了对穆斯林的敌意与排斥（全燕，2020）；以美国为代表的一些国家和地区酝酿并爆发了对亚裔群体的贬损与仇视（O'Sullivan & Gutman，2020）。可见，当置身疾病的传染威胁与死亡威胁情境中，文化本质主义的信念比平时更可能对文化群体之间的关系产生消极影响，并进一步降低人们对外文化群体成员的援助意愿。

相对照，当人们所归属的文化族群与外群体曾有过友好的文化交流与文明互鉴的历史，内外群体间的界限就可能会被弱化，人们也更愿意向身处困境的外群体成员伸出援手。例如，在2020年2月一场名为"东京灯会满月祭池袋"的活动上，一位日本女孩身穿旗袍为武汉募捐，现场书写"山川异域，风月同天，岂曰无衣，与子同袍"的标语，中日文明交流互鉴的历史与文化符号唤起了跨文化交流的共鸣与温情；有学者指出在上述新闻事件中，文化接近性促进了中日民众之间积极、正面的群际互动（彭修彬，2020）。格鲁吉亚汉学家玛琳娜在对新冠疫情期间所见证的中-格援助纪实进行整理时，也将古丝绸之路、孔子学院等标志性的跨文化交往史融入了她的个体记忆叙事（玛琳娜，2020）。大量研究与事实都证实，这种以动态的、历史的、互动的视角看待不同文化群体间关系的文化观念（文化会聚主义信念），可能弱化人们对外群体的消极刻板印象，推动积极的跨文化群际互助。

在此基础上，本文提出核心研究问题：文化信念（如文化会聚主义与文化本质主义）与疾病启动的群际威胁（如传染威胁与死亡威胁）感知，如何影响跨文化交流中的群际关系与互动？具体可分为两个方面加以考察。

（1）疾病启动的传染威胁与死亡威胁感知如何影响跨文化群际援助的意愿？

（2）文化信念与疾病威胁情境如何交互影响跨文化群际援助的意愿？

二　理论依据与假设提出

（一）疾病威胁感知与群际援助

在行为免疫系统和恐惧管理理论的视角下，既有研究证实了传染威胁或死亡威胁会负面影响群际关系、降低援助外群体意愿，并揭示出二者的影响机制可能存在差异。

1. 传染威胁：行为免疫系统理论

行为免疫系统理论（Behavioral Immune System Theory，简称BIS）解释了人们在传染威胁下产生的一系列排外反应，认为传染病毒的威胁性线索会诱发个体的厌恶情绪，并导致个体采取回避病毒感染风险的行为（Park，Schaller，& Crandall，2007）。其基本假设为：人们潜意识里认为外群体成员可能携带内群体无法免疫的新型病菌，并更有可能不遵守当地的社会行为规范而造成病菌的传播；为降低感染外群体所携带病毒的风险，人们往往会排斥与外群体接触（李郴、吴奇、杨爽，2015），强化对外群体成员的消极刻板印象并催生对外群体的偏见与歧视（吴宝沛、张雷，2011）。可见，疾病传染威胁会削弱人们接触外群体成员的意愿，其内在防御机制是通过"社会疏远"的机制以缓冲对感染疾病的恐惧。

近几年有学者开始关注传染威胁对群际援助意愿的影响。路红等（2019）的研究发现，传染威胁情境下人们向外群体的传染病患者捐献的金额更小。但现实中，群际援助并不局限于捐款，还包括安置难民、派遣国外救援与参与志愿服务等多种形式。传染威胁对不同形式的群际援助是否会产生一致的影响？Peterson 等（2017）以埃博拉为背景的研究发现，相较于对照组，疫情威胁情境下的被试对安置难民政策的支持程度更低，而对派遣国外救援的支持程度与对照组没有显著差异；这可能是因为安置难民意味着被试会接触传染源，而派遣国外救援则排除了与传染源发生接触的风险。

2. 死亡威胁：恐惧管理理论

恐惧管理理论（Terror Management Theory，简称 TMT）解释了当面对死亡威胁时人们维护内群体（或对抗外群体）的心理机制，其基本假设为：人们会启动三种远端防御机制来缓冲对死亡的恐惧。其一是维护内群体的文化世界观（或对抗外群体）；其二是基于所遵循的文化世界观超越自我，提升自尊（Pyszczynski，Greenberg，& Solomon，1999）；其三是通过与他人建立联结，缓解生离死别所导致的孤独感（Wisman & Koole，2003；孟祥寒等，2021）。死亡威胁具体会如何影响人们的群际援助意愿呢？Jonas等（2002）发现，死亡威胁促进了美国被试向本国慈善机构捐款，却不影响他们对国际慈善机构的捐款意愿。也有研究发现，一些文化因素可以调节死亡威胁对群际关系的不良影响，如强调和平主义等特定的文化价值观（Jonas et al.，2008）或强调文化背景中"慷慨"的文化规范（Jonas，Sullivan，& Greenberg，2013），可以促进人们更为慷慨地援助外群体。

学者普遍认为，恐惧管理的三种远端防御机制共有的内在逻辑都是增强内群体成员之间的"社会联结"（Zaleskiewicz，Gasiorowska，& Kesebir，2015），排斥与对抗外群体也是基于维护内群体的动机；这与传染威胁增强了"社会疏远"动机的内在逻辑相反（Ahmed, Ahmed, & Barkat, 2021）。例如，范小月等（2022）的实验发现，在死亡威胁条件下，中国被试对新冠疫情期间真实运营的两家中国公益组织的援助意愿存在差异：死亡启动显著增强了捐款意愿，却削弱了志愿服务的意愿；这可能是由于在疫情背景下参与志愿服务存在感染风险，从而抑制了被试对内群体成员的援助意愿。已有研究指出，新冠疫情下种种群际冲突现象背后的原因之一，也可能是凸显的死亡威胁启动了人们对抗外群体的远端防御机制（Courtney, Goldenberg, & Boyd, 2020）；其中应该也同时存在传染威胁的作用机制有待进一步考察。

基于前述分析，本研究提出假设 1：（本研究实施期间）新冠病毒可能启动死亡威胁与传染威胁的感知，双重威胁情境下被试对跨文化外群体的帮助意愿可能受到抑制。

（二）文化信念与群际援助

文化信念是指人们理解不同文化间关系与互动的既有立场与观念，研究文献主要探讨了文化本质主义（essentialism）、文化色盲主义（color-blindness）、多元文化主义（multiculturalism）、文化会聚主义（polycultural-ism）四种基本类别。其中，作为一种增量性理论的文化会聚主义与作为一种实体性理论的文化本质主义，呈现互为反向且难以调节的关系特征（邹智敏、江叶诗，2015）。

本质主义者常以固化的既有观念理解群际关系，强化刻板印象的负面效应，导致群际隔阂、敌意甚至冲突等（Haslam et al., 2006）。文化本质主义信念持有者认为，不同文化存在本质的、核心的、不可改变的差异（邹智敏、江叶诗，2015）。这提示作为一种跨文化语境下群体间互动的价值取向，相较于文化本质主义，文化会聚主义的信念更可能改善人们在跨文化交流中对外群体的消极态度，促进援助外群体的积极意愿或行为。

文化会聚主义是以动态演化和互动交流的视角理解文化间关系的文化观念（Morris, Chiu, & Liu, 2015）。Prashad（2003）提出，文化会聚主义信念的持有者看待文化间的关系遵循三个原则：其一，文化不是空间隔绝的，而是交流互鉴的；其二，文化绝非固定静止的，而是应时而变的；其三，文化、政治、经济三者相互影响。已有研究证实，文化会聚主义的信念聚焦不同文化群体间的关系、联结、互动，弱化内外群体界限，其现实意义体现在改善跨文化群际关系，促进跨文化群际信任与合作等方面（邹智敏、江叶诗，2015）。已有研究揭示，群际文化价值取向与帮助行为存在因果关系。例如，吴莹（2013）通过研究发现，相较于持族群中心主义信念的汉族人，持文化会聚主义信念的汉族人更重视回族文化的传承。另一项研究发现，持文化会聚主义信念的菲律宾人和美国人对外来者和移民的态度都更积极（Bernardo, Rosenthal, & Levy, 2013）。

疾病威胁与文化信念是否会交互影响跨文化群际援助动机呢？综合前述分析，可推断：疾病威胁情境下受到抑制的跨文化群际援助动机，在文化会聚主义信念的启动下可能在一定程度上得到释放。据此，本研究提出假设2：在疾病威胁情境下，文化会聚主义信念仍可能增强被试的跨文化群际援助意愿。

不同疾病类型可能启动不同的威胁感知，例如，心脏病可能启动死亡威胁但不会启动传染威胁的感知，诸如病毒可能启动传染威胁但不会启动死亡威胁的感知，在本研究实施期间，新冠病毒则可能同时启动人们对死亡威胁与传染威胁的感知。那么，文化会聚主义信念是否与不同类别的疾病威胁（传染威胁与死亡威胁）用同样的方式交互影响群际援助呢？

综合前述文献分析与疫情期间对种种社会现象的观察，本研究推断：在死亡威胁背景下，文化会聚主义信念可能会弱化人们对群际边界的感知，将死亡恐惧唤起的社会联结动机所指向的对象从内群体成员拓展到外群体成员，从而仍可能增强人们援助外群体的意愿；在传染威胁情境中，文化会聚主义信念即使弱化了人们对群际边界的感知，却并未改变外群体成员可能携带传染性病毒的事实，因此，在传染威胁情境下，文化会聚主义信念对跨文化群际援助意愿的促进效应可能会基于行为免疫启动的社会疏远动机而受到抑制。据此，本研究提出假设3：在疾病启动传染威胁的情境下，相较于疾病启动死亡威胁的情境，文化会聚主义信念对跨文化群际援助意愿的促进效应更可能受到抑制。

既有研究进一步揭示了文化会聚主义促进群际关系的边界条件。例如，若两国曾发生战争（Rosenthal & Levy, 2010）或有过被殖民的屈辱历史（Bernardo, 2019），人们对外群体的历史记忆中更可能包含消极刻板印象，文化会聚主义信念不再能有效促进群际关系，甚至可能导致群际关系恶化；在疾病威胁情境下将更是如此。基于观察可知，大多群际冲突事件的诱因常来源于群际威胁，当群际威胁极度强烈，文化会聚主义信念对群际关系的促进效应很可能受到抑制。据此，本研究提出假设4。

假设4-a：若群体间有负面交流的历史记忆，文化会聚主义信念弱化疾病威胁进而促进群际援助的效应可能受到抑制。假设4-b：面对极高水平的疾病威胁，文化会聚主义信念对群际援助的促进作用也可能受到抑制。

三　研究设计

通过控制实验法开展研究。实验 1 于 2020 年 9 月在线下开展，旨在探究凸显疾病威胁的情境下文化信念对群际援助意愿的影响，即检验研究假设 1~3。根据世界卫生组织（WHO）和中国疾病预防控制中心（CDC）官网的数据，按照当时的典型症状、患病人群年龄、职业分布广泛程度筛选得到包含新冠在内的 3 种疾病：高致死传染病（新冠病毒感染，下文简称新冠）、低致死传染病（诺如病毒感染，下文简称诺如）、高致死非传染病（心脏病）。首先，被试被随机分为三组，分别接受新冠、诺如、心脏病三类疾病威胁之一类刺激，再报告其向外群体捐款和提供面对面志愿服务的意愿。随后，各组被试再被随机分为两组，分别启动文化会聚主义或文化本质主义信念，再次测量被试向外群体捐款和参加面对面志愿服务的意愿。其中，文化会聚主义启动材料和实验中的援助对象都设定为广义的外群体成员。

实验 2 于 2021 年 5 月在线上实验平台开展，预期基于实验 1 的发现，在更具体的情境中进一步讨论文化会聚主义的作用，以检验假设 1~4。首先，根据文化会聚主义量表得分将被试分至高文化会聚主义组和低文化会聚主义的对照组，高文化会聚主义组进一步接受文化会聚主义信念的启动。文化会聚主义组和对照组的被试在组内被随机分为三组，分别接受三类疾病威胁之一的刺激，再报告向三个外群体捐款和参加面对面志愿服务的意愿。我们对实验 2 中的实验材料进行了改进，文化会聚主义材料和实验援助对象所关涉外群体都呈现了具体而真实的身份信息。

四　实验 1：疾病威胁与文化信念的交互作用

（一）被试

根据 G * power 计算结果，中等效应量（$F = 0.25$）要达到 0.8 的统计效力，每个条件至少需要 26.3 人，共 158 人。[①] 本实验被试由 190 名四川大学本科生组成，被试国籍都是中国。4 名被试由于设备出故障未能完成

---

① 注：此处计算将实验视为 2 × 3 的双因素设计。经过专家提醒，在实验 2 的计算中采用更为严谨的做法，将实验视为两个 2 × 2 的双因素设计。

全部实验，最终获得有效被试 186 名。其中，男性 29 人，女性 157 人，被试平均年龄为 18.15 岁（$SD = 0.614$）。被试被随机分配到 6 个组。实验选在四川大学江安校区的教室进行。

（二）实验程序与实验材料

实验正式开始前，告知全体被试需要完成两项独立的研究（Cho, Morris, Slepian, & Tadmor, 2017）。被试在被告知的"第一项研究"中，被随机分为 3 组（A 高致死传染病、B 低致死传染病、C 高致死非传染病）。

疾病信息威胁感知操纵

操纵疾病威胁的常用方法之一是给被试呈现有关疾病的图片（Duncan, 2004）。路红等（2019）进一步指出：相较于单一提供疾病名称操纵威胁情境，呈现传染人数和死亡人数的方式可能具有更好的效果。本实验将向被试呈现图文结合形式的阅读材料，包含疾病图片与传染人数、死亡人数等重要线索。

在实验 1 中，选定了 3 类疾病启动传染威胁与致死威胁：高传染高致死（新冠）、高传染低致死（诺如）、非传染高致死（心脏病）。三组疾病威胁启动的材料都经过专业设计，呈现为专业医学期刊最新发表的文章，文中图片展示疾病传染或导致死亡的线索，文字部分由三段相似段落组成，例如：《柳叶刀》7 月刊发了一篇题为……的论文。论文的第一作者，麻省理工学院教授 Per Ashorn 率领研究团队分析了来自 84 个国家的 COVID - 19 测试数据，数据表明：……

操纵效果检验分析了被试报告感受的传染威胁和死亡威胁水平（1 = 非常低，7 = 非常高）。其中，新冠组被试报告的传染威胁（$M = 6.25$）与诺如组的传染威胁（$M = 6.28$）不存在显著差异，$F(1, 128) = 0.052$，$p = 0.820$；新冠组对死亡威胁的感知（$M = 5.87$）与诺如组（$M = 1.71$）存在显著差异，$F(1, 128) = 861.947$，$p < 0.001$；心脏病组对传染威胁的感知（$M = 1.41$）显著低于新冠组，$F(1, 115) = 1173.971$，$p < 0.001$，而心脏病组对死亡威胁的感知（$M = 5.95$）则与新冠组不存在明显差异，$F(1, 115) = 0.484$，$p = 0.488$。可知，实验成功操纵了被试的疾病威胁感知。

积极情绪 - 消极情绪量表（PANAS）

由于死亡提醒的影响存在延迟效应，被试在完成相应的实验操纵任务后需完成分心任务（Pyszczynski, Greenberg, & Solomon, 1999）。本实验要求被试填写一份 PANAS，由 9 个测量积极情绪的形容词和 9 个测量消极情绪的形容词组成（邱林、郑雪、王雁飞，2008），以确保死亡提醒效应得以释放，同时也可以帮助观察被试情绪对实验结果的影响。

对外援助行为（前测）

金钱捐赠和志愿服务是实验室测量群际援助的两种形式（Zhou et al.，2012；常保瑞、谢天，2019；范小月等，2022）。实验中告知被试有两个不同的慈善机构："慈济堂"和"HFL（Help For Love）"，前者服务中国人，后者服务外国人。被试需报告：如果只有 99 元用于捐款，14 小时用于志愿服务，他们愿意分配给 HFL（本实验设定的外群体）的捐助金额和志愿服务时间。

"第一项研究"结束后休息 1 分钟，再开始"第二项研究"。三类疾病威胁刺激下的 3 组被试再分别被随机分配到两类文化信念启动组，形成共 6 组被试。依次为新冠 - 文化会聚主义（A1 组）、新冠 - 文化本质主义（A2 组）、诺如 - 文化会聚主义（B1 组）、诺如 - 文化本质主义（B2 组）、心脏病 - 文化会聚主义（C1 组）、心脏病 - 文化本质主义（C2 组）。

文化信念操纵

实验室启动文化信念的一般做法是让被试完成阅读任务（Cho et al.，2017）。实验 1 给被试阅读一段特别编制的材料，设计为新近"发表于《文化研究》的科学新闻"。其中，在文化会聚主义条件下被试的阅读材料强调："联系与融合是文化演变的必然特质，没有哪一种文化是属于特定人种或群体的'纯文化'"；而文化本质主义条件下被试的阅读材料则强调："不同的本源与内核是文化差异的必然原因，外来人种或群体总是导致本土文化的'异化'或纯洁性的破坏。"此外，材料都配有图片以强化理解。完成阅读后被试需写下"文章"的大意，并完成基于"文章"内容设计的正误判断题，通过这一任务强化实验启动效应并同时收集用于操纵性检验的数据。根据卡方一致性检验，实验成功启动了被试的文化信念（$Kappa = 0.978$，$p < 0.001$）。

对外援助行为（后测）

同前测，告知被试有两个慈善机构：面向中国人的"仁募基金会"与面向外国人的"HHH"（Healthy Helpful Happy）。被试需报告向这两个慈善机构进行捐款或提供志愿服务的意愿。

（三）数据分析

1. 积极情绪 - 消极情绪量表（PANAS）

单因素方差分析结果显示：三种疾病类型刺激下被试的积极情绪差异

不显著，$M_{新冠} = 2.270$，$SD_{新冠} = 0.963$，$M_{诺如} = 2.264$，$SD_{诺如} = 1.045$，$M_{心脏病} = 2.201$，$SD_{心脏病} = 1.323$，$F(2, 183) = 0.058$，$p = 0.944$，$\eta_p^2 = 0.001$；而三种疾病类型刺激下被试的消极情绪差异显著，$M_{新冠} = 2.656$，$SD_{新冠} = 1.167$，$M_{诺如} = 1.826$，$SD_{诺如} = 0.873$，$M_{心脏病} = 2.268$，$SD_{心脏病} = 1.244$，$F(2, 183) = 9.378$，$p < 0.001$，$\eta_p^2 = 0.093$。既有研究已证实威胁情境常伴随厌恶等消极情绪的启动（Curtis，Aunger，& Rabie，2004），上述结果佐证了本实验疾病威胁启动有效。

相关分析结果显示，消极情绪与被试分配给外群体的捐赠金额（$p = 0.127$，$r = -0.112$）、志愿时长（$p = 0.918$，$r = -0.008$）相关性均不显著；可知本实验结果将不受疾病线索启动的消极情绪干扰。

2. 疾病威胁抑制群际援助意愿

新冠和心脏病分别作为启动高传染和非传染威胁的两类疾病，单因素方差分析结果显示：两类疾病威胁情境下被试向外群体捐款的金额差异达边缘显著，$M_{新冠} = 32.57$，$M_{心脏病} = 38.82$，$F(1, 115) = 3.655$，$p = 0.058$，$\eta_p^2 = 0.031$；两组被试向外群体提供志愿服务时长的差异也达边缘显著，$M_{新冠} = 3.89$，$M_{心脏病} = 4.77$，$F(1, 115) = 3.812$，$p = 0.053$，$\eta_p^2 = 0.032$。

新冠和诺如分别作为启动高、低致死威胁的两类疾病，单因素方差分析结果显示：两类疾病威胁情境下被试向外群体捐款的金额差异不显著，$M_{新冠} = 32.57$，$M_{诺如} = 35.51$，$F(1, 127) = 0.912$，$p = 0.342$，$\eta_p^2 = 0.007$；志愿服务意愿时长差异也不显著，$M_{新冠} = 3.89$，$M_{诺如} = 4.62$，$F(1, 127) = 2.881$，$p = 0.092$，$\eta_p^2 = 0.022$。

上述发现与假设1一致，在三种疾病威胁情境下，新冠组两种形式的群际援助意愿水平都最低，可见，新冠病毒同时启动了传染威胁与致死威胁感知，在双重现实威胁情境下，人们向外群体援助的动机受到了抑制。

3. 文化信念与疾病传染威胁交互影响群际援助意愿

新冠和心脏病分别作为启动高传染威胁、非传染威胁的两类疾病情境，文化信念的启动分为文化会聚主义信念组与文化本质主义信念组，多因素方差分析结果显示如下。

（1）疾病传染威胁与文化信念对被试向外群体捐款的意愿存在边缘显著的交互效应，$F(1, 113) = 3.710$，$p = 0.057$，$\eta_p^2 = 0.032$；疾病的主效应不显著，$F(1, 113) = 0.105$，$p = 0.902$，$\eta_p^2 < 0.001$；文化信念的主效应显著，$F(1, 113) = 36.062$，$p < 0.001$，$\eta_p^2 = 0.242$。在新冠启动的高

传染威胁情境下，文化会聚主义组的被试对外群体捐款的意愿显著高于文化本质主义组，F（1，113）= 32.763，$p < 0.001$。

（2）疾病传染威胁与文化信念对被试向外群体提供志愿服务的意愿交互效应达边缘显著，F（1，113）= 3.810，$p = 0.053$，$\eta_p^2 = 0.033$；疾病类型的主效应不显著，F（1，113）= 2.602，$p = 0.110$，$\eta_p^2 = 0.023$；文化信念的主效应显著，F（1，113）= 17.617，$p < 0.001$，$\eta_p^2 = 0.135$。在新冠启动的高传染威胁情境下，文化会聚主义组的被试对外群体提供志愿服务的意愿显著高于文化本质主义组，F（1，113）= 19.695，$p < 0.001$。

上述分析结果支持假设2：在新冠启动的传染威胁情境下，文化会聚主义组的被试对外援助意愿显著高于文化本质主义组。

4. 文化信念与疾病致死威胁交互影响群际援助意愿

新冠和诺如分别作为启动高致死威胁、低致死威胁的两类疾病情境，文化信念的启动分为文化会聚主义信念组与文化本质主义信念组，多因素方差分析结果显示：致死威胁与文化信念对捐款意愿存在边缘显著的交互效应，F（1，125）= 3.847，$p = 0.052$，$\eta_p^2 = 0.030$。简单效应分析显示，在新冠启动的高致死威胁情境下，文化会聚主义组的被试（$M = 51.94$）比文化本质主义组（$M = 25.50$）更乐于向外群体捐款，F（1，125）= 33.793，$p < 0.001$；此外，在诺如启动的高传染低致死威胁组也同样发现了相较于文化本质主义，文化会聚主义信念更可能增强被试向外群体捐款的意愿，$M_{文化会聚主义} = 39.20$，$M_{文化本质主义} = 24.29$，F（1，125）= 15.776，$p = 0.001$。上述分析结果支持了假设2。

更进一步比较同样启动传染威胁的新冠组和诺如组，在文化会聚主义信念条件下，新冠高致死威胁组被试的捐款意愿显著高于诺如低致死威胁组，F（1，125）= 8.797，$p = 0.004$。一方面，这一发现为假设3提供了部分佐证，诺如启动了被试单一的传染威胁感知，抑制了文化会聚主义信念对群际互动的积极影响；同时也提示在该实验条件下，新冠同步启动了被试的致死威胁和传染威胁感知，致死威胁可能以某种形式缓冲了传染威胁对被试群际援助动机的抑制。

5. 文化会聚主义促进群际援助意愿

为更清晰观察文化会聚主义的作用机制，我们进一步比较了被试接受文化会聚主义启动前后援助外群体意愿的差异。由单因素重复测量方差分析（见表1）可知：与假设2一致，总体上来看，三类疾病威胁情境下的被试在接受文化会聚主义启动后都更愿意对外群体提供援助。值得注意的是，在高传染低致死威胁的诺如组，被试向外群体提供志愿服务的意愿未受文化会聚主义启动而发生显著变化，$F(1, 34) = 1.417$，$p = 0.242$，这为假设 3 提供了进一步的佐证，揭示相较于死亡威胁情境，在传染威胁情境下，文化会聚主义信念对群际援助动机的促进效应受到了显著的抑制。

表 1　文化会聚主义启动前后被试对外援助意愿的差异检验

因变量	前测 M (SD)	后测 M (SD)	差异检验		
			F	p	η_p^2
捐款					
新冠（高传染高致死）	30.58 (17.972)	51.94 (20.067)	$F(1, 32) = 20.107$	$p < 0.001$	0.386
心脏病（非传染高致死）	40.93 (12.472)	47.25 (12.510)	$F(1, 27) = 8.368$	$p = 0.007$	0.237
诺如（高传染低致死）	32.57 (14.325)	39.20 (16.666)	$F(1, 34) = 9.548$	$p = 0.004$	0.219
志愿服务					
新冠（高传染高致死）	2.85 (2.307)	5.42 (1.480)	$F(1, 32) = 42.190$	$p < 0.001$	0.569
心脏病（非传染高致死）	4.32 (2.212)	5.29 (1.718)	$F(1, 27) = 9.906$	$p = 0.004$	0.268
诺如（高传染低致死）	5.03 (2.176)	5.23 (2.030)	$F(1, 34) = 1.417$	$p = 0.242$	0.040

（四）讨论

实验 1 基本验证了假设 1 ~ 3。分析还发现，当新冠与诺如都同样启动了传染威胁，在文化会聚主义信念条件下，高致死威胁情境下的新冠组被试，向外群体捐款的意愿却显著高于低致死威胁的诺如组，这可能提示：新冠致死威胁与文化会聚主义信念可能以某种形式交互作用，缓冲了新冠传染威胁对被试群际援助动机的抑制，有待进一步分析。

实验 1 在实验设计和操作细节上存在不足。首先，在实验设计上，作为一种心理定势的文化信念，可能会影响被试对实验材料的理解接纳程度，干扰实验中被试的行为决策。其次，实验以身份信息模糊的"外国人"为援助对象，最初目的是减少援助对象个人信息对实验结果的干扰，但根据被试反馈，这种做法有如下弊端：其一，被试会根据材料信息对"外国人"的形象自发地进行想象和补充，例如，被试可能根据材料中的中美元素，在看到"外国人"时自发联想到美国，这反而造成了对实验结果的干扰；其二，"外国人"这一表述具有强化被试"内外群体边界"认知倾向的可能性，从而暴露研究跨文化群际关系的意图。最后，实验 1 的统计检验力虽然达到标准，但略微偏小；被试的男女性别比例偏差较大，有待进一步改善。

五　实验 2：疾病威胁与文化会聚主义的交互作用

（一）被试与平台

根据 G * power 计算结果，对于中等效应量（$F = 0.25$），要达到 0.95 的统计效力，每个条件至少需要 52.5 人。正式实验中，通过网络实验平台 Credamo 招募被试 396 人，每组 60 人左右，剔除 2 名未通过操纵性检验的被试，共得到有效被试 394 名，其中最小年龄 18 岁，最大年龄 56 岁（$M = 28.91$，$SD = 6.213$），男性 173 名，女性 221 名。在学历上，初中 1 人、高中 14 人、专科 44 人、本科 298 人、硕士 33 人、博士 4 人。

（二）实验程序

实验 2 正式开始前在 Credamo 上开展了预实验，以检验实验材料的有效性和实验流程的可行性。预实验共招募被试 60 名，最小年龄 20 岁，最大年龄 49 岁（$M = 29.47$，$SD = 6.342$），男性 23 名，女性 37 名。为避免被试受既有文化信念的干扰，被试需先完成中文版的文化会聚主义量表（Rosenthal & Levy，2012；邹智敏、江叶诗，2015）。在预实验中该量表的内部一致性系数为 0.847；研究基于文献（聂春燕，2018）将文化会聚主义量表得分小于 4 分的被试分入对照组，得分大于 5 分的被试分入文化会聚主义组；发现在实际操作中可行性较低，数据回收量偏低，正式实验中将分组标准调整为 5 分。

预实验结果显示实验步骤流畅可行，启动文化信念与疾病威胁的实验材料有效。

文化会聚主义的测量与操纵

被试根据得分被分为两组，其中，文化会聚主义组的得分（$M = 6.022$，$SD = 0.430$）高于对照组（$M = 4.32$，$SD = 0.845$），$F(1，392) = 678.628$，$p < 0.001$，$\eta_p^2 = 0.253$。量表的内部一致性系数为 0.891。随后，对照组阅读材料的标题为"大气奇景"，文化会聚主义组阅读材料的标题为"文化交融促繁荣"，作为对文化会聚主义信念的启动。

与实验 1 不同，"文化交融促繁荣"的阅读材料有针对性地用三段话介绍中国和奥地利、日本、印度三国的文化交往历史。选择这三种文化背景作为实验情境基于两方面的考量，一是所选三个国家与中国的跨文化交往历史差异很明显且较有代表性；二是开展实验 2 时，这三个国家国内疫情都尚未得到有效控制，实验情境设置能唤起被试的真实的疾病威胁感知。具体来看，奥地利和中国文化的交流十分密切；当实验2进行时，奥地利新冠感染人数和死亡人数仍在上升，奥地利作为外群体身份依旧具有一定的传染威胁和死亡威胁。日本和中国在历史上也有着密切的跨文化交往互动，这一点能满足启动文化会聚主义的基本条件；但实验2的被试来自中国，在回顾中日历史互动交流时，可能更容易想到日本侵华的屈辱历史，这种负面群际互动线索可能抑制文化会聚主义对中日群际关系的促进作用。印度同样与中国有着跨文化交融会聚的历史；在实验2开展时，印度正是全球新冠疫情威胁最高的国家，相较奥地利、日本，人们在面对来自印度的外群体成员时，会面临更强烈的传染威胁和死亡威胁，文化会聚主义促进群际关系的效应也更可能受到抑制。

疾病信息威胁感知操纵与援助意愿的测量

完成阅读任务之后，将被试随机分配到3组，观看新冠、诺如、心脏病三类疾病威胁之一的启动材料。实验2中疾病威胁的启动材料与实验1有所不同，其为特别设计的公益海报，配图提示了疾病的传染或致死威胁，文字部分则提示了该疾病的传染威胁或死亡率。实验2启动疾病威胁与测量援助外群体的意愿是在同一项任务内，未能插入PANAS测量，故安排被试休息1分钟以代替分心任务释放致死威胁的心理效应。随后，各组被试需回答6个问题，前三个问题测量捐款意愿，如"假如给你99元，你愿意取出多少捐给患有疾病的奥地利（或日本、印度）患者？"后三个问题测量志愿服务的意愿，如"请想象一下，有一专业可靠的机构招募志愿者，经过专业医疗培训后，志愿者将在防护得当的情况下照料患有疾病的奥地利（或日本、印度）患者，你是否愿意参加？"（1 = 非常不愿意，7 = 非常愿意）。

最后，同实验1，被试评估其感受到的传染和致死威胁水平。操纵检验分析结果显示，新冠组和诺如组被试报告感受的传染威胁不存在显著差异，$F(1, 264) = 0.730$，$p = 0.394$，$M_{新冠} = 6.5$，$M_{诺如} = 6.13$，$\eta_p^2 = 0.003$，但两组被试报告的致死威胁存在显著差异，$F(1, 264) = 1000.385$，$p < 0.001$，$M_{新冠} = 5.94$，$M_{诺如} = 2.11$，$\eta_p^2 = 0.791$；新冠组和心脏病组被试报告的传染威胁存在显著差异，$F(1, 259) = 817.946$，$p < 0.001$，$M_{新冠} = 6.05$，$M_{心脏病} = 2.18$，$\eta_p^2 = 0.760$，报告的致死威胁并不存在显著差异，$F(1, 259) = 3.542$，$p = 0.742$，$M_{新冠} = 5.94$，$M_{诺如} = 5.73$，$\eta_p^2 = 0.013$。可知实验成功操纵了被试的两类疾病威胁感知。

（三）数据分析

1. 文化会聚主义与疾病传染威胁交互影响群际援助意愿

新冠和心脏病分别作为启动高传染威胁、非传染威胁的两类疾病情境，文化信念分为高、低水平的文化会聚主义组与对照组（筛选文化会聚主义量表得分高于5分的被试组成文化会聚主义组，叠加文化会聚主义信念启动材料的阅读任务；文化会聚主义量表得分低于5分的被试进入对照组，阅读材料为中性刺激），多因素方差分析结果显示如下。

（1）文化会聚主义信念和疾病传染威胁对被试向奥地利、日本和印度的患者捐款意愿的交互效应均不显著（$p_{奥地利} = 0.228$，$p_{日本} = 0.301$，$p_{印度} = 0.260$），将被试愿意向三个国家的患者捐款金额之和作为因变量，所得结果一致（$p = 0.210$）。

（2）与假设3一致，当援助形式为照顾外群体患者的志愿服务时，文化会聚主义信念与疾病传染威胁会交互影响被试向三个国家提供群际援助的意愿。具体来说：文化会聚主义和传染威胁交互影响援助奥地利患者的意愿，$F(1, 257) = 14.385$，$p < 0.001$，$\eta_p^2 = 0.053$，文化会聚主义的主效应显著，$F(1, 257) = 174.920$，$p < 0.001$，$\eta_p^2 = 0.405$，传染威胁的主效应显著，$F(1, 257) = 36.622$，$p < 0.001$，$\eta_p^2 = 0.125$；文化会聚主义信念和传染威胁交互影响援助日本患者的意愿，$F(1, 257) = 12.682$，$p < 0.001$，$\eta_p^2 = 0.047$，文化会聚主义的主效应显著，$F(1, 257) = 83.350$，$p < 0.001$，$\eta_p^2 = 0.245$，传染威胁的主效应显著，$F(1, 257) = 20.265$，$p < 0.001$，$\eta_p^2 = 0.073$；文化会聚主义和传染威胁交互影响援助印度患者的意愿，$F(1, 257) = 20.201$，$p < 0.001$，$\eta_p^2 = 0.047$，文化会聚主义的主效应显著，$F(1, 257) = 109.935$，$p < 0.001$，$\eta_p^2 = 0.300$，传染威胁的主效应显著，$F(1, 257) = 30.155$，$p < 0.001$，$\eta_p^2 = 0.105$。

对上述交互效应进行简单效应分析，结果支持假设1：对低文化会聚主义的对照组而言，相较非传染威胁的心脏病患者，被试对感染新冠的外国患者提供志愿服务的意愿更低，$F(1, 257)_{奥地利} = 43.613$，$p_{奥地利} < 0.001$，$F(1, 257)_{日本} = 29.257$，$p_{日本} < 0.001$，$F(1, 257)_{印度} = 44.877$，$p_{印度} < 0.001$。

与假设2一致，在高传染性的新冠组内，高文化会聚主义组的被试参与志愿服务的意愿远高于低文化会聚主义的对照组；这一效应同样存在于高致死威胁的心脏病组。进一步证实了文化会聚主义信念在疾病威胁情境下对跨文化群际援助意愿的促进作用（见表2）。

表2 新冠组和心脏病组被试对外志愿服务援助意愿的差异检验

因变量	文化会聚主义组 M（SE）	对照组 M（SE）	差异检验	
			F	p
奥地利患者：志愿服务				
新冠（高传染高致死）	5.757（0.112）	3.712（0.126）	$F_{(1, 257)} = 137.269$	$p < 0.001$
心脏病（非传染高致死）	6.028（0.114）	4.895（0.128）	$F_{(1, 257)} = 43.670$	$p < 0.001$
日本患者：志愿服务				
新冠（高传染高致死）	4.676（0.618）	2.390（0.188）	$F_{(1, 257)} = 82.070$	$p < 0.001$
心脏病（非传染高致死）	4.845（0.172）	3.842（0.191）	$F_{(1, 257)} = 15.218$	$p < 0.001$
印度患者：志愿服务				
新冠（高传染高致死）	4.784（0.163）	2.169（0.182）	$F_{(1, 257)} = 114.341$	$p < 0.001$
心脏病（非传染高致死）	4.958（0.166）	3.912（0.186）	$F_{(1, 257)} = 17.612,$	$p < 0.001$

此外，如果不考虑三个国家与中国交往历史方面的背景差异，将被试向三个外群体援助意愿之和作为因变量进行分析，文化会聚主义和传染威胁交互效应不显著（$p = 0.210$），提示需要进一步考察包含跨文化交流历史等因素的影响。

2. 文化会聚主义与疾病致死威胁交互影响群际援助意愿

新冠和诺如分别作为启动高传染威胁、低致死威胁的两类疾病情境，文化信念分为文化会聚主义组与对照组（设计同前），多因素方差分析结果显示如下。

（1）当群际援助形式为捐款时，文化会聚主义与致死威胁会交互影响被试愿意向三个国家外群体患者捐款的金额。具体来说：文化会聚主义和死亡威胁对被试给奥地利患者捐款意愿存在显著的交互效应，$F_{(1, 262)} = 5.772$，$p = 0.017$，$\eta^2 = 0.022$，文化会聚主义的主效应显著，$F_{(1, 262)} = 90.659$，$p < 0.001$，$\eta_p^2 = 0.257$，致死威胁的主效应显著，$F_{(1, 262)} = 8.635$，$p = 0.004$，$\eta_p^2 = 0.032$；文化会聚主义和致死威胁对被试给日本患者捐款的意愿存在显著的交互效应，$F_{(1, 262)} = 6.008$，$p = 0.015$，$\eta_p^2 = 0.022$，文化会聚主义的主效应显著，$F_{(1, 262)} = 55.416$，$p < 0.001$，$\eta_p^2 = 0.175$，致死威胁的主效应显著，$F_{(1, 262)} = 5.792$，$p = 0.017$，$\eta_p^2 = 0.022$；文化会聚主义和致死威胁对被试给印度患者捐款意愿存在显著的交互效应，$F_{(1, 262)} = 5.656$，$p = 0.018$，$\eta_p^2 = 0.021$。文化

会聚主义的主效应显著，F（1，262）$= 52.270$，$p < 0.001$，$\eta_p^2 = 0.166$，致死威胁的主效应不显著（$p = 0.315$）。此外，即便不考虑三个国家与中国交往历史方面的背景差异，文化会聚主义和致死威胁对被试向三个国家外群体患者捐款金额之和也存在交互效应，F（1，262）$= 7.731$，$p = 0.006$，$\eta_p^2 = 0.029$，文化会聚主义的主效应显著，F（1，262）$= 84.990$，$p < 0.001$，$\eta_p^2 = 0.246$，疾病的主效应显著，F（1，262）$= 5.697$，$p = 0.018$，$\eta_p^2 = 0.021$。

对上述 4 种交互效应进行简单效应分析，结果都与假设 1 一致：相较低致死威胁的诺如患者，人们愿意为感染新冠的外国患者捐出的金额更少，$F_{奥地利}$（1，262）$= 12.478$，$p_{奥地利} < 0.001$；$F_{日本}$（1，262）$= 10.321$，$p_{日本} = 0.001$；$F_{印度}$（1，262）$= 5.011$，$p_{印度} = 0.026$；F（1，262）$_{三国总和} = 11.679$，$p_{三国总和} = 0.001$。与假设 2 和假设 3 一致，在高传染高致死威胁的新冠组内，高文化会聚主义组给外群体捐款意愿远高于低文化会聚主义的对照组；这一效应同样存在于高传染低致死威胁的诺如组；进一步证实了文化会聚主义信念在疾病威胁情境下增强跨文化群际援助意愿的积极作用（见表 3）。

表 3　新冠组和诺如组被试对外捐款援助意愿的差异检验

因变量	高文化会聚主义组 M（SE）	对照组 M（SE）	差异检验	
			F	p
奥地利患者：捐款				
新冠（高传染高致死）	69.636（2.567）	37.000（2.874）	F（1，262）$= 71.720$	$p < 0.001$
诺如（高传染低致死）	71.103（2.500）	51.618（2.977）	F（1，262）$= 25.120$	$p < 0.001$
日本患者：捐款				
新冠（高传染高致死）	53.216（2.938）	22.220（3.290）	F（1，262）$= 49.391$	$p < 0.001$
诺如（高传染低致死）	53.077（2.861）	37.436（3.407）	F（1，262）$= 12.357$	$p = 0.001$
印度患者：捐款				
新冠（高传染高致死）	60.203（3.031）	29.153（3.394）	F（1，262）$= 46.567$	$p < 0.001$
诺如（高传染低致死）	55.769（2.952）	40.091（3.515）	F（1，262）$= 11.666$	$p = 0.001$
对三国患者捐款总和				
新冠（高传染高致死）	183.054（7.400）	88.373（8.287）	F（1，262）$= 72.631$	$p < 0.001$
诺如（高传染低致死）	179.949（7.207）	129.145（8.583）	F（1，262）$= 20.547$	$p < 0.001$

（2）当群际援助为面对面照顾外群体患者时，文化会聚主义与致死威

胁会交互影响人们的意愿。具体来说：文化会聚主义和致死威胁对援助奥地利患者的意愿存在交互效应，$F(1, 262) = 11.650$，$p < 0.001$，$\eta_p^2 = 0.043$，文化会聚主义的主效应显著，$F(1, 262) = 121.794$，$p < 0.001$，$\eta_p^2 = 0.317$，致死威胁的主效应不显著（$p = 0.674$）；文化会聚主义和致死威胁对援助日本患者的意愿存在交互效应，$F(1, 262) = 8.254$，$p = 0.004$，$\eta_p^2 = 0.031$，文化会聚主义的主效应显著，$F(1, 262) = 102.320$，$p < 0.001$，$\eta_p^2 = 0.281$，致死威胁的主效应不显著（$p = 0.624$）；文化会聚主义和致死威胁对援助印度患者的意愿存在交互效应，$F(1, 262) = 17.272$，$p < 0.001$，$\eta_p^2 = 0.062$，文化会聚主义的主效应显著，$F(1, 262) = 95.688$，$p < 0.001$，$\eta_p^2 = 0.268$，致死威胁的主效应不显著（$p = 0.069$）。此外，即便不考虑三个国家与中国交往历史方面的背景差异，文化会聚主义和致死威胁对被试帮助外群体患者的意愿之和也存在交互效应，$F(1, 262) = 20.966$，$p < 0.001$，$\eta_p^2 = 0.074$，文化会聚主义的主效应显著，$F(1, 262) = 179.715$，$p < 0.001$，$\eta_p^2 = 0.407$，致死威胁的主效应不显著（$p = 0.208$）。

对上述 4 种交互效应进行简单效应分析，结果与假设 1 一致，在低文化会聚主义的对照组中，相较不具有致死威胁的诺如病毒感染者，人们对感染新冠的外国患者的帮助意愿之和更低，$F(1, 262)_{奥地利} = 6.432$，$p_{奥地利} = 0.012$；$F(1, 262)_{日本} = 4.949$，$p_{日本} = 0.027$；$F(1, 262)_{印度} = 15.635$，$p_{印度} < 0.001$；$F_{三国总和}(1, 262) = 14.930$，$p_{三国总和} < 0.001$。与假设 2 一致，在高传染高致死威胁的新冠组内，高文化会聚主义组的被试帮助三国外群体患者的意愿之和远高于低文化会聚主义的对照组，这一效应同样存在于高传染低致死威胁的诺如组（见表 4）。进一步证实了文化会聚主义信念在疾病威胁情境下增强跨文化群际援助意愿的积极作用。

表 4　新冠组和诺如组被试对外志愿服务援助意愿的差异检验

因变量	高文化会聚主义组 M (SE)	对照组 M (SE)	差异检验	
			F	p
奥地利患者：志愿服务				
新冠（高传染高致死）	5.757 (0.133)	3.712 (0.149)	$F(1, 262) = 105.316$	$p < 0.001$
诺如（高传染低致死）	5.333 (0.129)	4.255 (0.154)	$F(1, 262) = 28.800$	$p < 0.001$
日本患者：志愿服务				
新冠（高传染高致死）	4.676 (0.165)	2.390 (0.185)	$F(1, 262) = 85.096$	$p < 0.001$
诺如（高传染低致死）	4.256 (0.161)	2.982 (0.191)	$F(1, 262) = 25.997$	$p < 0.001$

续表

因变量	高文化会聚主义组 M（SE）	对照组 M（SE）	差异检验	
			F	p
印度患者：志愿服务				
新冠（高传染高致死）	4.784（0.176）	2.169（0.197）	$F (1, 262) = 97.995$	$p < 0.001$
诺如（高传染低致死）	4.346（0.171）	3.291（0.204）	$F (1, 262) = 15.688$	$p < 0.001$
对三国患者志愿总和				
新冠（高传染高致死）	15.216（0.362）	8.271（0.406）	$F (1, 262) = 163.157$	$p < 0.001$
诺如（高传染低致死）	13.936（0.353）	10.527（0.420）	$F (1, 262) = 38.618$	$p < 0.001$

3. 文化会聚主义促进群际援助意愿的边界条件

对三类疾病威胁情境下高文化会聚主义水平被试的数据进行重复测量方差分析，发现在三类疾病情境中，高文化会聚主义组的被试向不同国家患者的对外援助（捐款、志愿服务）均存在显著差异（$p < 0.001$）。与假设 4-a 和假设 4-b 基本一致，人们更愿意帮助奥地利患者，印度患者次之，帮助日本患者的意愿最弱（见表 5）。

表 5　新冠组、心脏病组和诺如组被试对外志愿服务援助意愿的差异检验

因变量	奥地利患者 M（SE）	印度患者 M（SE）	日本患者 M（SE）	差异检验		
				F	p	η_p^2
捐款						
新冠（高传染高致死）	69.64（23.543）	60.20（27.489）	53.22（31.740）	$F (2, 146) = 19.471$	$p < 0.001$	0.211
心脏病（非传染高致死）	62.96（25.094）	51.89（27.218）	48.591（27.079）	$F (2, 140) = 17.900$	$p < 0.001$	0.204
诺如（高传染低致死）	71.10（22.193）	55.77（28.142）	53.08（26.769）	$F (2, 154) = 24.471$	$p < 0.001$	0.241
志愿服务						
新冠（高传染高致死）	5.76（0.699）	4.78（1.436）	4.68（1.453）	$F (2, 146) = 24.110$	$p < 0.001$	0.248
心脏病（非传染高致死）	6.03（0.696）	4.96（1.224）	4.85（1.527）	$F (2, 140) = 27.860$	$p < 0.001$	0.285
诺如（高传染低致死）	5.33（1.192）	4.35（1.602）	4.26（1.591）	$F (2, 154) = 22.150$	$p < 0.001$	0.223

（四）讨论

实验 2 在更具体的实验情境中发现，当群际援助形式不同，文化会聚主义和传染威胁的交互作用存在差异：在疾病启动传染威胁的条件下，文化会聚主义信念仍可能促进被试以不直接与人接触的形式（如捐款）向外群体成员施以援手，但无法增强人们参与面对面为外群体成员提供志愿服务的动机。本研究基于实验 1、实验 2 进一步讨论了文化会聚主义促进群际关系效应的边界条件，通过比较不同的实验条件下被试援助日本、奥地利和印度意愿水平发现：当文化群体间曾发生过冲突乃至战争，文化会聚主义虽能在一定程度上促进跨文化群际援助意愿，但这一积极的效应可能受到抑制；当传染威胁和死亡威胁极度凸显时，文化会聚主义对群际关系的促进也可能受到抑制。

六　总讨论

本研究通过 2 项控制实验考察了群际威胁和文化信念对群际援助的影响机制，得到以下发现与启示。

（一）疾病传染与死亡威胁对群际援助意愿的影响

首先，基于行为免疫系统理论与恐惧管理理论，在疾病启动的传染威胁和死亡威胁情境下检验了两类群际威胁对群际互动的影响。实验 1 结果显示，疾病传染威胁会抑制被试援助外群体的意愿；在实验 2 中进一步改进实验设计，发现相较于死亡威胁，传染威胁更有可能抑制被试对外群体患者提供志愿服务的意愿。这验证了假设 1：新冠（于本研究开展期间）同步启动了被试的传染和死亡双重疾病威胁感知，因而新冠启动的疾病威胁情境显著抑制了人们同情地理解外群体及援助外群体的意愿。

其次，跨文化群际关系的既有研究较少关涉传染威胁和死亡威胁并存的情形，较为缺少对行为免疫系统理论和恐惧管理理论两种机制的系统比较，例如，有研究虽然发现新冠疫情下人们更愿意捐赠而非参加志愿服务，但未能对原因做进一步深入探讨（范小月等，2022）；本研究从行为免疫系统理论的角度，补充阐明这一差异很可能是由传染威胁启动的行为免疫机制造成的。在实验 1 中，可能由于被试面对的"援助对象"身份信息是模糊的"外国人"，这一效应仍处于边缘显著；而在实验 2 中，被试面对的援助对象都是来自真实而具体背景下的患者，这一效应则更加凸显：

在低文化会聚主义的对照组内，被试愿意为外国心脏病患者（非传染高致死威胁）提供志愿服务；受传染威胁启动的行为免疫机制影响，这些被试却不愿为感染新冠（高传染高致死威胁）的外国患者提供志愿服务。

与假设3一致，本研究发现：相较于疾病死亡威胁情境，在疾病传染威胁情境下，文化会聚主义信念对跨文化群际援助意愿的促进效应更可能受到抑制。当群际援助的形式需被试与外群体患者面对面接触时，文化会聚主义信念和疾病传染威胁对群际援助意愿的影响可能会彼此制约：文化会聚主义信念可能鼓励人们克服群际威胁的消极影响援助外群体，但行为免疫机制又可能使文化会聚主义的积极效应受到抑制。具体而言，在传染威胁情境中，文化会聚主义信念即使可能弱化人们对群际边界的感知，却并未改变外群体成员可能携带传染性病毒的事实，因此，即使文化会聚主义信念可能在一定程度上抵消疾病传染威胁对群际援助意愿的抑制效应，但群际援助的具体形式仍会受制于传染威胁启动的"社会疏远"防御机制，表现为仅限于愿意以金钱捐赠的形式帮助外群体。

本研究发现进一步提示：疾病启动的死亡威胁与文化会聚主义信念在促进被试的跨文化群际援助意愿方面很可能具有联合增强的效用。谨慎地推演可能存在如下过程：疾病启动的死亡威胁增强了人们与他人之间的社会联结动机，文化会聚主义信念更进一步鼓励人们跨越内外群际边界，不仅关心内群体成员，也向困境中的外群体成员施以同情与援手。实验1的一项发现在一定程度上佐证了这一观察：新冠与诺如同为具有高传染威胁的疾病类型，在文化会聚主义信念启动条件下，兼具高传染高致死双重威胁情境下的新冠组被试，向外群体捐款的意愿却显著高于高传染低致死单一威胁情境下的诺如组。这一重要的交互机制复杂而微妙，有待基于实验进行系统的检验与证实。

（二）文化会聚主义的积极效应及其边界

实验1比较了文化会聚主义和文化本质主义两种相对立的文化信念对疾病启动的传染与死亡威胁情境下的跨文化群际援助意愿所产生的影响。结果显示，文化会聚主义信念展示了积极的力量，可能会弱化传染与死亡两类疾病威胁下的群际敌意并促进人们的跨文化群际援助意愿；而文化本质主义则可能与行为免疫防御机制对群际关系的方向一致，抑制跨文化群际援助意愿。实验2聚焦文化会聚主义信念与疾病威胁对跨文化群际援助意愿的交互作用机制，发现文化会聚主义信念可能会促进疾病威胁情境下人们的跨文化群际援助意愿。这与假设2一致，即文化会聚主义信念持有者不认为文化族群存在不可逾越的边界，而是更重视不同文化差异的动态协调。这种关系取向的跨文化观念在疾病威胁情境下仍展现出了联结"文化他者"的积极力量。

实验 2 进一步检验了假设 4，考察文化会聚主义信念在疾病威胁情境下促进跨文化群际关系的边界条件。当历史上曾经发生过负面的群际互动，形成了对特定群体的消极刻板印象与历史记忆，文化会聚主义信念对疾病威胁情境下群际援助的促进作用会受到抑制；同样，当面对极度强烈的传染威胁和死亡威胁时，文化会聚主义信念对跨文化群际援助的促进作用也会受到抑制。

（三）研究不足

第一，本研究基于行为免疫系统理论和恐惧管理理论比较传染威胁和死亡威胁的效应，但在新冠这样同时启动传染威胁和死亡威胁的双重威胁情境中，这两种防御机制是否可能交互影响？本研究发现提示，新冠死亡威胁与文化会聚主义信念可能以某种形式交互作用，缓冲了新冠传染威胁对被试群际援助动机的抑制。这一重要且复杂的交互机制有待基于实验进一步检验；本研究受当前研究资源所限，未能对此进行更系统的考察，后续研究可进一步探索。

第二，群际威胁感知和群际援助意愿实际受诸多因素的作用，如集体主义文化背景下的被试对外群体的援助意愿可能受到内群体文化价值观的潜在影响（Tse et al.，2022）。后续研究可继续优化实验情境的创设，或结合田野实验、大数据技术乃至田野观察等多种方法，进入更真实的生活场景、采用更长期的观察与测量时间框架，进一步探索这类重要群际关系与互动的深层心理与行为机制。

七　结论

（1）疾病启动的传染威胁与死亡威胁感知可能抑制被试跨文化群际援助的动机。

（2）文化会聚主义的信念可能弱化疾病威胁对跨文化群际关系的消极影响，增强被试援助外群体的意愿。

（3）文化会聚主义的信念与疾病传染威胁对跨文化群际援助意愿的影响机制可能互相制约。在当援助形式为志愿服务时，文化会聚主义信念对群际援助的促进效应会受到行为免疫机制下"社会疏远"防御机制的抑制，从而削弱人们的群际援助意愿。

（4）当疾病威胁水平极高或群体之间有过冲突乃至战争，文化会聚主义信念对跨文化群际援助的促进效应会受到抑制。

参考文献

常保瑞、谢天，2019，《个人怀旧对群际亲社会行为的影响：基本心理需要满足的中介作用》，载杨宜音主编《中国社会心理学评论》第 17 辑，第 34～55 页。

陈侠，2009，《不同群体中国人在多元文化情境中的社会认知》，博士学位论文，北京大学。

范小月、孙配贞、王娟、张洪，2022，《疫情下的亲社会行为：死亡意识对捐款和志愿服务意愿的差异性影响》，《中国临床心理学杂志》第 2 期，第 267～271 页。

李郴、吴奇、杨爽，2015，《人类社会行为的疾病回避功能述评》，《心理学进展》第 10 期，第 593～603 页。

李永，2022，《借瘟疫之名：1900 年旧金山唐人街"鼠疫事件"中的排华风潮》，《世界民族》第 6 期，第 114～124 页。

路红、邓雅丹、郭蕾、张庆鹏，2019，《疾病风险感知对群际亲社会行为的影响：移情的中介作用》，《中国社会心理学评论》第 2 期，第 56～73 页。

玛琳娜·吉布拉泽，2020，《为中国祈福，为武汉打气》，载张纪臣等主编《明月何曾是两乡：海外汉学家助力中国战"疫"实录》，商务印书馆。

孟祥寒、李强、周彦榜、王进，2021，《恐惧管理理论的争议及其对死亡心理研究的启示》，《心理科学进展》第 3 期，第 492～504 页。

聂春艳，2018，《企业的解释策略对消费者的文化混合产品评价的影响研究》，博士学位论文，武汉大学。

彭修彬，2020，《文化接近性与媒介化共情：新冠疫情中的数字公共外交探索》，《新闻大学》第 12 期，第 76～92 页。

邱林、郑雪、王雁飞，2008，《积极情感消极情感量表（PANAS）的修订》，《应用心理学》第 3 期，第 249～254 页。

全燕，2020，《新冠疫情期间世界民族主义的政治异动》，《国际论坛》第 5 期，第 43～58 页。

施诚、倪娜，2020，《西方学术界重大传染病起源地研究的歧见和偏见——以黑死病、美洲天花、梅毒和 1918 年大流感为例》，《清华大学学报》（哲学社会科学版）第 6 期，第 181～188 页。

吴宝沛、张雷，2011，《疾病的心理防御：人类如何应对病菌威胁》，《心理科学进展》第 3 期，第 410～419 页。

吴莹，2013，《文化接触中的族际认知偏差及沟通——以回族与汉族为例》，博士学位论文，中国社会科学院研究生院。

张婍、冯江平、王二平，2009，《群际威胁的分类及其对群体偏见的影响》，《心理科学进展》第 2 期，第 473～480 页。

邹智敏、江叶诗，2015，《文化会聚主义：一种关系型的文化心理定势》，载杨宜音主编《中国社会心理学评论》第九辑，第 63～96 页。

佐斌、温芳芳，2020，《新冠肺炎疫情时期的群际歧视探析》，《华南师范大学学报》（社会科学版）第 3 期，第 70～78 页。

Ahmed, R. , Ahmed, A. & Barkat, W. （2021）. Behavioral limitations of individuals for coping with COVID – 19: A terror management perspective. *Journal of Human Behavior in the Social Environment*, 31 （1 – 4）, 97 – 118.

Bernardo, A. （2019）. Polyculturalism and perceived effects of globalization in Macau. *Social Behavior and Personality an International Journal*, 47, e8129.

Bernardo, A. B. I. , Rosenthal, L. & Levy, S. R. （2013）. Polyculturalism and attitudes towards people from other countries. *International Journal of Intercultural Relations*, 37 （3）, 335 – 344.

Cho, J. , Morris, M. W. , Slepian, M. L. & Tadmor, C. T. （2017）. Choosing fusion: The effects of diversity ideologies on preference for culturally mixed experiences. *Journal of Experimental Social Psychology*, 69, 163 – 171.

Courtney, E. P. , Goldenberg, J. L. & Boyd, P. （2020）. The contagion of mortality: A terror management health model for pandemics. *British Journal of Social Psychology*, 59 （3）, 607 – 617.

Curtis, V. , Aunger, R. & Rabie, T. （2004）. Evidence that disgust evolved to protect from risk of disease. *Proc Biol*, 271 （4）, S131.

Duncan, J. F. M. S. （2004）. Evolved disease-avoidance mechanisms and contemporary xenophobic attitudes. *Group Processes*, 7 （4）, 333 – 353.

Haslam, N. , Bastian, B. , Bain, P. & Kashima, Y. （2006）. Psychological essentialism, implicit theories, and intergroup relations. *Group Processes & Intergroup Relations*, 9 （1）, 63 – 76.

Jonas, E. , Martens, A. , Kayser, D. N. , Fritsche, I. , Sullivan, D. & Greenberg, J. （2008）. Focus theory of normative conduct and terror-management theory: The interactive impact of mortality salience and norm salience on social judgment. *Journal of Personality and Social Psychology*, 95 （6）, 1239 – 1251.

Jonas, E. , Schimel, J. , Greenberg, J. & Pyszczynski, T. （2002）. The scrooge effect: Evidence that mortality salience increases prosocial attitudes and behavior. *Personality and Social Psychology Bulletin*, 28 （10）, 1342 – 1353.

Jonas, E. , Sullivan, D. & Greenberg, J. （2013）. Generosity, greed, norms, and death-differential effects of mortality salience on charitable behavior. *Journal of Economic Psychology*, 35, 47 – 57.

Morris, M. W. , Chiu, C. & Liu, Z. （2015）. Polycultural psychology. *Annual Review of Psychology*, 66 （1）, 631 – 659.

O'Sullivan, J. & Gutman, D. （2020）. *Demonstrators rally in olympia against washington's coronavirus stay-at-home order*. The Seattle Times. https://www. seattletimes. com/seattle-news/politics/demonstrators-rally-in-olympia-against-washingtons-coronavirus-stay-home-order/

Park, J. H. , Schaller, M. & Crandall, C. S. (2007). Pathogen-avoidance mechanisms and the stigmatization of obese people. *Evolution& Human Behavior*, 28 (6), 410 – 414.

Peterson, J. C. , Gonzalez, F. J. & Schneider, S. P. (2017). Effects of disease salience and xenophobia on support for humanitarian Aid. *Politics and the Life Sciences*, 36 (2), 17 – 36.

Prashad, V. (2003). Bruce Lee and the anti-imperialism of Kung Fu: A polycultural adventure. *Positions*, 11 (1), 51 – 90.

Pyszczynski, T. , Greenberg, J. & Solomon, S. (1999). A dual-process model of defense against conscious and unconscious death-related thoughts: An extension of terror management theory. *Psychological Review*, 106 (4), 835 – 845.

Rosenthal, L. & Levy, S. R. (2010). The colorblind, multicultural, and polycultural ideological approaches to improving intergroup attitudes and relations. *Social Issues and Policy Review*, 4 (1), 215 – 246.

Rosenthal, L. & Levy, S. R. (2012). The relation between polyculturalism and intergroup attitudes among racially and ethnically diverse adults. *Cultural Diversity and Ethnic Minority Psychology*, 18 (1), 1 – 16.

Tse, D. C. K. , Lau, V. W. , Hong, Y. , Bligh, M. C. & Kakarika, M. (2022). Prosociality and hoarding amid the COVID – 19 pandemic: A tale of four countries. *Journal of Community & Applied Social Psychology*, 32 (3), 507 – 520.

Wisman, A. & Koole, S. (2003). Hiding in the crowd: Can mortality salience promote affiliation with others who oppose one's worldviews? *Journal of Personality and Social Psychology*, 84 (3), 511 – 526.

Zaleskiewicz, T. , Gasiorowska, A. & Kesebir, P. (2015). The scrooge effect revisited: Mortality salience increases the satisfaction derived from prosocial behavior. *Journal of Experimental Social Psychology*, 59, 67 – 76.

Zhou, X. Y. , Wildschut, T. , Sedikides, C. , Shi, K. & Feng, C. (2012). Nostalgia: The gift that keeps on giving. *Journal of Consumer Research*, 39 (1), 39 – 50.

《中国社会心理学评论》 第 24 辑
第 157~173 页
© SSAP, 2023

方言线索对亲社会行为的影响：社会阶层与心理距离知觉的中介作用[*]

王　浩　孙　迅　丁　毅　纪婷婷[**]

摘　要： 方言作为日常交流的一种语言类型，其包含的社会阶层信号对人们的社会互动有着重要影响。本研究采用独裁者博弈范式，以南京和徐州方言为例，比较个体对来自不同经济水平地区方言者的亲社会行为的差异。两个研究的结果表明，方言具有潜在的社会阶层信号效应，即相较于来自相对经济水平较高地区（如南京）的方言者，被试判断来自相对经济水平较低地区（如徐州）的方言者社会阶层更低，并对其表现出更少的亲社会行为。此外，心理距离知觉完全中介了方言类型对亲社会行为的影响。

关键词： 方言　亲社会行为　社会阶层信号　心理距离　主观社会阶层

一　问题提出

语言是重要的交流工具，其在人际沟通中作为社会分类的线索对人际互动有着深远影响（温芳芳、佐斌，2019）。而方言作为普通话的变体，除

---

[*]　本研究得到江苏省高等学校自然科学研究项目（21KJB630002）、国家社会科学基金青年项目（19CSH053）的支持。

[**]　王浩，南京师范大学心理学院硕士研究生；孙迅，南京师范大学心理学院硕士研究生；丁毅，南京师范大学心理学院副教授、硕士生导师；纪婷婷，南京师范大学心理学院副教授、硕士生导师，通信作者，E-mail: tingtingjimolly@ gmail.com

了可以作为人际沟通交流的工具，往往还传达出讲话者在地域上的差异性以及时间上的稳定性等特点（张积家、张凤玲，2010）。因而当一个人使用方言进行交流时，其方言往往蕴含着"讲话者是哪里人"这一地域身份线索，从而可能会对人际互动产生影响。以往研究发现，相较于讲普通话的群体，个体对讲同种方言的群体表达出更高的信任与合作水平（柏子琳等，2018）。那么，方言如何影响人们的亲社会行为呢？

有研究认为，方言对亲社会行为的影响是因为其作为群际信号的作用，即相同的方言会诱发人们的"老乡心理"，有利于将对方划分进内群体，从而更容易表现出亲社会行为（姜永志等，2012）。除了作为群际信号作用，方言可能还作为社会阶层信号对人际互动产生影响。社会阶层信号（social class signs）是指个体用来感知和判断他人属于何种社会阶层的一切线索（Kraus & Keltner，2009），而方言作为地域文化的标志，通常承载着人们对方言所代表地区的整体印象的知觉，进而会影响人们对方言者社会阶层的判断。例如，一项英国的研究发现，相较于模仿标准英式发音的被试，模仿伦敦方言口音的被试被认为其社会阶层更低（Giles & Sassoon，1983）。这表明方言本身便具有社会阶层信号效应。基于此，本研究试图探讨方言线索作为社会阶层信号，对亲社会行为的影响及其心理机制。

（一）社会阶层信号对亲社会行为的影响

亲社会行为主要指个体在社会交往中主动表现出的友好和积极行为，其特点是该行为是个体自发产生的，是无私的、无偿的，目的在于使他人乃至整个群体受益，最终的结果有利于促成交往双方的和谐关系（寇彧、张庆鹏，2006；常保瑞、谢天，2019）。而关于社会阶层信号对亲社会行为的影响，已有研究主要基于社会交换和社会认同这两个视角展开。

1. 社会交换视角下社会阶层信号与亲社会行为的关系

社会交换理论认为，人类的一切社会活动本质上都是一种交换，人类行为会无意识地受到那些能够给他们带来奖励和报酬的交换活动的支配，人们在社会交换中建立起的关系也被称作一种交换关系（Cao et al.，2015）。除了通过活动交换商品和金钱，人们还可以交换一些非物质的回报，例如社会性的爱、服务、信息和地位等（Schilke et al.，2015）。基于这样的社会交换视角可以推断的是，与高社会阶层者交往比与低社会阶层者交往更有可能获得更多的利益回报，因而相较于较低社会阶层者，大多数人会在人际交往中更容易表现出一系列迎合较高社会阶层者的行为。具体而言，相对于社会地位较高的人群，与社会地位较低的人分享资源或是合作所获得高回报的可能性较低，因而这种行为通常不被鼓励；相反，如果对方社会地位较高，与其合作在日后获得高利益回报的可能性更大，因而人们与高社会地位者合作的动机往往更强（蔡頠等，2016）。

与此观点类似，早在1973年秘鲁的研究者就发现，高社会阶层信号可以使人们变得更倾向于与之交往。该研究要求被试阅读一段有关他人社会阶层信息的文字，文字共分为两类，第一类描述中称对方毕业于当地的名牌大学；而第二类描述中称对方没有接受过高等教育。结果显示，相较于没有接受过高等教育的对象，被试更倾向于与第一类人交朋友（Bergeron & Zanna，1973）。该研究结果指出，个体在选择交往或互动对象时，通常会根据对方外在的社会阶层信号来判断其社会阶层，并且阶层信息会直接影响彼此的人际互动，个体更青睐和迎合来自更高阶层的合作对象。

2. 社会认同视角下社会阶层信号与亲社会行为的关系

社会认同理论认为，个体会根据不同的社会标准划分不同社会群体，并会对自己所属的社会群体产生内群体偏爱，对外部其他群体产生外群体偏见（Haslam，2014）。社会群体的划分标准有很多，而社会阶层正是基于经济、政治等多方面因素对在社会层次结构中所处地位的群体的划分（郭永玉等，2015）。在人际社会互动的过程中，这种阶层群体线索，在很大程度上影响了人们的社会决策和人际互动（程淑华等，2017）。具体而言，人们可以通过感知到的社会阶层信号来判断他人所属的社会阶层，接着与自身所属社会阶层相比较，将其划入内群体或者外群体。对于内群体的偏爱和外群体的偏见并不是绝对的，会根据对方与自身所处阶级接近程度产生不同的态度，阶层越接近，人际互动就更容易受到积极影响；而如果社会阶层信号让内外群体的界限和差异变得明显，即感知到阶层差距越明显，双方的人际互动就容易因外群体偏见而受到消极影响（Van Doesum et al.，2017）。

有研究发现有限的文字信息（如职业的描述）便足以作为社会阶层信号影响被试对他人社会阶层的判断，并使得个体在与自身相比较的基础上偏爱与自身阶层更接近的人（Kuppens et al.，2018）。在这个过程中，心理距离知觉起到了重要的作用。个体往往知觉内群体个体距离自己更近，而外群体距离自己更远。而感知到的心理距离越远，他们所表现出的亲社会行为越少；相应地，个体感知到的心理距离越近，他们会表现出更多的亲社会行为（Batson et al.，2003）。

（二）方言作为社会阶层信号对亲社会行为的影响

社会交换理论和社会认同理论就方言对个体亲社会行为的影响机制有不同的解释。基于社会交换理论，个体如果通过方言判断出讲话者来自经济水平较低的地区，可能会推测其具有更低的社会阶层。考虑到与高阶层者交往比与低阶层者交往更能获得利益回报，个体最终会对来自较低经济水平地区的方言者表现出更少的亲社会行为。然而社会认同理论则认为，"社会阶层"这一身份信息会帮助个体完成与讲话者关于内外群体的划分，即高社会阶层的被试会将来自较低经济水平地区的方言者知觉为低社会阶层的外群体，认为彼此拥有更远的心理距离，从而对低社会阶层信号的方言个体表现出更少的亲社会行为。

由此可见，方言作为社会阶层信号对亲社会行为的影响可能存在两条心理路径：路径一为社会交换路径，该路径认为方言蕴含的高低社会阶层信息会影响个体的亲社会行为，即社会阶层知觉可能在方言对亲社会行为的影响中起中介作用；而路径二则为社会认同路径，该路径认为方言蕴含的社会阶层信息促使个体完成了内外群体的划分，进而影响个体的亲社会行为，即心理距离可能在方言对亲社会行为的影响中起中介作用。

为了满足研究目的，本研究选取南京方言与徐州方言作为研究所需的语言材料，选取的原因为：江苏省因不同区域与地域经济发展水平的差异在广义上被划为苏南和苏北，其中苏南较苏北经济更为发达。有研究发现，虽然随着江苏省整体经济的不断发展，苏北地区的经济早已达到了较好的水平，但在省内而言，较发达的苏南地区仍然认为苏北地区的经济发展水平很落后（任婕，2008）。这种社会经济地位知觉的认知差异，有利于本研究对"主观社会阶层"进行操作。同时江苏方言按区域可划分为江淮官话区、吴语区和中原官话区等（赵志靖，2020），这种划分与经济区域的划分有着较高的重合。南京作为苏南地区的代表城市，在经济、医疗、文化以及教育等领域均处于领先地位，符合高社会阶层地区这一特征，而徐州作为苏北地区的代表城市，更有利于使得被试知觉出对苏北地区整体的主观社会阶层印象。且南京方言类型为江淮官话区，徐州方言类型为中原官话区，差异较为明显。

综上所述，为了探究方言作为社会阶层信号影响个体亲社会行为的内部机制，本研究共设计了两个实验：实验一旨在证明方言可作为社会阶层信号，帮助个体知觉出讲话者的社会阶层水平，且会对个体的亲社会行为产生影响；实验二在实验一的基础上，旨在探究方言作为社会阶层信号影响亲社会行为的两种可能心理路径。基于以上分析，本研究假设：相较于讲南京方言的任务对象，被试认为讲徐州方言的任务对象的主观社会阶层知觉更低，并对其表现出更少的亲社会行为，社会阶层知觉与心理距离知觉在其中起中介作用。

二　研究1：方言的社会阶层信号效应

（一）方法

1. 被试

实验通过在高校内发布网络公告，参与者自愿报名的方式，共计招募33名被试（男生27人，女生6人），平均年龄为22.33 ± 6.37岁。被试均为南京本地人，并熟练掌握普通话与南京方言。实验结束后获得一定报酬（除5元基本被试费外，还将根据被试在独裁者博弈中所得任务点数给予额外5~10元被试费）。

2. 实验设计

实验采用2（地区类型：相对高经济水平地区——南京；相对低经济水平地区——徐州）× 2（语言类型：方言、普通话）的被试内设计。自变量为地区与语言类型，因变量为亲社会行为与主观社会阶层判断。

3. 实验材料

（1）录音材料：招募南京和徐州当地人各4人进行语音材料录制，语料提供者皆熟练掌握当地方言和普通话。录音材料的文本为"你好，我来自南京/徐州，接下来我们将一起完成本次任务。你准备好之后，请按键继续实验"。每个语料提供者同时对上述文本录制普通话版本和方言版本。随后研究者使用Adobe Audition CC对所得语料进行编辑，使其语速以及音量处于相似水平，最终获得符合实验要求的南京地区和徐州地区的录音材料各8份（每个地区的方言和普通话语料各4份）。

（2）亲社会行为测量：采用Camerer和Thaler（1995）设计的独裁者博弈（Dictator Game）范式测量亲社会行为。在独裁者范式中，有两名参与者，其中一人为提议者，另一人为回应者。在游戏开始时，提议者拥有30个任务点，提议者将任务点在自己和回应者之间做出分配，回应者只能接受提议者的分配方案。提议者分配给回应者的任务点数越多，其亲社会水平越高。独裁者实验广泛运用于亲社会行为的实证研究，能够有效测量实验室环境下被试的亲社会水平，并能预测真实情境中的亲社会水平（Stoop，2014）。

（3）主观社会阶层知觉测量：本研究主要采用主观社会经济地位 Mac-
Arthur 量表（the MacArthur Scale of subjective SES, Adler et al., 2000）测量
个体对他人的主观社会阶层判断。被试会被展示一个 10 级阶梯图片（见
图 1），每个阶梯代表了不同的社会阶层。阶梯最上端即为社会顶层，处在
这个阶层的人的生活境况是最优裕的，例如接受最高水平的教育、有最高
水平的收入；阶梯最底端即为社会底层，处在这个阶层的人的生活境况是
最糟糕的，例如拥有最低的受教育与收入水平。

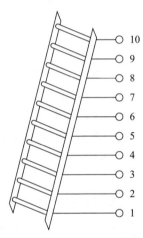

图 1　MacArthur 量表

4. 实验程序

实验程序由 E-prime 2.0 编制。被试独立完成实验，并且全程佩戴耳
机。实验开始前，被试阅读指导语熟悉实验流程，随后填写个人信息并签
订知情同意书。实验共包含四个环节：练习、录音、任务点分配任务以及
事后评定。

在练习环节，被试首先阅读任务点分配任务（独裁者博弈）的说明，
并对任务进行一次练习，确保其理解实验程序，随后进入正式实验任务。
在第一轮决策开始前被试被告知，与其一同完成任务的任务对象是以往实
验的参与者，对方将通过一段录音发起这项任务，而自己随后也需要进行
录音以留给以后的实验参与者。同时强调，被试与任务对象没有机会见
面，且最终实验报酬与决策结果相关。随后，被试在指导下用方言录音。

录音结束后进入任务点分配任务，被试被告知要和多个任务对象完成
多轮决策，在每轮决策中，被试的角色均为"提议者"，而任务对象的角
色均为"回应者"。决策共 16 轮，分别对应不同语言的录音材料（分别为
4 段南京方言、4 段徐州方言、8 段普通话）。

被试完成 16 轮任务点分配任务后，实验要求被试对上一环节的任务对象做出评价。每次评价前，播放先前决策任务中的语音材料，然后要求被试根据 MacArthur 梯子判断任务对象的主观社会阶层，以及任务对象来自哪里（填空题，用以判断被试是否认真听取录音内容）。完成对 16 段语料的评价后，实验结束，主试向被试解释实验目的，并支付实验酬劳。

（二）研究结果

1. 不同地区方言的主观社会阶层差异

两因素重复测量方差分析的结果显示，地区类型的主效应极其显著，$F(1, 32) = 38.81$，$p < 0.001$，$\eta^2 = 0.55$，被试判断来自徐州（$M = 5.20$，$SD = 1.25$）的任务对象的主观社会阶层显著低于来自南京（$M = 6.07$，$SD = 1.02$）的任务对象。同时，语言类型的主效应极其显著，$F(1, 32) = 53.91$，$p < 0.001$，$\eta^2 = 0.63$，被试判断讲方言（$M = 5.08$，$SD = 1.22$）的任务对象的主观社会阶层显著低于讲普通话（$M = 6.19$，$SD = 0.93$）的任务对象。此外，地区类型与语言类型的交互作用显著（见图 2），$F(1, 32) = 12.03$，$p = 0.002$，$\eta^2 = 0.27$。进一步简单效应分析表明，在方言语境下，被试判断来自徐州（$M = 4.49$，$SD = 1.11$）的任务对象的主观社会阶层显著低于来自南京的任务对象（$M = 5.67$，$SD = 1.05$；$p < 0.001$，$d = -1.09$）；在普通话语境下，被试同样知觉来自徐州（$M = 5.92$，$SD = 0.96$）的任务对象的社会阶层水平显著低于来自南京的任务对象（$M = 6.47$，$SD = 0.82$；$p < 0.001$，$d = -0.62$）。

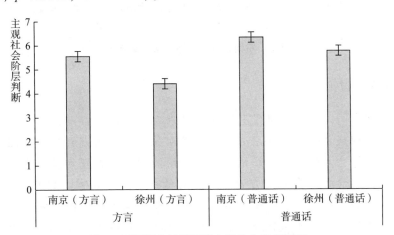

图 2　不同语言材料下的主观社会阶层判断

2. 不同地区方言的亲社会行为差异

两因素重复测量方差分析的结果显示，地区类型的主效应极其显著，$F(1, 32) = 10.41$，$p < 0.001$，$\eta^2 = 0.30$。被试分配给来自徐州（$M = 9.94$，$SD = 4.95$）的任务对象的任务点数显著低于来自南京（$M = 11.47$，$SD = 5.30$）的任务对象。语言类型的主效应不显著，$F(1, 32) = 0.18$，$p = 0.677$。而地区类型与语言类型的交互作用显著（见图3），$F(1, 32) = 4.76$，$p = 0.037$，$\eta^2 = 0.13$。简单效应分析表明，在方言语境下，被试对来自徐州（$M = 9.59$，$SD = 4.72$）的任务对象分配的任务点数显著低于来自南京的任务对象（$M = 11.66$，$SD = 5.08$；$p = 0.009$，$d = -0.42$）；在普通话语境下，被试对来自徐州（$M = 10.28$，$SD = 5.23$）的任务对象分配的任务点数同样显著低于来自南京的任务对象（$M = 11.27$，$SD = 5.57$；$p < 0.001$，$d = -0.18$）。

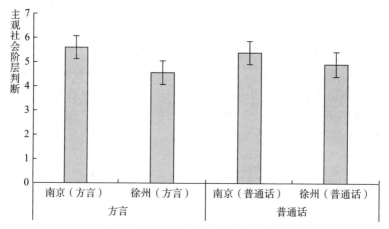

图3 不同语言材料下的亲社会行为

（三）讨论

与研究假设一致，研究1发现被试判断讲徐州方言的任务对象的主观社会阶层显著低于讲南京方言的任务对象，这表明方言是有效的社会阶层信号，会影响个体对说话者社会阶层的判断，表现为经济水平较低地区的方言会激发个体对方言者的相对低社会阶层知觉。此外，研究1还初步发现了不同经济水平地区方言对个体亲社会行为的影响，具体表现为：相较于来自相对高经济水平地区（南京）的方言使用者，个体对来自相对低经济水平地区（徐州）的方言使用者表现出更少的亲社会行为。

研究 1 对于方言的社会阶层信号及其对亲社会行为的影响做出了初步的探索，然而却没有系统探讨其背后的心理机制。因此，基于研究 1，研究 2 旨在比较方言作为社会阶层信号对亲社会行为影响的两条可能心理路径：（1）社会交换路径，即社会阶层知觉在方言对亲社会行为的影响中起中介作用；（2）社会认同路径，即心理距离知觉在方言对亲社会行为的影响中起中介作用。

此外，研究 2 还将探索方言作为社会阶层信号对亲社会行为影响的干预。本研究假设，由于方言所携带的地域信息往往具有模糊性，这导致人们对阶层的社会知觉出现偏差，因此如果给予人们更充分的社会经济地位信息，可能会影响人们的主观社会阶层判断，从而影响人们对方言者的亲社会行为。

三　研究 2：方言线索对亲社会行为影响的 中介路径

（一）方法

1. 被试

实验共计招募 66 名被试（其中经济启动组 33 人，人文控制组 33 人），平均年龄为 20.95 ± 3.89 岁。被试均为南京本地人，并熟练掌握普通话与南京方言，所有被试自愿参加实验，实验结束后获得一定报酬（同研究 1）。

2. 实验设计

采用 2（社会经济启动：经济启动组、人文控制组）× 2（地区类型：相对高经济水平地区——南京；相对低经济水平地区——徐州）混合实验设计。组内自变量为地区类型，组间自变量为社会经济启动，因变量为亲社会行为、主观社会阶层判断与心理距离知觉。

3. 实验材料

（1）录音材料：由于研究 1 发现语言类型（方言 vs 普通话）并不显著影响个体亲社会行为，因此研究 2 删除了普通话语料，仅保留实验一的 8 段方言语料（4 段南京方言、4 段徐州方言）。

（2）亲社会行为测量：与研究 1 相同。

（3）主观社会阶层知觉测量：与研究 1 相同。

（4）心理距离知觉测量：自我涵盖他人量表（Inclusion of Other in the

Self Scale，IOS，Aron et al.，1992）在以往的研究中被广泛用来测量社会距离。如图4所示，图中的两个圈分别代表被试和任务对象（方言者），两个圈之间的距离代表彼此之间关系的紧密程度，"1"表示彼此拥有最远的社会距离，"7"则表示彼此拥有最近的社会距离。

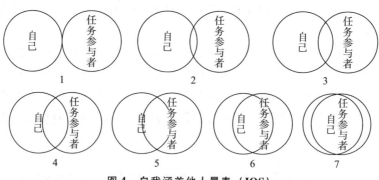

图4　自我涵盖他人量表（IOS）

（5）社会经济启动材料：徐州经济启动组采用的启动材料由一篇文字材料与三道判断题组成，文字材料介绍了徐州实际的经济发展水平（在全国处于领先地位），被试在阅读完文字材料后需要回答三道与文字材料相关的判断题，且每次回答完问题后均会被告知正确答案，以进一步加强被试对徐州全国领先的经济实力的认识。

而徐州人文控制组的文字材料则介绍了徐州地区的地理、自然风光。且为了避免随机误差，本研究对两篇文字材料的字数以及判断题的正确题目个数进行了平衡。

4. 实验程序

实验程序由 E-prime 2.0 编制。被试独立完成实验，并且在整个过程中佩戴耳机。实验开始前，被试阅读指导语熟悉实验流程，随后填写个人信息并签订知情同意书。实验共包含五个环节：主观社会阶层启动、练习、录音、任务点分配任务以及事后评定。

被试被随机分配到不同的社会经济启动组：徐州经济启动组与徐州人文控制组，阅读相应的文字材料，完成判断题。随后的步骤与研究1大体相同，仅在事后评定中增加被试对方言者心理距离的评定。

（二）结果

不同启动条件下不同方言材料对应的各个因变量的描述性统计见表1。

表1　不同启动条件下不同方言材料对应的各个因变量的描述性统计（$M \pm SD$）

实验分组	地区类型	主观社会阶层	心理距离	亲社会行为
徐州经济启动组	南京（高经济）	5.95 ± 1.00	3.02 ± 1.20	12.51 ± 3.80
	徐州（低经济）	4.83 ± 1.05	2.27 ± 0.98	10.63 ± 4.17
	总体	5.39 ± 1.16	2.64 ± 1.15	11.57 ± 4.07
徐州人文控制组	南京（高经济）	5.91 ± 1.23	3.58 ± 1.46	11.50 ± 4.94
	徐州（低经济）	4.64 ± 1.25	2.63 ± 1.12	9.93 ± 4.71
	总体	5.27 ± 1.39	3.11 ± 1.38	10.72 ± 4.86

1. 经济启动和方言地区类型对主观社会阶层判断的影响

与研究1相似，重复测量方差分析的结果表明，地区类型的主效应极其显著，$F(1, 64) = 72.10$，$p < 0.001$，$\eta^2 = 0.53$，被试对讲徐州方言的任务对象的主观社会阶层判断显著低于与讲南京方言的任务对象的心理距离。然而，经济启动的主效应不显著，$F(1, 32) = 0.25$，$p = 0.619$。地区类型与经济启动的交互作用不显著，$F(1, 64) = 0.29$，$p = 0.593$。

2. 经济启动和方言地区类型对心理距离知觉的影响

重复测量方差分析的结果表明，地区类型的主效应极其显著，$F(1, 64) = 41.95$，$p < 0.001$，$\eta^2 = 0.40$，被试认为与讲徐州方言的任务对象的心理距离显著远于与讲南京方言的任务对象的心理距离。此外，经济启动的主效应边缘显著，$F(1, 32) = 3.02$，$p = 0.087$，$\eta^2 = 0.05$，相较于人文控制组，徐州经济状况启动在一定程度上缩近了被试知觉到与任务对象之间的心理距离。地区类型与主观社会阶层启动的交互作用不显著，$F(1, 64) = 0.66$，$p = 0.421$。

3. 经济启动和方言地区类型对亲社会行为的影响

与研究1结果相似，重复测量方差分析的结果显示，地区类型的主效应极其显著，$F(1, 64) = 26.52$，$p < 0.001$，$\eta^2 = 0.29$，被试对讲徐州方言的任务对象的亲社会行为显著少于讲南京方言的任务对象。然而，主观社会阶层启动的主效应不显著，$F(1, 32) = 0.68$，$p = 0.415$。地区类型与主观社会阶层启动的交互作用不显著，$F(1, 64) = 0.22$，$p = 0.644$。

4. 心理距离与主观社会阶层在方言地区类型对亲社会行为影响中的中介效应

为进一步分析不同地区方言影响亲社会行为的内在作用机制，本研究采用Montoya和Hayes（2017）开发的MEMORE中的Model 1进行被试内实验设计下的中介效应分析，其中自变量为方言地区类型，中介变量为主

观社会阶层知觉与心理距离知觉，因变量为亲社会行为，样本量选择 5000
次，结果如图 5 所示。结果发现，整个模型的 R^2 为 0.17，主观社会阶层
知觉在不同方言地区类型对亲社会行为的影响中中介效应不显著（间接效
应 = 0.391，95% CI [-0.3666，1.2698]）；而心理距离知觉的中介效应显
著（间接效应 = 0.764，95% CI [0.1596，1.4011]），且直接效应不显著
（直接效应 = 0.570，95% CI [-0.4018，1.5409]），心理距离知觉在其中
起完全中介作用。

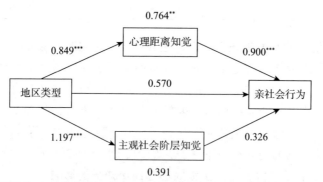

图 5　心理距离与主观社会阶层在方言地区类型对亲社会行为影响中的中介效应分析

（三）讨论

首先，研究 2 进一步证实了研究 1 的结论，即方言具有社会阶层信号
功能，被试对方言者的主观社会阶层判断与方言者所在方言地的经济发展
水平相匹配。同时，相较于来自相对高社会经济水平地区的方言者，被试
对来自相对低社会经济水平地区的方言者的亲社会行为更少。此外，研究 2
进一步发现方言类型通过影响心理距离知觉进一步对亲社会行为起作用，这
一结论支持了方言作为社会阶层信号对亲社会行为影响的社会认同路径。

除上述结论外，研究 2 尝试通过提供徐州经济全国领先这一真实的经
济状况描述作为经济启动材料，试图干预南京被试对来自徐州的任务对象
在主观社会阶层判断这一水平上的认知。然而结果发现，启动并没有影响
被试对徐州方言者的主观社会阶层判断以及亲社会行为。

四　总讨论

本研究采用独裁者博弈任务，验证方言潜在的社会阶层信号效应及方
言对人们亲社会行为的影响，并探讨其潜在的心理机制。结果发现，方言

具有潜在的社会阶层信号效应。具体而言，相较于来自相对高经济水平地区的方言者，被试判断来自相对低经济水平地区的方言者的社会阶层更低，并对其表现出更少的亲社会行为。此外，研究还发现，心理距离知觉在方言类型对亲社会行为的影响中起中介作用。

（一）方言线索作为社会阶层信号对亲社会水平的影响

作为一种以地域文化为标志的普通话变体，方言是由特殊的句子结构、词汇及发音所组成的（张积家、张凤玲，2010）。在日常生活中，人们使用哪一种方言主要取决于他们的籍贯和语言传承，具有鲜明的地域文化特点（姜永志、张海钟、张鹏英，2012），暗含着"我是哪里人"这一重要的地域身份信息，因此个体对方言者的社会知觉也会反映出对方言者所处地区的经济发展水平的印象。因此本研究认为方言很可能具有社会阶层信号的功能。

为了验证该假设，本研究选取南京方言作为相对高社会经济地区的方言材料，徐州方言作为相对低社会经济地区的方言材料，考察南京被试对方言者的主观社会阶层判断，结果发现不论对于来自南京还是徐州的任务对象，被试对讲普通话的任务对象的主观社会阶层判断显著高于讲方言的任务对象，这与 Giles 和 Sassoon（1983）的研究结果相一致，即方言相较于普通话，本身就具有社会阶层信号效应，且为低社会阶层信号。与此同时，本研究发现南京被试对讲南京方言的任务对象的主观社会阶层判断显著高于讲徐州方言的任务对象，这表明方言不仅是低社会阶层信号，而且个体所知觉的方言讲话者的主观社会阶层水平与其所属方言地的经济发展水平相关：方言所属地区的经济发展水平越高，被知觉的主观社会阶层水平越高，反之亦然。

研究 1 不仅验证了方言所具有的社会阶层信号效应，还发现其对个体的亲社会行为的影响，具体表现为南京被试在独裁者博弈中分配给讲徐州方言任务对象的任务点数显著低于讲南京方言的任务对象，即对相对低社会阶层群体表现出更少的亲社会行为。这一发现与以往研究相一致，如 Kraus 和 Mendes（2014）便发现相较于穿着昂贵西装的陌生搭档，被试对穿着廉价 T 恤的陌生搭档表现出更低的亲社会行为，这表明低社会阶层信号确实会引发较少的亲社会行为。

（二）心理距离的中介效应

值得注意的是，虽然研究 1 发现方言信号可以影响人们的主观社会阶层判断，以及亲社会行为，然而并未探讨其背后的心理机制。对于社会阶层对亲社会行为影响的心理机制，社会交换视角和社会认同视角有不同的解释（郭容、傅鑫媛，2019）。社会交换理论认为，相较于与较低阶层者交往，人们与高阶层者交往更能获得利益回报，个体最终会对低阶层的个体表现出更少的亲社会行为；然而社会认同理论则认为，"社会阶层"这一身份信息会帮助个体完成与讲话者关于内外群体的划分，即高社会阶层的被试会将来自低阶层地区的个体知觉为外群体，认为彼此拥有更远的心理距离，从而会表现出更少的亲社会行为。

　　基于这两种视角，研究2考察了主观社会阶层知觉与心理距离知觉对方言影响亲社会行为效应的中介作用。如果主观社会阶层知觉的中介效应显著，则说明社会交换路径成立，即个体通过方言判断出讲话者来自相对低经济水平地区，推测其具有更低的社会阶层，因此表现出更少的亲社会行为；与此相对应，如果心理距离知觉的中介作用显著，则支持社会认同路径，即方言蕴含的社会阶层信息促使个体完成了对内外群体的划分，来自相对高经济水平地区的被试会将来自相对低经济水平地区的方言者知觉为低社会阶层的外群体，认为彼此拥有更远的心理距离，从而对其表现出更少的亲社会行为。而研究2的结果发现心理距离起完全中介作用，即支持方言线索影响亲社会行为的社会认同路径。这一发现与DeCelles和Norton（2016）的研究结果一致，他们发现相比较于直接能到达座位，当经济舱乘客要穿过头等舱才能到达自己的座位时，他们与头等舱乘客发生冲突的概率会提高2.18倍。研究人员认为，头等舱和经济舱的区别设计作为社会阶层信号强化了阶层（内外群体）的界限，将彼此划分至外群体，拉远了彼此的心理距离，从而使得双方在人际互动过程中表示出更少的亲社会行为，更容易起冲突。

（三）经济启动不影响方言线索对亲社会行为的影响

　　本研究发现方言可作为社会阶层信号，影响人们的亲社会行为。然而由于方言所携带的地域信息往往具有模糊性，导致人们基于模糊信息做出的主观社会阶层知觉往往存在偏差。以江苏为例，苏南地区（如南京）的人往往认为苏北地区（如徐州）的经济水平较为落后（任婕，2008），但苏北只是与苏南相比较为落后。实际上，苏北的经济水平，尤其是徐州居于全国领先水平。资料显示，2020年，苏北五个地级市的GDP均进入全国百强，苏北经济处于中国的上等水平，徐州地区居苏北第1、全国第39；且苏北地区主要经济指标增速连续10年高于全国和江苏全省平均水平。基于此，本研究试图探索如果给予人们更充分的社会经济地位的信息，是否会影响人们的主观社会阶层判断，从而影响人们对方言者的亲社会行为？然而与研究假设相左，研究 2 发现，给被试呈现徐州的全国前列的实际经济水平并不能影响被试对徐州方言者的社会阶层判断以及亲社会行为。可能的原因有二：第一，主观社会阶层的判断是多方面的，如周长城和王妙（2021）的研究便指出除了客观社会经济地位，教育、职业以及闲暇生活方式均会对主观阶层认同产生重要的、显著的正向影响，本研究只考虑到了经济这一个影响因素，忽略了受教育水平等其他可能的影响因素，可能导致被试在判断任务对象的社会阶层时受到信息局限的影响，与真实生活情境有一定差距；第二，本研究采用的经济启动具有一定局限性，即本研究只着重给被试正确反馈徐州的真实经济水平，而未提供其与南京经济水平的对比信息，可能并不能成功地减少被试对南京和徐州经济水平差距的知觉。

（四）研究局限和未来研究

本研究的假设得到了验证，但依旧存在一定的局限。首先，本研究仅探讨了相对高社会阶层个体对方言者亲社会行为的差异，但并未关注相对低社会阶层的个体是否会对方言者表现出相似的效应，其背后的心理机制又是否相同。例如，相对低社会阶层的个体是否会对来自较低经济水平地区的方言者知觉到的心理距离更近，从而表现出更多亲社会行为？未来的研究可以进一步探究高社会阶层个体与低社会阶层个体对方言者亲社会行为的差异。此外，本研究发现经济启动并不影响人们对于来自较低经济水平地区方言者的主观社会阶层知觉和亲社会行为，说明这种简单的文字性启动存在局限性，无法看到明显的差异，未来的研究可以进一步探索方言类型影响亲社会行为的干预机制。

五　结论

方言可以作为社会阶层信号，帮助个体判断出讲话者的社会阶层水平，且与讲方言者所属地的经济发展水平相关。此外，方言作为社会阶层信号，会影响个体对讲方言者的亲社会行为，具体表现为当个体来自相对高社会阶层地区时，相较于同样来自相对高社会阶层地区的方言使用者，被试对来自相对低社会阶层地区的方言使用者表现出更少的亲社会行为，其中心理距离知觉起完全中介作用。

参考文献

柏子琳、伍海燕、方永超、韩红、牛盾，2018，《方言对社会决策及情绪的影响——来自电生理的证据》，《心理科学》第 5 期，第 1171～1177 页。

蔡颖、吴嵩、寇彧，2016，《权力对亲社会行为的影响：机制及相关因素》，《心理科学进展》第 1 期，第 120～132 页。

常保瑞、谢天，2019，《个人怀旧对群际亲社会行为的影响：基本心理需要满足的中介作用》，载杨宜音主编《中国社会心理学评论》第 17 辑，社会科学文献出版社。

程淑华、李欣、韩毅初，2017，《群际接触对外群体信任的影响：内群体认同的中介效应》，《心理学探新》第 1 期，第 54～58 页。

郭容、傅鑫媛，2019，《社会阶层信号及其对人际水平社会互动的影响》，《心理科学进展》第 7 期，第 1268～1274 页。

郭永玉、杨沈龙、李静、胡小勇，2015，《社会阶层心理学视角下的公平研究》，《心理科学进展》第 8 期，第 1299～1311 页。

姜永志、张海钟、张鹏英，2012，《中国老乡心理效应的理论探索与实证研究》，《心理科学进展》第 8 期，第 1237～1242 页。

寇彧、张庆鹏，2006，《青少年亲社会行为的概念表征研究》，《社会学研究》第 5 期，第 169～187 页。

任婕，2008，《苏南苏北地域刻板印象及其干预》，硕士学位论文，苏州大学。

温芳芳、佐斌，2019，《社会分类的概念、线索及影响机制》，《心理科学》第 2 期，第 395～401 页。

张积家、张凤玲，2010，《双语和双言对图片命名和分类的不对称影响》，《心理学报》第 4 期，第 452～466 页。

赵志靖，2020，《江苏方言关系研究概况》，《现代语文》第 3 期，第 52～57 页。

周长城、王妙，2021，《客观阶层地位与主观阶层认同：闲暇生活方式的中介效应考察》，《社会科学研究》第 3 期，第 97～106 页。

Adler, N. E., Epel, E. S., Castellazzo, G. & Ickovics, J. R. (2000). Relationship of subjective and objective social status with psychological and physiological functioning: Preliminary data in healthy white women. *Health Psychology*: *Official Journal of the Division of Health Psychology*, 19 (6), 586 - 92.

Aron, A., Aron, E. N. & Smollan, D. (1992). Inclusion of other in the self scale and the structure of interpersonal closeness. *Journal of Personality and Social Psychology*, 63 (4), 596 - 612.

Batson, C. D., van Lange, P. A. M., Ahmad, N. & Lishner, D. A. (2003). Altruism and helping behavior. In M. A. Hogg & J. Cooper (Eds.), *The Sage Handbook of Social Psychology*, 279 - 295.

Bergeron, A. P. & Zanna, M. P. (1973). Group membership and belief similarity as determinants of interpersonal attraction in Peru. *Journal of Cross-Cultural Psychology*, 4 (4), 397 - 411.

Camerer, C. & Thaler, R. H. （1995）. Anomalies: Ultimatums, dictators and manners. *The Journal of Economic Perspectives*, 9 （2）, 209 – 219.

Cao, Y. , Yu, H. , Wu, Y. & Zhou, X. （2015）. Can money heal all wounds? Social exchange norm modulates the preference for monetary versus social compensation. *Frontiers in Psychology*, 6, 1411 – 1421.

DeCelles, K. A. & Norton, M. I. （2016）. Physical and situational inequality on airplanes predicts air rage. *Proceedings of the National Academy of Sciences of the United States of America*, 113 （20）, 5588 – 5591.

Giles, H. & Sassoon, C. （1983）. The effect of speaker's accent, social class background and message style on British listeners'social judgements. *Language & Communication*, 3 （3）, 305 – 313.

Haslam, S. A. （2014）. Making good theory practical: Five lessons for an applied social identity approach to challenges of organizational, health, and clinical psychology. *The British Journal of Social Psychology*, 53 （1）, 1 – 20.

Kraus, M. W. & Keltner, D. （2009）. Signs of socioeconomic status: A thin-slicing approach. *Psychological Science*, 20 （1）, 99 – 106.

Kraus, M. W. & Mendes, W. B. （2014）. Sartorial symbols of social class elicit class-consistent behavioral and physiological responses: A dyadic approach. *Journal of Experimental Psychology: General*, 143 （6）, 2330 – 2340.

Kuppens, T. , Spears, R. , Manstead, A. S. R. , Spruyt, B. & Easterbrook, M. J. （2018）. Educationism and the irony of meritocracy: Negative attitudes of higher educated people towards the less educated. *Journal of Experimental Social Psychology*, 76, 42 – 447.

Montoya, A. K. & Hayes, A. F. （2017）. Two condition within-participant statistical mediation analysis: A path-analytic framework. *Psychological Methods*, 22 （1）, 6 – 27.

Schilke, O. , Reimann, M. & Cook, K. S. （2015）. Power decreases trust in social exchange. *Proceedings of the National Academy of Sciences of the United States of America*, 112 （42）, 12950 – 12955.

Stoop. （2014）. From the lab to the field: Envelopes, dictators, and manners. *Experimental Economics*, 17 （2）, 304 – 313.

Van Doesum, N. J. , Tybur, J. M. & Van Lange, P. A. M. （2017）. Class impressions: Higher social class elicits lower prosociality. *Journal of Experimental Social Psychology*, 68, 11 – 20.

《中国社会心理学评论》　第 24 辑

第 174～188 页

© SSAP, 2023

他人知觉过程中群体刻板印象
激活的机制[*]

李欣璐　段夏媛　张晓斌^{**}

摘　要： 他人知觉是人类独有的能力，群体刻板印象的激活是他人知觉的核心加工过程。本文总结了近年来群体刻板印象激活机制的相关研究成果，发现刻板印象知识是不同于一般语义知识的独特社会知识，其与一般语义知识在神经基础上存在差异；刻板印象激活的方式会经历从自动化激活向可控激活的转变；N400 波是能更好地标示刻板印象激活的神经基础，但就刻板印象激活的皮层定位尚有争论。本研究最后介绍了基于社会分类视角而提出的刻板印象激活两阶段理论模型，并对未来研究进行了展望。

关键词： 他人知觉　刻板印象激活　社会分类

人类本质上是社会动物，个体的生存离不开社会交往，他人知觉（person perception）是社会交往的第一步，指人们试图认知他人的复杂过程，包括判断他人的行为、情感、信念以及人格特征等（Jones, 1990），其对人类的社会活动甚至生存具有无可比拟的重要意义。刻板印象（stereotype）是关于某一群体的知识、信念以及预期的认知结构，刻板印象激活

* 资助项目：国家社科基金重大项目（18ZDA331）、国家自然科学基金（31760287）、陕西省自然科学基金面上项目（2022JM-122）、中央高校基本业务费（No. GK202103134）、陕西省教育科学"十四五"规划 2021 年度课题（SGH21Y0041）、2022 年西安市社会科学规划基金项目（22JY23）。

** 李欣璐，陕西师范大学心理学院硕士生；段夏媛，陕西师范大学心理学院硕士生；张晓斌，陕西师范大学心理学院教授、硕士生导师，通信作者，E-mail: zxbnwnu@163.com。

（stereotype activation）指当和某一刻板化群体所属的个体接触时，该群体所具有的刻板印象在知觉者意识中出现的过程（Kunda & Spencer，2003），刻板印象激活是他人知觉过程中最为基础及核心的过程（Brewer，1988；Fiske & Neuberg，1990），其直接或者间接地影响其他他人知觉过程（Fiske & Neuberg，1990）。人们在他人知觉过程中几乎每时每刻都在使用被激活的相关刻板印象，而刻板印象的激活会导致各种负面问题。虽然刻板印象的激活会给人们的社会生活带来诸多不良影响，但基于类属思维的刻板印象激活能让感知者在复杂的社会环境中迅速地获知有关他人人格、行为的大量信息，极大地减轻认知负荷，所以在他人知觉过程中，人们还是不可避免地会使用刻板化（stereotyping）策略（Allport，1954）。由此可见，刻板印象激活在他人知觉及社会交往中扮演了"亦正亦邪"且极其重要的角色，充分发挥刻板印象激活的积极效应，减少甚至消除其负面影响的一个关键问题是澄清刻板印象激活的机制，所以刻板印象激活的机制一直是社会认知研究的热点问题。本综述在分析和整合前人研究的基础上，试图从刻板印象知识的特异性、刻板印象激活的方式以及刻板印象激活的神经基础三个方面来剖析刻板印象激活的机制，同时主张基于个体建构（person construal）的研究视角来探讨刻板印象激活的机制，并提出了基于面孔知觉的刻板印象激活两阶段理论模型，该模型从刻板印象激活时间进程的角度来探讨刻板印象激活的机制，对当前刻板印象激活认知及神经机制的研究做了必要的补充。

一　刻板印象知识的特异性

刻板印象是关于某一社会群体的知识。语义知识（semantic knowledge）指关于某一生命体或者非生命体类别的相关信息（Contreras et al.，2012）。刻板印象是一种典型的语义知识还是一种独特的社会知识呢？社会心理学家就此问题存在争论（Contreras et al.，2012）。有研究者认为刻板印象和一般的语义知识是相同的知识形态，该观点认为，类别不仅组织着非生物体（inanimate objects）知识，其也指导着人类个体之间的交流（Allport，1954）。与将物体划分为某一类别相似，人类也会自动化地把个体按某一社会类别进行分类，如性别、种族、年龄、职业、社会地位等。将某一物体划分为某一类别时，会自动化地获得关于该物体的相关知识，将某一个人归类为某一社会群体后，也同样获得关于该个体的信息，即刻板印象。由于刻板印象和其他类别知识（category-based knowledge）具有相同的功能，所以研究者自然地认为刻板印象仅仅是关于某一实体类别的语义知识，只不过这种实体类别是人类群体而已（Ashmore et al.，1981）。与这一观点相反，也有研究者认为刻板印象是一种独特的语义知识（Ostrom，1984）。首先，社会类别比非社会类别复杂得多，譬如某一社会个体往往同时属于多个社会类别。其次，与人相关的知识和与物相关的知识有很大的区别。比如描述人和物的词语是完全不同的，人可被描述为焦虑、嫉妒等，而这些词是不能用于描述物的。关于人的知识往往是关于他人内在心理状态的，且无法直接观察到，需要感知者基于自己的心理状态进行推测。最后，和关于物的知识相比，应用与人有关的知识时具有一定的灵活性，譬如人们往往需要依据复杂的社会情境来应用与人有关的知识（Mitchell et al.，2002）。

　　Mitchell 及其团队近年来基于 fMRI（functional magnetic resonance imaging）技术的一系列研究在一定程度上解决了上述争论。Mitchell 等（2002）起初探讨了与人相关的知识（person knowledge）和与物体相关的知识（object knowledge）在神经基础上的差异。实验中被试进行"名词－形容词"匹配判断，名词包括人名、服装名以及水果名，形容词包括能描述人（自信的）与能描述物体（无核的）的两种词语。实验发现，与进行"物名－形容词"匹配判断相比，当进行"人名－形容词"匹配判断时激活了内侧前额叶（medial prefrontal cortex）、上颞皮层（superior temporal cortex）、顶内沟（intraparietal sulcus）、梭状回（fusiform gyrus）。该研究证实与人有关的知识和与物有关的知识具有不同的神经基础，虽然刻板印象知识也是一种关于人的抽象的知识，但该研究并没有非常明确地揭示与某一社会群体有关的刻板印象知识和其他语义相关知识之间的关系。在该研究的基础之上，该团队以知识提取为研究切入点，进一步验证了刻板印象知识特异性的神经机制（Contreras et al.，2012）。该研究的思路是，左侧大脑皮层的额叶下回（inferior frontal gyrus）以及下颞叶皮层（inferotemporal cortex）与从语义记忆中提取、选择以及整合信息有关（Joseph，2001），当判断单词意义或命名物体或者判断物体的类别时上述脑区会激活，额叶下回以及颞下回受伤时，人们往往无法对日常生活中的物体命名或定义熟悉的单词（Patterson et al.，2007）。如果刻板印象是一种典型的语义知识，那么提取刻板印象知识也会激活左侧额下回和颞下回，反之则不会激活这两个区域。实验中被试先后完成两种语义知识任务（semantic knowledge tasks），在类别知识任务中（categorical knowledge task），被试要基于某一类人或者某一类物的语义知识进行相关判断，实验过程中在屏幕上呈现两种类别标签（吉他、女性），之后呈现属性标签（看浪漫的电视剧、有六根弦），被试判断属性和哪一类别标签是匹配的。随后进行特征确认任务（feature verification task），被试要判断某一形容词是否能够描述某一名词（包括人名和物名）。结果发现，当进行非社会类别判断时，左侧额下回和颞下回被激活，相反，进行社会类别相关的判断时，这两个脑区没有被激活，所激活的脑区为内侧前额叶、后扣带回（posterior cingulated）、双侧颞顶联合区（bilateral temporo parietal junction）以及前颞叶皮层（anterior temporal cortex），已有的研究表明，这些脑区是和社会认知密切相关的（Frith & Frith，2006；Mitchell，2009）。上述实验表明，刻板印象知识和一般的语义知识在大脑中表征的方式确实是不同的，刻板印象更多地是与对他人心理状态的表征相关，其不同于简单的关于物体和非人类生物对象的语义知识。

二　刻板印象激活的方式

刻板印象激活指与某一刻板化群体所属的个体接触时，该群体所具有的刻板印象在知觉者大脑中快速出现的过程（Kunda & Spencer，2003）。行为实验研究虽然可证实刻板印象的激活，但很难精确地探测到刻板印象激活的方式，所以早期基于行为实验的研究就刻板印象激活的方式存在争论。譬如 Fiske 和 Neuberg（1990）提出的连续体模型（Continuum Model）和 Brewer（1988）的双重加工模型（Dual Process Model）主张刻板印象的激活是完全自动化的。与之相反，Kunda 和 Thagard（1996）提出的平行限制满意模型（Parallel-Constraint-Satisfaction Mode）认为在印象形成的过程中，刻板印象的激活是可控的。近年来大量研究基于 ERP 及 fMRI 技术来探讨刻板印象的激活方式，借用认知神经基础的独特优势，这些研究能较为直接地检测刻板印象激活的方式，研究结果也较为直观与可靠，这在一定程度上解决了上述争论。

（一）刻板印象的自动化激活

N100、P200 成分被认为是对重要特征或者相关特征进行无意识加工的标志（Czigler & Géczy，1996），早期刻板印象激活的 ERP 研究大多采用这些成分来直接地证实刻板印象的自动化激活。在 Ito 和 Urland（2003）的实验中，给被试呈现面孔照片［在每一张面孔中包括种族（黑人、白人）和性别（男、女）两个维度］，并有选择性的将被试的注意集中在其中一个维度上。结果发现，无论被试是注意种族还是注意性别维度，由黑人面孔引发的 N100 的波幅显著大于由白人面孔引发的 N100 的波幅，说明黑人面孔更能引起被试的注意。由黑人、男性面孔诱发的 P200 的波幅显著大于由白人、女性诱发的 P200 的波幅。研究者对这一结果的解释是，由于在美国的文化背景下，白人对黑人的刻板印象与攻击性和暴力有关，对男人的刻板印象往往是和权力、力量及暴力相关的，所以看到黑人面孔时出现了更大的 N100 波幅以及看到男性照片时出现更大的 P200 波幅，即种族和性别等刻板印象自动化地激活了。Correll、Urland 和 Ito（2006）也基于 P200 指标探讨了种族（白人对黑人的刻板印象）刻板印象的自动化激活，在该研究中，白人被试要进行一项视频游戏，屏幕上会出现手持武器（如手枪）或徒手的白人或者黑人，被试的任务是对手持武器的人按键进行射击。结果发现，虽然实验任务与种族无关，但相比白人实验刺激，黑人实验刺激引发了更大的 P200 波幅，研究者认为白人被试认为黑人是"危险的"，所以黑人实验刺激比白人实验刺激引发了更大的 P200 波幅。

还有研究通过 N200 或 ERN（Error-Related Negativity）等指标 ERP 来间接地推断刻板印象的自动化激活。譬如，在 Correll 等（2006）的实验中，屏幕上会出现手持武器（如手枪）或徒手的白人或者黑人，白人被试的任务是对手持武器的人按键进行射击，结果发现，和持枪的黑人相比，当被试对持枪的白人进行反应时，能激活更大的 N200 波幅。研究者认为，受种族刻板印象自动化激活的影响（白人对黑人的刻板印象之一是黑人具有攻击性），被试对持枪的黑人进行射击时，无须进行认知控制，而对持枪的白人进行射击时，要进行更多的认知控制，即黑人刻板印象的自动化激活影响到了被试的认知判断。Amodio 等（2004）基于 ERN 指标间接地证实了种族刻板印象的自动化激活，启动刺激为白人或黑人面孔，其后呈现手枪或工具，被试的任务是快速的判断所看到的刺激为手枪还是工具，结果显示，"黑人 - 工具"刺激诱发的 ERN 大于"白人 - 工具"刺激诱发的 ERN。ERN 是和错误反应相关联的负波，反映被试对其反应的监控加工（Bartholow & Dickter，2008）。研究者认为，白人对黑人刻板印象（被试往往把白人和工具联系在一起，而把黑人与手枪联系在一起）的自动化激活导致出现了上述结果。

（二）刻板印象激活的可控性

随着研究的深入，研究者逐渐发现刻板印象的激活并不是完全自动化的，研究者逐渐发现诸多因素会影响对刻板印象的自动化加工，如认知目的（Wheeler & Fiske，2005）、心理想象（Blair et al.，2001）等。这些研究中最为典型的是 Wheeler 和 Fiske（2005）基于 fMRI 技术的研究，该研究中，在社会分类（判断年龄）、判断个体化信息（判断是否喜欢某种蔬菜）以及视觉搜索（检测一个白点）3 种条件下向被试呈现白人和黑人的面孔照片，结果发现，在社会分类任务中，黑人面孔引发的杏仁核（amygdala）的激活显著高于白人面孔引发的杏仁核的激活，说明在该情境下，被试对黑人的刻板印象自动化的激活了；但在视觉搜索任务、个体化信息判断任务中，并没有出现上述差异，研究者认为，在这两种情境下，基于个体化信息的加工抑制了种族刻板印象的自动化激活，所以杏仁核没有被激活。这一结果表明，至少从加工的最终结果来看，刻板印象的激活并不是完全自动化的。

那么刻板印象的激活究竟是完全自动化的还是可控的？Cunningham 等（2004）基于 fMRI 技术的一项研究在一定程度上澄清了上述争论，在该研究中，给被试呈现白人或者黑人面孔照片，当面孔照片呈现 30 毫秒时，由于被试对黑人持有攻击性的刻板印象，由黑人面孔诱发的杏仁核的激活程度显著大于由白人面孔诱发的杏仁核的激活程度，但当面孔的呈现时间变为 525 毫秒时，两种面孔在杏仁核上诱发的差异消失了，与此同时，与自我控制及自我调节有关的前额叶皮层（prefrontal cortex）被激活。该研究较为明确地显示，刻板印象激活的初期是完全自动化的，但随后个体可能会有意识的加工各种个体化信息，进而抑制刻板印象的激活，此时刻板印象的激活是一种可控加工。需要指出的是，上述证实刻板印象自动化激活的研究主要是基于高时间分辨率的 ERP 技术，而证实刻板印象可控激活的研究主要是基于高空间分辨率的 fMRI 技术，由于这两种技术在侧重点上存在差异，把基于这两种技术的研究结论进行整合而得到的上述结论是否准确，尚需要进一步研究。鉴于刻板印象激活较为迅速的特点，未来研究可基于高时间分辨率的 ERP 技术对刻板印象激活的过程进行精确地实时测量，以便得出更为可靠的结论。

三　刻板印象激活的神经基础

刻板印象激活机制研究的另一项重要课题为寻求能标示刻板印象激活的 ERP 指标以及定位与其有关的脑区，以期在神经基础层面揭示刻板印象激活的机制。当前研究者一致认为 N400 可以用于标示刻板印象的激活，但就刻板印象激活的脑区定位尚存在争论。

（一）刻板印象激活的 ERP 指标

虽然 ERP 技术的优势为高时间分辨率，但受研究理论框架的影响，已有的刻板印象激活 ERP 研究并没有从时间进程的视角来探讨刻板印象激活的过程，而是主要探讨能标示刻板印象激活的 ERP 指标，研究者业已发现能标示刻板印象激活的 ERP 指标包括：P300、N400 以及 N600 等，但当前研究者大多认为 N400 是较为可靠、直接地标示刻板印象激活的 ERP 指标。Bartholow、Dickter 和 Sestir（2006）最先提出可以用 P300 标示刻板印象的激活，在该研究中，先向被试呈现启动种族范畴图片（黑人、白人面部照片以及画有房子的图片），之后呈现刻板特质词，被试的任务是判断启动范畴和特质词是否匹配。实验结果发现，刻板印象不一致情境比一致情境引发了更大波幅的 P300，已有研究表明 P300 和工作记忆的更新有关（Fabiani & Donchin, 1995），当感知者所看到的信息和先前建立的预期相违背时，会引发更大波幅的 P300，基于此研究者认为 P300 可以反映刻板印象的激活。另外需要说明的是由于该实验中所使用的启动材料为图片，也可能是出现 P300 效应的原因之一。相比 P300，更多的研究认为 N400 能更好标示刻板印象的激活，因为大多数研究者认为，刻板印象是一种储存在记忆当中的语义性连结（semantic associations），而 N400 正好与语义的失匹配相关（Kutas & Federmeier, 2000）。诸多研究以 N400 为指标探讨了多种刻板印象激活的神经机制。White 等（2009）最先基于 N400 指标探讨性别刻板印象的激活，被试首先看到的是范畴启动词，然后呈现刻板特质词，被试的任务是判断二者是否匹配，研究表明，与范畴词和刻板特质词一致时相比，不一致情境下引发了更大的 N400 波幅。Hehman、Volpert 和 Simons（2014）在探讨白人对黑人的种族刻板印象时，得到了类似的结论，发现 N400 也可以反映种族刻板印象的激活。需要指出的是，也有研究者提出 P600 反映了句子语义判断中的失匹配效应，所以 P600 也可以标示刻板印象的激活，譬如在 Osterhout、Bersick 和 McLaughlin（1997）的研究中，被试阅读一个句子，该句子包含了某一性别刻板职业和反身代词，二者形成一致和不一致两种关系，比如 "The beautician put herself through school vs The beautician put himself through school"，结果发现，当反身代词和刻板印象职业不一致时，能引发更大的 P600 波幅。由于基于 P600 的研究中所用的实验材料大多是一个句子，虽然此句子和刻板印象有关，但是由此得到的 P600 效应可能是基于整个句子意思判断而得到的效应，并不是语义刻板印象激活效应。所以研究者倾向认为 N400 更能标示刻板印象的激活效应。

（二）刻板印象激活的脑区定位

除了探求能标示刻板印象激活的 ERP 波，研究还基于 fMRI 技术对刻板印象激活所涉及的脑区进行定位，但就该问题还存在争论。Quadflieg 等（2009）最先基于 fMRI 技术对刻板印象激活过程所涉及的脑区进行了定位研究，该研究中，被试完成两种任务，一种为判断一系列行为（如在草坪上割草）的实施者是男性还是女性，另一种为判断一系列行为是发生在室内还是户外，实验中所用的行为句子中有一部分是和性别刻板印象相关的，通过对这两种判断所激活的脑区的差异，来确定刻板印象激活的脑机制。结果发现，和判断某一行为的发生地点相比较，当基于性别刻板印象进行判断时（判断行为的实施者是男性还是女性时），激活了腹内侧前额叶皮层（ventral medial prefrontal cortex）以及杏仁核。在另一个研究中，被试的任务是推测某一判断目标（男性或者女性）同意某一观点的程度（Mitchell et al.，2009），判断目标和描述观点的句子形成了刻板印象一致和刻板印象无关两种刺激类型。结果发现，当被试进行刻板印象一致信息的判断时，右侧前额叶大脑皮层（prefrontal cortex）被激活。还有研究者基于 fMRI 技术从刻板印象和偏见区别的视角寻求与刻板印象激活有关的脑区（Gilbert et al.，2012）。在该研究中，被试要完成两种任务，一种是对不同种族（黑人和白人）态度的判断（判断是否愿意和所看的面孔成为朋友），另一种是对种族刻板印象语义知识的判断（判断所看到的面孔是否喜欢运动）。结果发现，在社会态度判断中，外侧眶额叶皮层（lateral orbitofrontal cortex）被激活，而在刻板印象语义知识的判断过程中，前部内侧前额叶皮层（anterior medial prefrontal cortex）被激活。这一研究结果表明，对某一群体的刻板印象语义表征和对该群体的态度评价具有不同的神经生理基础，刻板印象激活与内侧前额叶皮层有关。

上述三个研究都表明刻板印象的激活与内侧前额叶皮层有关，基于上述研究似乎可以做出如下推断：前额叶皮层可能是刻板印象激活的神经基础。但是 Cloutier、Gabrieli、Young 和 Ambady（2011）新近的研究为这一推论蒙上了阴影，该研究也是利用 fMRI 技术探讨刻板印象激活的神经机制，实验刺激为标示"共和党"或"民主党"政治家身份的头像，且在照片的下方呈现这两个党派的典型的政治主张，这样照片所示的政治身份和其下方呈现的政治主张形成刻板印象匹配（如民主党身份 - 民主党主张）和刻板印象不匹配（如民主党身份 - 共和党主张）两种关系。被试的任务是基于面孔和其下方的政治主张进行印象形成任务。实验结果比较了对刻板印象一致信息和不一致信息情境下所激活脑区的差异，结果发现，与刻板印象一致情境相比，在刻板印象不一致情境下，即基于个体化信息而非刻板印象进行印象判断时激活了内侧前额叶皮层以及顶颞联合区（temporoparietal junction）。大量研究发现当感知者对他人的心理状态进行推论（mental inferences）时会激活这两个区域（Frith & Frith，2006），对他人的心理状态进行归因时或者获取和某一个体有关的个体化知识（person-knowledge）时，也会激活这两个区域（Cloutier et al.，2011；Frith & Frith，2006）。Cloutier 等（2011）对这一结果的解释是，依据社会认知理论，在对他人形成印象的过程中，当已有的经验即刻板印象不能应用于当前加工的他人时，基于个体化信息的加工会被使用（Brewer，1988），所以内侧前额叶和顶颞联合区与对他人进行的个体化加工有关（Freeman et al.，2010）。由此可见，不论是基于刻板印象的他人知觉还是基于个体化信息的他人知觉，都能激活内侧前额叶皮层。但上述研究结论并不能表明二者具有相同的神经基础，我们推测，之所以当前研究都表明刻板印象的激活和基于个体化信息的他人知觉都能激活内侧前额叶皮层，是因为二者都属于社会认知加工过程，即二者都是在加工与人有关的社会信息，未来研究可从信息加工深度的视角来找寻刻板印象激活的特异性脑区。

四 个体建构视角下刻板印象激活的机制

近年来，有研究者开始整合社会认知框架下的他人知觉研究与认知科学领域的面孔加工研究，提出把低水平的知觉加工和更高水平的社会认知结合起来进行研究，并将这一研究取向称为个体建构（person construal）研究。个体建构研究主要探讨分类的低水平知觉过程及其机制以及分类的决定性因素，包括如何通过面孔、声音以及身体线索的加工激活社会分类和刻板印象等（Freeman & Ambady，2011；Zhang et al.，2014）。个体建构视角下的刻板印象激活机制研究从早期知觉加工开始，基于刻板印象激活全过程的视角来探讨刻板印象激活的机制，弥补了已有刻板印象激活机制研究的疏漏之处，其将开启刻板印象激活认知与神经机制研究的新视角，当前已有研究者基于个体建构的视角来探讨刻板印象激活的机制（张晓斌、佐斌，2012）。

基于个体建构的研究视角，为了澄清刻板印象激活过程中社会分类和刻板印象激活之间的关系，以及早期知觉加工对刻板印象激活的影响，张晓斌和佐斌（2012）从刻板印象激活时间进程的角度出发探讨刻板印象激活的机制，提出了基于面孔知觉的刻板印象激活的两阶段理论模型，该模型的核心假设是完整的刻板印象激活过程，应包括两个阶段：基于面孔知觉的社会类别提取的第一阶段和基于所提取社会类别的刻板印象信息激活的第二阶段，而且社会分类和刻板印象信息的激活是相互分离而前后衔接的两个过程，面孔知觉加工对刻板印象激活有显著影响，社会类别激活并不是刻板印象信息激活的充分条件。如图 1 所示。该模型所指的刻板印象激活包括狭义和广义两个层面：广义上刻板印象激活指包括社会类别激活（category activation）和刻板印象信息激活（stereotype information activation）两个阶段；狭义的刻板印象激活指社会分类之后的刻板印象信息激活阶段，而几乎所有已有研究所探讨的刻板印象激活都是指狭义的刻板印象激活（张晓斌、佐斌，2012）。

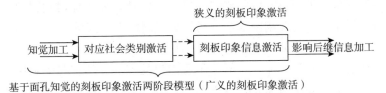

基于面孔知觉的刻板印象激活两阶段模型（广义的刻板印象激活）

图 1　基于面孔知觉的刻板印象激活的两阶段理论模型

研究者通过一系列研究验证了刻板印象激活的两阶段理论模型。在 2012 年进行的系列研究中（张晓斌、佐斌、2012），研究者比较了性别分类判断、启动范式以及同时呈现范式下刻板印象匹配性判断所用反应时的差异，结果发现，后者显著大于前二者且等于前二者之和；面孔倒置呈现使同时呈现范式下刻板印象匹配判断的反应时和错误率显著延长和增大，但其对启动范式中刻板印象匹配判断的反应时和错误率没有影响，这表明对应社会类别激活和刻板印象信息的激活是两个相互分离的过程，刻板印象（广义的刻板印象）的激活包括社会类别激活和刻板印象信息激活两个阶段。这一结果表明早期知觉加工对刻板印象的激活确实有显著的影响，进一步证实了刻板印象激活包括基于面孔知觉加工的社会类别提取和基于所提取社会类别的刻板印象信息激活两个阶段（张晓斌、佐斌，2012）。之后，Zhang 等（2019）还进一步探讨了面孔情绪信息以及凸显的社会类别信息对性别刻板印象激活的影响，发现当启动面孔中包含了情绪信息或凸显社会类别信息时，情绪和凸显的社会类别信息会抑制性别刻板印象的激活。在上述研究的基础之上，Zhang 等（2018）基于高时间分辨率的 ERP 技术探讨了性别刻板印象激活两阶段的时间进程和神经机制。该研究采用改进了的启动范式，从面孔知觉加工开始对刻板印象激活的过程进行了实时测量。结果发现，在性别刻板印象激活过程中，在面孔刺激呈现之后的195毫秒这一时间点，性别分类过程发生，男女性别分类过程引发的 ERP 波形出现了明显的分离，男性面孔引发了一个更加负性的波幅（N200波），性别分类的最大效应出现在245毫秒。在面孔刺激呈现之后的475毫秒，即社会分类过程发生之后的280毫秒，性别刻板印象信息激活，刻板印象匹配刺激和不匹配刺激引发的脑电波出现了分离，刻板印象不一致情境引发了一个更加负性的波幅（N400波）。

五　总结和展望

当前社会认知理论框架下刻板印象激活认知及神经机制的研究已取得了不俗的成果，但还有一些问题需要进一步澄清，而个体建构视角下刻板印象激活机制的研究才刚刚起步，尚有诸多问题需要探讨。

首先，刻板印象知识表征的神经基础需要澄清。既然刻板印象是一种特异的社会类别知识，那么对刻板印象知识的表征和储存与大脑中哪些脑区有关呢？ Quadflieg 和 Macrae（2011）认为因刻板印象内容及形式不同，刻板印象知识的神经基础会广泛的分布在大脑的各个区域。比如就性别刻板印象来说，其可能包括服饰、行为以及人格特质等多种形式，这些刻板印象所涉及的感觉通道是不同的。譬如服饰刻板印象内容的表征和视觉相关联的皮层有关，包括枕叶腹侧及颞叶（ventral occipital and temporal region）等。行为刻板印象和颞叶后部以及顶叶有关（Assmus et al. , 2007）。人格刻板印象知识的表征和抽象社会属性知识的表征有关，涉及的脑区包括颞叶上回前部（anterior superior temporal gyrus, aSTG; Zahn et al. , 2007）。当前系统地探讨刻板印象知识表征神经机制的研究并不多，所以该领域今后要做的工作还很多。

其次，需从信息加工深度及抽象程度的视角探讨刻板印象信息激活的神经机制。他人知觉的两个重要方面是基于刻板印象以及个体化信息来理解他人，如前文所述，基于 fMRI 的研究发现，二者在神经基础上具有类似性，即都激活了内侧前额叶，但这不能说明二者在神经基础上没有差异。我们认为这种在激活脑区上的相似性是因为已有研究是从刻板印象激活和个体信息激活的内容（二者都是在使用与人有关的社会性知识）方面比较二者的神经机制的结果。如果从加工的深度和抽象性层面来说，二者可能会基于不同的神经机制。从信息加工的角度来说，与个体化信息加工相比，基于刻板印象的加工不但是一种浅层加工，而且还是一种基于社会群体特征的抽象化的加工。所以从加工的深度和抽象度层面来探讨刻板印象激活的神经机制，并比较其与个体化信息加工神经机制的差异，是未来研究急需解决的一个问题。

最后，个体建构视角下刻板印象激活机制的研究需进一步拓展。最主要地，基于面孔知觉的刻板印象激活的两阶段理论模型需要进一步验证，当前该模型的验证只是以性别刻板印象作为研究内容，今后研究应该基于种族、年龄及其他刻板印象进一步验证刻板印象激活的两阶段模型及其神经机制。同时，未来研究还需基于 fMRI 技术，进一步从脑区激活的层面验证刻板印象激活的两阶段模型。

参考文献

张晓斌、佐斌，2012，《基于面孔知觉的刻板印象激活两阶段模型》，《心理学报》第 9 期，第 1189～1201 页。

Allport, G. W. (1954). *The Nature of Prejudice.* Reading, MA: Addison-Wesley.

Amodio, D. M., Harmon-Jones, E., Devine, P. G., Curtin, J. J., Hartley, S. L. & Covert, A. E. (2004). Neural signals for the detection of unintentional race bias. *Psychological Science*, 15 (2), 88 – 93.

Ashmore, R. D., Del Boca, F. K. & Hamilton, D. L. (1981). Cognitive processes in stereotyping and intergroup behavior. In Hami (ton, D. L.) (Eds.), *Conceptual approaches to stereotypes and stereotyping.* Hillsdale, NJ: Erlbaum.

Assmus, A., Giessing, C., Weiss, P. H. & Fink, G. R. (2007). Functional interactions during the retrieval of conceptual action knowledge: An fMRI study. *Journal of Cognitive Neuroscience*, 19 (6), 1004 – 1012.

Banaji, M. R. & Hardin, C. D. (1996). Automatic stereotyping. *Psychological Science*, 7 (3), 136 – 141.

Bartholow, B. D. & Dickter, C. L. (2008). A response conflict account of the effects of stereotypes on racial categorization. *Social Cognition*, 26 (3), 314 – 332.

Bartholow, B. D., Dickter, C. L. & Sestir, M. A. (2006). Stereotype activation and control of race bias: Cognitive control of inhibition and its impairment by alcohol. *Journal of Personality and Social Psychology*, 90 (2), 272 – 287.

Blair, I. V., Ma, J. E. & Lenton, A. P. (2001). Imagining stereotypes away: The moderation of implicit stereotypes through mental imagery. *Journal of Personality and Social Psychology*, 81 (5), 828 – 841.

Brewer, M. B. (1988). A dual process model of impression formation. In: T. K. Srull & R. S. Wyer (Eds). *Advances in Social Cognition* (pp. 1 – 36). Hillsdale, NJ: Erlbaum.

Cloutier, J., Gabrieli, J. D., O'Young, D. & Ambady, N. (2011). An fMRI study of violations of social expectations: When people are not who we expect them to be. *Neuro-*

Image, 57 (2), 583 – 588.

Contreras, J. M. , Banaji, M. R. & Mitchell, J. P. (2012). Dissociable neural correlates of stereotypes and other forms of semantic knowledge. *Social Cognitive and Affective Neuroscience*, 7 (7), 764 – 770.

Correll, J. , Urland, G. R. & Ito, T. A. (2006). Event-related potentials and the decision to shoot: The role of threat perception and cognitive control. *Journal of Experimental Social Psychology*, 42 (1), 120 – 128.

Cunningham, W. A. , Johnson, M. K. , Raye, C. L. , Chris Gatenby, J. , Gore, J. C. & Banaji, M. R. (2004). Separable neural components in the processing of black and white faces. *Psychological Science*, 15 (12), 806 – 813.

Czigler, I. & Géczy, I. (1996). Event-related potential correlates of color selection and lexical decision: hierarchical processing or late selection? *International Journal of Psychophysiology: Official Journal of the International Organization of Psychophysiology*, 22 (1 – 2), 67 – 84.

Dovidio, J. F. , Kawakami, K. , Johnson, C. , Johnson, B. & Howard, A. (1997). On the nature of prejudice: Automatic and controlled processes. *Journal of Experimental Social Psychology*, 33 (5), 510 – 540.

Fabiani, M. & Donchin, E. (1995). Encoding processes and memory organization: A model of the von Restorff effect. *Journal of Experimental Psychology: Learning, Memory, and Cognition*, 21 (1), 224 – 240.

Fiske, S. T. & Neuberg, S. L. (1990). A continuum model of impression formation: From category-based to individuating processes as a function of information, motivation, and attention. In M. P. Zanna (Eds.), *Advances in Experimental Social Psychology*. New York: Academic Press.

Förster, J. (2009). Relations between perceptual and conceptual scope: How global versus local processing fits a focus on similarity versus dissimilarity. *Journal of Experimental Psychology. General*, 138 (1), 88 – 111.

Freeman, J. B. & Ambady, N. (2011). A dynamic interactive theory of person construal. *Psychological Review*, 118 (2), 247 – 279.

Freeman, J. B. , Schiller, D. , Rule, N. O. & Ambady, N. (2010). The neural origins of superficial and individuated judgments about ingroup and outgroup members. *Human Brain Mapping*, 31 (1), 150 – 159.

Frith, C. D. & Frith, U. (2006). The neural basis of mentalizing. *Neuron*, 50 (4), 531 – 534.

Gilbert, S. J. , Swencionis, J. K. & Amodio, D. M. (2012). Evaluative vs. trait representation in intergroup social judgments: Distinct roles of anterior temporal lobe and prefrontal cortex. *Neuropsychologia*, 50 (14), 3600 – 3611.

Hehman, E. , Volpert, H. I. & Simons, R. F. (2014). The N400 as an index of racial stereotype accessibility. *Social Cognitive and Affective Neuroscience*, 9 (4), 544 – 552.

Ito, T. A. & Bartholow, B. D. (2009). The neural correlates of race. *Trends in Cognitive Sciences*, 13 (12), 524 – 531.

Ito, T. A. & Urland, G. R. (2003). Race and gender on the brain: Electrocortical measures of attention to the race and gender of multiply categorizable individuals. *Journal of Personality and Social Psychology*, 85 (4), 616 – 626.

Jones, E. E. (1990). *Interpersonal perception.* New York: Freeman.

Joseph, J. E. (2001). Functional neuroimaging studies of category specificity in object recognition: A critical review and meta-analysis. *Cognitive, Affective & Behavioral Neuroscience*, 1 (2), 119 – 136.

Kubota, J. T. , Banaji, M. R. & Phelps, E. A. (2012). The neuroscience of race. *Nature Neuroscience*, 15 (7), 940 – 948.

Kunda, Z. & Spencer, S. J. (2003). When do stereotypes come to mind and when do they color judgment? A goal-based theoretical framework for stereotype activation and application. *Psychological Bulletin*, 129 (4), 522 – 544.

Kunda, Z. & Thagard, P. (1996). Forming impressions from stereotypes, traits, and behaviors: A parallel-constraint-satisfaction theory. *Psychological Review*, 103 (2), 284 – 308.

Kutas, M. & Federmeier, K. D. (2000). Electrophysiology reveals semantic memory use in language comprehension. *Trends in Cognitive Sciences*, 4 (12), 463 – 470.

Ma, Q. , Shu, L. , Wang, X. , Dai, S. & Che, H. (2008). Error-related negativity varies with the activation of gender stereotypes. *Neuroscience Letters*, 442 (3), 186 – 189.

Mason, M. F. & Macrae, C. N. (2004). Categorizing and individuating others: The neural substrates of person perception. *Journal of Cognitive Neuroscience*, 16 (10), 1785 – 1795.

McCrea, S. M. , Wieber, F. & Myers, A. L. (2012). Construal level mind-sets moderate self-and social stereotyping. *Journal of Personality and Social Psychology*, 102 (1), 51 – 68.

Mitchell, J. P. (2009). Social psychology as a natural kind. *Trends in Cognitive Sciences*, 13 (6), 246 – 251.

Mitchell, J. P. , Ames, D. L. , Jenkins, A. C. & Banaji, M. R. (2009). Neural correlates of stereotype application. *Journal of Cognitive Neuroscience*, 21 (3), 594 – 604.

Mitchell, J. P. , Heatherton, T. F. & Macrae, C. N. (2002). Distinct neural systems subserve person and object knowledge. *Proceedings of the National Academy of Sciences*, 99 (23), 15238 – 15243.

Osterhout, L. , Bersick, M. & McLaughlin, J. (1997). Brain potentials reflect violations of gender stereotypes. *Memory & Cognition*, 25 (3), 273 – 285.

Ostrom, V. (1984). The meaning of value terms. *American Behavioral Scientist*, 28, 249 – 262.

Patterson, K. , Nestor, P. J. & Rogers, T. T. (2007). Where do you know what you know? The representation of semantic knowledge in the human brain. *Nature Reviews. Neuroscience*, 8 (12), 976 – 987.

Quadflieg, S. & Macrae, C. N. (2011). Stereotypes and stereotyping: What's the brain got to do with it? *European Review of Social Psychology*, 22 (1), 215 – 273.

Quadflieg, S. , Turk, D. J. , Waiter, G. D. , Mitchell, J. P. , Jenkins, A. C. & Macrae, C. N. (2009). Exploring the neural correlates of social stereotyping. *Journal of Cognitive Neuroscience*, 21 (8), 1560 – 1570.

Wheeler, M. E. & Fiske, S. T. (2005). Controlling racial prejudice: Social-cognitive goals affect amygdala and stereotype activation. *Psychological Science*, 16 (1), 56 – 63.

White, K. R., Crites, S. L., Taylor, J. H. & Corral, G. (2009). Wait, what? Assessing stereotype incongruities using the N400 ERP component. *Social Cognitive and Affective Neuroscience*, 4 (2), 191 – 198.

Zahn, R., Moll, J., Krueger, F., Huey, E. D., Garrido, G. & Grafman, J. (2007). Social concepts are represented in the superior anterior temporal cortex. *Proceedings of the National Academy of Sciences of the United States of America*, 104 (15), 6430 – 6435.

Zhang, X., Li, Q., Eskine, K. J. & Zuo, B. (2014). Perceptual simulation in gender categorization: Associations between gender, vertical height, and spatial size. *PloS One*, 9 (2), e89768.

Zhang, X., Li, Q., Sun, S. & Zuo, B. (2018). The time course from gender categorization to gender-stereotype activation. *Social Neuroscience*, 13 (1), 52 – 60.

Zhang, X., Li, Q., Sun, S. & Zuo, B. (2019). Facial expressions can inhibit the activation of gender stereotypes. *Cognition & Emotion*, 33 (7), 1424 – 1435.

《中国社会心理学评论》 第 24 辑
第 189～210 页
© SSAP, 2023

观点采择对刻板化的影响：自我－刻板印象的双重路径[*]

孙　山[**]

摘　要： 观点采择能够减少人们的刻板化水平吗？不同研究对这一问题给出了矛盾的回答。有的研究发现观点采择能够有效地减少刻板化，并且还可能降低对外群体成员的消极评价。但是也有研究认为在特定条件下观点采择可能会提升刻板化水平，恶化群际关系。本文通过三个研究考察在观点采择影响刻板化的过程中，自我信息和刻板印象在其中发挥的作用。结果显示当观点采择的对象与刻板印象一致时，刻板印象易得性提升，进而导致刻板化水平提升；当对象表现出反刻板印象信息时，观点采择导致自我－他人重合的增加，进而降低个体的刻板化水平。在观点采择的过程中，自我和刻板印象都有可能作为信息资源供观点采择者使用。在不同的条件下，人们会使用不同的信息资源，或者更侧重于某一信息资源，使得观点采择有时会降低刻板化水平，但有时又起到增强的作用。

关键词： 观点采择　性别刻板印象　自我　刻板印象易得性　反刻板印象

---

* 本研究受到教育部人文社会科学研究青年基金项目（18YJC190021）、国家社会科学基金项目（21CSH047）和国家社会科学基金重大项目（18ZDA331）的资助。

** 孙山，博士，湖北大学心理学系讲师、硕士生导师，通信作者，E-mail：shansun@ hu-bu. edu. cn。

一 引言

人们对社会群体的刻板印象是社会心理学中的重要研究问题。作为对社会群体成员过分概括化的信念，刻板印象使得我们能在日常生活中对属于社会群体的个体进行快速判断，免去认知上沉重的负担（Fiske & Neuberg，1990），这极大地影响了人们的各种社会认知活动，如印象形成、人际交往、群体关系等。可以说和刻板印象有关的心理加工是社会认知过程中的基础和核心的心理加工过程（Mason & Macrae，2004）。同时，刻板印象也会带来一些消极的社会后果，如判断失准，社会不公和群际冲突等问题（Kunda，1999）。当个人在社会知觉中依赖刻板印象的信息形成对他人的印象，即高度刻板化（stereotyping）时，会增加以偏概全、忽略感知对象的各种个体化信息，以及对感知对象做出错误判断的风险，甚至对特定群体产生偏见和歧视。

那么如何控制和减少刻板印象带来的消极效应呢？近年来，许多研究将关注点放在观点采择对刻板化的影响上。当人们试图转换为他人的视角时，个人的刻板化程度会显著的下降，对外群体成员的评价也会提高（Galinsky & Moskowitz，2000；Shih et al.，2013；Todd et al.，2012；Vescio et al.，2003；Wang et al.，2014）。但是也有研究认为观点采择是一种无效的策略（Batson et al.，2003），某些情况下甚至有加强刻板化的风险（Skorinko & Sinclair，2013）。

如何理解这些相互矛盾的研究结果呢？研究者尝试从知觉者的认知风格（Sun et al.，2016）、文化差异（Wang et al.，2018）、知觉对象的特征（Skorinko & Sinclair，2013）和观点采择操纵方式（Huang et al.，2021）等方面来解释不一致的现象。本研究从观点采择的过程入手，通过分析自我信息和刻板印象信息的作用，为理解观点采择和刻板化的关系提供新的视角。

（一） 观点采择对刻板化的影响

在社会心理学的研究中，观点采择被看作努力采用或想象他人的视角（Davis et al.，2004），通过他人的视角看待世界的认知能力（Galinsky et al.，2008），或是个体从他人或他人所处情境出发，想象或推测他人观点与态度的心理过程（Galinsky et al.，2005；赵显等，2012）。

有一些研究认为观点采择是减少个体刻板化水平的有效策略。在 Galinsky 和 Moskowitz（2000）的研究中，相较于控制组，对老年人进行观点采择后，年轻被试表现出更低的刻板化水平。同时，Wang 等（2014）的研究发现，无论刻板印象的效价是积极还是消极，观点采择都能降低刻板化水平。这一发现也在中国大学生对肥胖群体进行观点采择的研究中得到了重复验证（Wu & Zhang，2021）。此外，Todd 等（2012）的研究发现，人们进行观点采择后，会更关注与刻板印象不一致的信息。这种选择性的关注，在某种意义上抑制了刻板信息的激活和使用。

随着研究的深入，越来越多的研究发现观点采择减少刻板化的效应并不稳定，有些条件下可能会加深刻板印象。Vescio 等（2003）的研究发现在观点采择任务中，当被试接触到凸显的刻板印象信息时，会更倾向于使用刻板印象来评价非裔美国学生。如果当个体自身的认知闭合需要较高（Sun et al.，2016），或者观点采择的对象是一位刻板印象凸显的老年人时（Skorinko & Sinclair，2013），年轻人更倾向于使用刻板印象来评价老年人。观点采择之所以会提高刻板化水平，主要是因为突出的刻板印象使得人们使用刻板印象而非自我作为观点采择的基础（Skorinko & Sinclair，2013；Sun et al.，2016）。此外，文化差异也是一个重要的视角。Wang 等（2018）的研究发现观点采择减少刻板化的现象更可能发生在西方文化的社会之中。

（二）自我信息在观点采择过程中的作用

在社会知觉的过程中，个体会依靠自我信息来理解他人行为的含义（Sedikides et al.，2021）。从认知的观点来看，自我信息是我们进行社会知觉的重要信息资源，其作为一种独特的认知结构，不同于其他的类别知识（Lieberman et al.，2019）。大量对自我参照效应的研究认为，自我信息在人们的记忆中有独特的地位，和他人相关的记忆有显著性的差别（Sedikides & Alicke，2019）。在社会知觉的过程中自我信息的易得性较高（Higgins，1996），易于获得和加工，增加了其在记忆中的易得性。

在观点采择的过程中个体的自我信息得到了大量使用。通过使用自我信息来推断他人的行为和观点，构建他人的心理表征，观点采择过程能够增强人们对自我和他人重合的知觉（Galinsky & Moskowitz，2000），或者模糊自我与他人的差异（Ames et al.，2008）。对他人进行观点采择会导致对自我的知觉发生改变，认为自己和所进行观点采择的对象更相似（Galinsky et al.，2008）。同时，完成视觉空间的观点采择任务后，个体感知到的自我和他人的相似性也得到显著提升（Erle & Topolinski，2017）。神经科学方面也提供了相关的证据，观点采择会导致在认知过程中自我和他人表征更大的重叠，具体表现在考虑自我和他人时，腹内侧前额叶（vMPFC）的激活程度的差异变小（Ames et al.，2008）。

使用自我信息而产生的自我与他人心理表征的重合，是观点采择积极社会效应的重要机制。观点采择不仅会导致人们将自我信息应用于对他人的知觉与评价，也会导致人们更倾向于将自我信息投射到目标所属的社会群体之上（Laurent & Myers，2011）。Goldstein 和 Cialdini（2007）发现观点采择能增加个体与观点采择对象合为一体的感觉，进而增加助人行为。也有研究认为，在观点采择的条件下，自我－他人重合能更好地促进助人行为（钟毅平等，2015）。此外，Galinsky 和 Moskowitz（2000）发现在观点采择影响对他人态度评价的过程中，自我－他人重合起到中介作用。观点采择的被试相较于控制组，会更少对他人进行刻板的评价，而这其中的原因就是因为观点采择导致自我－他人重合的程度增加。在观点采择减少肥胖刻板印象的过程中，自我－他人重合也起到中介作用（Wu & Zhang，2021）。

（三）刻板印象信息在观点采择中的作用

社会认知取向的社会心理学家认为，刻板印象是用于加工信息的有组织的图式（regular schemata）或者认知图式（Fiske & Linville，1980）。人们会依据此图式对刻板群体的成员进行知觉和判断（Leyens，Yzerbyt，& Schadron，1994）。作为一种包含知觉者对目标群体的知识、信念和预期的认知图式，在人际知觉过程中，一旦刻板印象信息出现，知觉者就会对其产生自动化加工，即刻板印象的激活（Fiske & Neuberg，1990）。因此，当人们在对相关的社会目标进行信息加工时，刻板印象整合的信息就变得非常易于检索和使用。人们在回忆与刻板印象一致的信息时，相对于与刻板印象无关的信息，会有更好的效果（Fyock & Stangor，1994）。

刻板印象为观点采择过程提供了高度唤醒和针对性的信息，便于个人构建观点采择对象的表征。当目标的刻板印象处于高度易得性的条件下，个体更可能使用刻板印象和类别化信息来推理他人（Epley & Waytz，2010）。Sun 等（2016）发现对于高认知闭合需要的年轻人，观点采择会显著提高他们对老年人的刻板印象易得性。此外，Batson 等（1997）发现观点采择没有导致更强的自我－他人重合，同时自我－他人重合也没有在共情和助人行为其中发挥中介作用。同时，一些社会神经科学的研究也发现，采择他人的观点会增强顶叶皮层（parietal cortex）的激活程度（Ruby & Decety，2004），这一皮层被认为是与自我代理（self-agency）有关的，即自我与周围环境相隔离的感觉。增加这一脑区的激活表明，在观点采择的过程中对自我的知觉和对他人的知觉是更加分离的而不是导致自我和他人重合交叠在一起。

（四）观点采择过程中的双重路径

人们无法获得他人心理活动过程的直接信息，无法直接感知他人内心的想法。在对人知觉的过程中，个体会同时使用自我投射和理论驱动策略来知觉他人的心理活动（Epley & Waytz, 2010）。自我投射是将自我作为信息资源来推测他人的心理活动。同时，理论驱动策略使得人们在知觉他人的心理状态时会使用已获得的与目标对象的个体化信息和类别化知识。当人们在建构他人的心理表征时，这些心理表征的组成部分不仅仅是直接的交往经验，知觉者会使用自我的图式、刻板印象和过去的经验创造目标对象的形象，不仅仅局限于目标对象事实上在交往中的所言所行（Myers & Hodges, 2009）。在对他人的行为特质进行推断时，这两种策略存在替代性的关系（Ames, 2004）。当个人对观点采择对象持有较强的刻板印象，在社会判断过程中自我知识的使用就会受到抑制（Sedikides et al.，2021）。

从信息可得性的视角来看，自我知识和刻板印象都是非常好的材料，用以建构社会知觉中对他人的表征。自我表征和刻板印象表征都很容易获取，并能轻松的使用，以节省知觉者的认知努力（Gilbert & Hixon, 1991）。在不同的情境中，人们会使用不同的策略推断他人的心理过程。当推断与自身相似的个体时，人们会更多使用自我投射；当推断与自身不同的个体时，人们会使用类别化的信息（Vorauer et al.，2000）。

观点采择可以被看作主体与客体交换和融合的过程，其中主体是观点采择者，客体是观点采择对象。因此主体无论是扮演客体，还是站在客体的角度思考问题，都无法避免会受到两个信息来源的影响。一个是主体的自我知识，另一个是主体储存的关于客体的类别化知识。因此，在观点采择的过程中，自我和刻板印象都有可能作为信息资源供观点采择者使用。在不同的条件下，人们会使用不同的信息资源，或者更侧重于某一信息资源，这使得观点采择有时会降低刻板化水平，但有时又起到增强的作用，如图1所示。

当观点采择对象的刻板印象被高度唤醒（Skorinko & Sinclair, 2013），或者个体在信息加工中具有优先使用刻板印象信息的倾向（Sun et al.，2016）时，观点采择过程就更可能侧重于刻板印象信息的使用。同时，当个体感知到与他人的显著差异，那么观点采择会导致自我与他人的对比

（Tarrant et al.，2012），进而提升刻板印象的可得性。刻板印象的一个特点
就是对差异性的关注（Le Pelley et al.，2010）。刻板印象包含一些目标群
体和其他群体有明确差异性的特质（Sherman et al.，2009），会增大群体间
知觉到的差异，最小化群体内知觉到的差异（Sherman et al.，2013）。例
如，当女性对与性别刻板印象高度一致的男性进行观点采择时，一方面
会激活性别刻板印象，同时还会感知到显著的差异。当观点采择对象的
信息比较模糊，或者与自我的相似性较高，观点采择会导致个体进行
自我投射，使用自我信息去同化他人的表征。例如，当女性对性别反
刻板印象的男性进行观点采择时，由于观点采择对象在性别角色行为
方面的表现与男性刻板印象不相符，违背了刻板预期，增加了两性间
的相似性，女性更可能进行个体化加工，知觉者的自我信息更容易在
其中发挥作用。

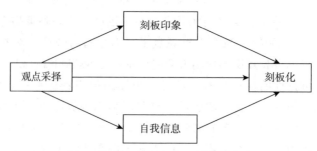

图1　自我－刻板印象双重路径模型

因此本研究假设，对于刻板个体进行观点采择，会提升被试自身的
刻板化水平，这一效应以减少自我－他人重合及增加刻板印象易得性的
方式来实现。但是对反刻板个体进行观点采择后，会提升被试自身的刻
板化水平，这一效应通过增加自我－他人重合及减少刻板印象易得性来
实现。

二　研究1：观点采择影响刻板化过程中刻板印象
一致性的调节作用

（一）研究目的与假设

在观点采择影响刻板化的过程中，观点采择目标与刻板印象的一致性
起调节作用。对刻板目标进行观点采择，会提升被试的刻板化水平，而当

观点采择的目标与其所属群体的刻板印象不一致，表现为反刻板印象的个体时，被试对该群体的刻板化水平则会下降。

（二）研究方法

1. 被试

74 名女性大学生（M_{age} = 19.98，SD_{age} = 1.57）作为被试参与实验，以换取课程要求的学分。

2. 研究设计

实验采用 2（观点采择组，控制组）×2（刻板的采择对象，反刻板的采择对象）×2（积极刻板特质词，消极刻板特质词）混合设计，其中刻板特质词的效价为组内变量，因变量为刻板化水平。被试到达实验室后，被告知实验的主要内容是对语言能力进行测试，在接下来的实验中被试需要完成几项不相关的语言任务。被试首先完成观点采择任务。在观点采择任务中，参考以往的研究（Galinsky & Moskowitz, 2000；Sun et al., 2016），给被试呈现一张年轻男性的图片，随机将被试分为两组，其中一组被试看到的男性照片与男性刻板印象一致，另一组被试看到的男性照片为反刻板个体。被试看到男性照片的同时，对照片中男性的刻板化程度进行判断，然后要求被试用 5 分钟的时间写一篇短文，短文的内容是这位男性"一天的生活"。被试被随机分配到观点采择组和控制组。观点采择组的被试的指导语为"请采用图片中男性的视角，想象一下你就是这位男性，通过他们的眼睛来看这个世界，通过他们的身体来感受周围的环境"。呈现给控制组被试的指导语为"请站在第三者的立场，客观地描写这个男性一天的生活"。书写任务之后，对观点采择任务进行操作性检验，随后被试完成10 分钟的填充任务，最后测量被试对男性的刻板化水平以及人口学信息。

3. 研究材料

本研究通过对男性刻板特质进行评定类测量，以得到被试的刻板化水平。我们给被试呈现 50 个特质词，要求被试评价这些特质词在多大程度上能用来形容男性，题目使用 Likert 6 点评分，1 分表示"非常不符合"，6分表示"非常符合"。在 50 个特质词中，有 16 个特质词是男性刻板特质，其中包含 8 个积极特质（如强壮、阳刚）和 8 个消极特质（如鲁莽、暴躁），这些男性刻板特质词来自以往的相关研究（张晓斌、佐斌，2012）。将男性刻板特质评分的平均分作为刻板化的指标，得分越高表明刻板化的程度越高。

使用一个单独的题目测量被试观点采择的程度，以此作为观点采择的操作性检验（Dovidio et al., 2004; Tarrant et al., 2012）。被试对"在书写任务的过程中，你在多大程度上采用了男性的视角"进行评价，题目使用Likert 6点评分，1分表示"完全不符合"，6分表示"非常符合"。分数越高表明被试在实验任务中主观知觉到的观点采择程度越强。

被试在进行观点采择任务之前，对提供的照片中的男性的刻板程度进行评价。题目为"你觉得照片中的男性符合你心中男性的形象吗？"，使用Likert 11点评分，1分表示"完全不符合"，11分表示"完全符合"。在该题上得分越高，说明被试知觉到的观点采择对象与男性刻板印象的一致性越高。

（三）研究结果

1. 观点采择任务的操作性检验

以被试主观报告的观点采择程度为因变量，以观点采择实验操作（观点采择组，控制组）为自变量进行方差分析，用以考察实验的操作是否有效，即真正导致了被试观点采择程度的改变。分析结果显示，观点采择水平的主效应显著，$F(1, 72) = 59.98$，$p < 0.01$，$\eta_p^2 = 0.45$；观点采择组被试（$M = 4.37$，$SD = 1.22$）的评分显著高于控制组（$M = 2.25$，$SD = 1.13$），说明观点采择的实验操作有效。

以被试主观报告的观点采择对象刻板一致程度为因变量，以刻板一致性实验操作（刻板个体，反刻板个体）为自变量进行方差分析，用以考察实验的操作是否有效，即真正导致被试觉得观点采择对象刻板一致程度是有差异的。结果发现在刻板组的被试感受到的观点采择对象的刻板一致性（$M = 7.78$，$SD = 2.52$）显著高于反刻板组的被试（$M = 3.95$，$SD = 1.68$），$F(1, 72) = 59.42$，$p < 0.001$，$\eta_p^2 = 0.45$。结果表明对观点采择对象的刻板程度的实验操纵是有效的。

2. 采择对象刻板一致性在观点采择影响刻板化水平中的调节作用

我们将刻板特质词得分作为因变量，以观点采择（观点采择组，控制组）、刻板印象一致性（刻板对象，反刻板对象）和刻板特质效价（积极刻板特质，消极刻板特质）为自变量进行方差分析。分析结果显示，观点采择水平的主效应不显著，$F(1, 70) = 1.54$，$p = 0.22$，$\eta_p^2 = 0.02$；采择对象与刻板印象的相符程度的主效应显著，$F(1, 70) = 28.39$，$p < 0.001$，$\eta_p^2 = 0.29$；两者的交互作用显著，$F(1, 70) = 25.03$，$p < 0.001$，$\eta_p^2 = 0.26$。刻板特质效价的主效应和其他的交互效应均不显著。

进一步的简单效应分析发现，当对刻板个体进行观点采择后，相较于控制组，被试对男性的刻板化程度得到提升，$F(1, 70) = 4.04$，$p = 0.05$。当对反刻板个体进行观点采择之后，观点采择组的被试相较于控制组，对男性表现出更低的刻板化水平，$F(1, 70) = 17.58$，$p < 0.01$。结果说明，观点采择对象自身的刻板印象一致性调节了观点采择对刻板化水平的影响，验证了研究假设。

三　研究2：观点采择对刻板印象易得性和自我－他人重合的影响

（一）研究目的与假设

对与所属群体刻板印象一致的目标进行观点采择后，相较于控制组，被试的刻板印象易得性会增加，自我－他人重合会下降。对与所属群体刻板印象不一致的目标进行观点采择后，被试的刻板印象易得性显著低于控制组，但是自我－他人重合得到显著性提升。刻板印象易得性与自我－他人重合呈负相关。

（二）研究方法

1. 被试

85名女性大学生（$M_{age} = 21.62$，$SD_{age} = 2.54$）作为被试参与实验，以换取课程要求的学分。

2. 研究设计

实验采用2（观点采择组，控制组）×2（刻板的采择对象，反刻板的采择对象）组间实验设计，因变量为刻板印象易得性与自我－他人重合。被试到达实验室后，告知被试实验的主要内容是对语言能力进行测试，在接下来的实验中被试需要完成几项不相关的语言任务。被试首先完成与研究1相同观点采择任务。完成之后，对观点采择任务进行操作性检验，随后被试完成10分钟的填充任务。然后，要求被试完成词汇判断任务以测量被试的刻板印象易得性水平，以及完成对自我－他人重合的测量。

3. 研究材料

采用词汇判断任务对被试的刻板印象易得性进行测量（Galinsky & Moskowitz, 2000；Skorinko & Sinclair, 2013）。被试坐在电脑前完成词汇判断任务，呈现实验刺激的显示器为17英寸的液晶显示器，分辨率为1280×1024，被试与显示器间的距离约为50厘米。在具体任务中，要求被试首先注视屏幕中出现的"＋"，当"＋"消失之后，尽量快速、准确地判断屏幕中心出现的两个汉字是不是一个词语。如果判断是词语按键盘上的 F 键，如果不是词语则按 J 键。在每个 trial 中注视点呈现时间为 500 毫秒，实验刺激呈现的时间为 180 毫秒。在 10 个 trial 的练习之后进入正式实验，在实验的 block 中包含 24 个非词（非词由两个没有语义联系的汉字组成，例如"去冯"），12 个刻板词（例如，鲁莽。刻板词来自研究 1 中的男性刻板特质词。）和 12 个无关词，词汇呈现的顺序随机，一共呈现 96 个 trail。电脑记录每次反应的反应时和反应的正确性。在词汇判断任务中，主要关注的是对真词（刻板词和非刻板词）进行判断的反应时。在词汇判断的过程中，反应时的长短表明了这一词语所代表的概念的易得性水平，反应时越短则说明易得性水平越高。

采用 Aron 等（1992）编制的《自我和他人包含性问卷》，来测量被试自我－他人重合的程度，要求被试在 7 幅图片中选出最适合用来表示他自己和观点采择对象的关系的图片，选项的序号代表该题得分，分数越高表示自我与他人的重合程度越高。同时，被试报告"在多大程度上，可以用'我们'这个词来形容你和图片中男性的关系"（Cialdini et al.，1997），使用 Likert 7 点评分，1 分表示"非常不同意"，7 分表示"非常同意"。使用两个题目的平均分作为被试自我－他人重合程度的指标。

使用和研究 1 相同的方法测量被试感知到的观点采择对象的刻板印象一致性，以及观点采择任务的操作性。

（三）研究结果

1. 观点采择任务的操作性检验

通过方差分析发现，观点采择水平的主效应显著，F（1，83）＝30.91，$p < 0.01$，$\eta_p^2 = 0.27$，观点采择组被试（$M = 4.58$，$SD = 1.28$）的评分显著高于控制组（$M = 2.85$，$SD = 1.57$），说明相对于控制组，观点采择组的被试在更大程度上进行了观点采择。

本研究以被试主观报告的观点采择对象刻板一致程度为因变量，以刻板一致性实验操作（刻板个体，反刻板个体）为自变量进行方差分析。结果表明，在刻板组的被试感受到的观点采择对象的刻板一致性，$M = 8.14$，$SD = 20.12$，显著高于反刻板组的被试，$M = 3.90$，$SD = 2.33$，F（1，83）＝76.87，$p < 0.001$，$\eta_p^2 = 0.48$。结果表明对观点采择对象的刻板程度的实验操纵是有效的。

2. 采择对象刻板一致性在观点采择影响刻板易得性中的调节作用

对词汇判断任务的结果进行处理，删除错误的 trial，对正确 trial 的反应时进行对数转换，同时删除高于或低于平均数 2.5 个标准差的数据。使用 D 分数的算法计算刻板印象易得性的指标（Sun et al.，2016）。如所得数值为正，数值越大表明刻板印象的易得性越高。本研究将刻板印象易得性作为因变量，以观点采择（观点采择组，控制组）和刻板印象一致性（刻板对象，反刻板对象）为自变量进行方差分析。

分析结果显示，观点采择水平的主效应不显著，$F(1, 81) = 1.20$，$p = 0.28$，$\eta_p^2 = 0.01$；采择对象刻板一致性的主效应显著，$F(1, 81) = 9.96$，$p < 0.01$，$\eta_p^2 = 0.11$；两者的交互作用显著，$F(1, 81) = 18.81$，$p < 0.001$，$\eta_p^2 = 0.19$。进一步的简单效应分析发现，当被试对刻板个体进行观点采择，观点采择组的被试（$M = 0.36$，$SD = 0.45$）相较于控制组（$M = -0.07$，$SD = 0.27$）对男性刻板印象的易得性更高，$F(1, 81) = 13.14$，$p < 0.001$，$\eta_p^2 = 0.11$。当被试对反刻板个体进行观点采择，观点采择组的被试（$M = -0.23$，$SD = 0.41$）相较于控制组（$M = 0.03$，$SD = 0.28$）对男性刻板印象表现出更低的易得性，$F(1, 81) = 5.28$，$p = 0.02$，$\eta_p^2 = 0.04$。结果说明，观点采择对象与群体刻板印象的一致性在观点采择影响性别刻板易得性的过程中发挥了调节作用，验证了研究假设。

3. 采择对象刻板一致性在观点采择影响自我－他人重合中的调节作用

本研究将自我－他人重合程度作为因变量，以观点采择（观点采择组，控制组）和采择对象刻板一致性（刻板个体，反刻板个体）为自变量进行方差分析。

分析结果显示，观点采择水平的主效应不显著，$F(1, 81) = 0.63$，$p = 0.43$，$\eta_p^2 = 0.01$；采择对象刻板一致性的主效应显著，$F(1, 81) = 15.11$，$p < 0.001$，$\eta_p^2 = 0.16$；两者的交互作用显著，$F(1, 81) = 20.42$，$p < 0.001$，$\eta_p^2 = 0.20$。进一步的简单效应分析发现，当被试对刻板对象进行观点采择，观点采择组的被试（$M = 2.95$，$SD = 0.99$）在与男性的自我－他人重合上，显著低于控制组（$M = 4.26$，$SD = 1.25$），$F(1, 81) = 11.72$，$p = 0.001$，$\eta_p^2 = 0.10$。当被试对反刻板个体进行观点采择，观点采择组的被试（$M = 5.02$，$SD = 1.24$）相较于控制组（$M = 4.11$，$SD = 0.99$）对男性表现出更高的自我－他人重合，$F(1, 81) = 6.67$，$p = 0.01$，$\eta_p^2 = 0.06$。结果说明，观点采择对象与刻板印象的一致性调节了观点采择对自我－他人重合的影响，验证了研究假设。

4. 观点采择过程中刻板印象易得性与自我－他人重合的关系

为了考察在观点采择的过程中，刻板印象易得性与自我－他人重合之间的关系，本研究将刻板印象易得性和自我－他人重合去中心化，将自我－他人重合与观点采择乘积项作为两者的交互项，建立刻板印象易得性对观点采择、自我－他人重合二者交互项的回归模型。

结果发现，刻板印象易得性与自我－他人重合之间呈负相关，$\beta = -0.22$，$t = -2.06$，$p = 0.04$，加入观点采择和交互项后，自我－他人重合与观点采择的交互项能显著预测刻板印象易得性，$\beta = -0.58$，$t = -3.39$，$p = 0.001$。随后进行简单斜率分析，结果发现，对于控制组被试，自我－他人重合与刻板印象易得性之间没有显著的关系，$\beta = 0.25$，$t = 1.48$，$p = 0.14$；只有当被试进行观点采择之后，自我－他人重合才能显著预测刻板印象易得性，随着自我－他人重合性的增加，刻板印象易得性随之减弱，$\beta = -0.45$，$t = -3.77$，$p < 0.001$。这一结果支持了研究假设，在观点采择的过程中，自我－他人重合与刻板印象易得性呈负相关。

四　研究 3：观点采择影响刻板化的双重路径模型

（一）研究目的与假设

研究 1 发现观点采择对象的刻板一致程度，能调节观点采择对刻板化程度的影响。研究 2 发现观点采择对象的刻板一致程度，能同时调节观点采择对刻板印象易得性及自我－他人重合的影响，并且在观点采择的过程中刻板印象易得性与自我－他人重合负相关。结合研究 1 和研究 2 中的发现，在观点采择影响刻板化的过程中，自我信息（自我－他人重合）与刻板信息（刻板印象易得性）可能是两条有效的路径。不难得出这样的假设：在观点采择影响刻板化的过程中，自我信息和刻板信息同时发挥作用，在具体的加工过程中两者是替代性的路径。对于刻板个体进行观点采择，会提升被试自身的刻板化水平，这一效应以减少自我－他人重合，提升刻板印象易得性的方式来实现。但是对反刻板个体进行观点采择后，会提升被试自身的刻板化水平，这一效应通过增加自我－他人重合，降低刻板印象易得性来实现。

（二）研究方法

1. 被试

285 名女性大学生（$M_{age} = 19.53$，$SD_{age} = 1.88$）作为被试参与实验，

以换取课程要求的学分。

2. 研究设计

研究采用2（观点采择组，控制组）×2（刻板的采择对象，反刻板的采择对象）被试间实验设计，因变量是刻板化程度。告知被试在接来下的实验中，需要进行一些书写和记忆的任务。被试首先完成与研究1相同的观点采择任务。完成观点采择任务后，被试填写操作性检查的测量。然后，被试进行10分钟的填充任务，紧接着测量被试的刻板印象易得性，在指导语中告知其该任务的主要目的是对大学生的记忆力进行测量，同时完成对自我 – 他人重合的测量。在10分钟的填充任务之后，最后测量被试对男性的刻板化程度。

3. 研究材料

采用 Monteith 等（1998）的方法对刻板印象易得性进行测量，在教室中对大学生被试进行集体施测，告知被试完成一个词汇回忆任务，并解释这一任务的目的是为了测量大学生短时记忆容量，"大学生认知能力发展的成熟程度和使用长时记忆的频率会影响短时记忆的容量"。事实上，这一任务是用来测量刻板印象易得性的水平。在教室的投影仪上会显示出一系列词语，要求被试尽量记住呈现的词语。在本实验中，所有呈现的词语分为9组，每组包含10个词语，词语呈现的顺序固定，每个词语在屏幕上呈现6秒。第1组中的10个词语全部与刻板印象无关，接下来的8组词语，均包含2个男性刻板特质词，且出现的顺序固定在第4个和第6个。因此，在所有呈现的词语中包含16个刻板特质词，这些特质词来自张晓斌等（2012）的研究。每一列词语呈现完毕之后，被试有45秒的时间将他们能够回忆起来的词语写下来，然后接着呈现下一个词语。记录下被试对刻板词与非刻板词的回忆率，在分析时将刻板词的回忆率作为刻板印象易得性的指标，同时将非刻板词的回忆率作为协变量，控制被试自身短时记忆容量的影响。

被试的刻板化水平以及对于观点采择和刻板一致性操作有效性的测量方法和研究1相同。自我 – 他人重合程度的测量采用和研究2相同的方法。

（三）研究结果

1. 观点采择任务的操作性检验

通过方差分析发现，实验组的被试表现出的主观观点采择程度，$M = 3.99$，$SD = 1.08$，显著高于控制组的被试，$M = 2.35$，$SD = 1.02$，$F(1, 283) = 173.98$，$p < 0.001$，$\eta_p^2 = 0.38$。刻板组的被试感受到的观点采择对

象的刻板一致性，$M = 7.99$，$SD = 1.38$，显著高于反刻板组的被试，$M = 3.55$，$SD = 1.65$，$F (1, 283) = 602.44$，$p < 0.001$，$\eta_p^2 = 0.68$。以上结果可以表明在实验过程中对观点采择以及刻板印象一致性的实验操纵是有效的。

2. 观点采择对刻板化的影响：有中介的调节模型检验

在有中介的调节作用分析中，使用刻板一致性的操作性检验作为采择对象刻板程度的指标。根据叶宝娟和温忠麟（2013）提出的检验有中介的调节效应的程序，对研究结果进行分析。结果表明，观点采择与被试刻板化水平的回归系数不显著，$\beta = 0.058$，$t = 1.036$，$p = 0.301$，表明观点采择对被试的男性刻板化程度没有影响。观点采择对象的刻板一致性与刻板化的回归系数不显著，$\beta = 0.074$，$t = 0.922$，$p > 0.05$。更重要的是，观点采择和刻板一致性的交互项对刻板化程度的调节效应显著，$\beta = 0.279$，$t = 3.493$，$p < 0.001$，说明刻板一致性在观点采择对刻板化的影响中起到调节作用。

随后，检验刻板印象易得性的中介作用，建立方程2和方程3。由统计结果可知，观点采择对自我－他人重合的效应不显著，$\beta = -0.093$，$t = -1.762$，$p = 0.079$；刻板一致性对自我－他人重合的效应不显著，$\beta = -0.015$，$t = -0.194$，$p > 0.05$；观点采择和刻板一致性的交互项对自我－他人重合的效应显著，$\beta = -0.463$，$t = -6.211$，$p < 0.01$；自我－他人重合对刻板化的效应显著，$\beta = -0.237$，$t = -3.785$，$p < 0.01$；自我－他人重合与刻板一致性的交互项对刻板化的效应不显著，$\beta = 0.028$，$t = 0.481$，$p = 0.631$。从统计结果中可知，回归方程中a_3和b_1这两个系数显著，表明调节项UX通过中介变量W，进而影响Y。在方程3中观点采择和刻板一致性的交互项（UX）对刻板化水平的效应显著，$c'_3 = 0.175$，$t = 2.071$，$p = 0.039$，说明调节效应起到中介作用。

表1　有中介的调节模型检验结果 （$N = 285$）

	方程1 （校标：刻板化水平）		方程2 （校标：自我－他人重合）		方程3 （校标：刻板化水平）	
	β	t	β	t	β	t
观点采择 （X）	$c_1 = 0.058$	1.036	$a_1 = -0.093$	-1.762	$c'_1 = 0.046$	0.115
刻板一致性 （U）	$c_2 = 0.074$	0.922	$a_2 = -0.015$	-0.194	$c'_2 = 0.066$	0.856
$U \times X$	$c_3 = 0.279$	3.493**	$a_3 = -0.463$	-6.211**	$c'_3 = 0.175$	2.071*
自我－他人重合 （W）					$b_1 = -0.237$	-3.785**
$U \times W$					$b_2 = 0.028$	0.481

续表

	方程 1 （校标：刻板化水平）		方程 2 （校标：自我－他人重合）		方程 3 （校标：刻板化水平）	
	β	t	β	t	β	t
R^2	0.114		0.229		0.159	
F	12.058**		27.775**		10.535**	

注：* $p < 0.05$，** $p < 0.01$，*** $p < 0.001$，下同。

在方程 1 中，观点采择和刻板一致性的交互项（UX）对刻板化（Y）的效应达到显著水平，为了揭示调节效应的实质，使用简单斜率检验进行简单效应分析。结果显示，当被试对于刻板印象一致的目标进行观点采择时，观点采择显著正向预测了刻板化水平，$\beta = 0.255$，$t = 3.204$，$p = 0.002$；当被试对反刻板目标进行观点采择时，观点采择负向影响了刻板化水平，两者达到边缘显著，$\beta = -0.139$，$t = -1.741$，$p = 0.083$。结果表明，刻板一致性在观点采择影响刻板化水平的过程中具有调节作用。

在方程 2 中，观点采择和刻板一致性的交互项（UX）对自我－他人重合（W）的效应达到显著水平，为了揭示交互效应的实质，使用简单斜率检验进行简单效应分析。当被试对于刻板印象一致的目标进行观点采择时，观点采择显著负向预测了自我－他人重合，$\beta = -0.419$，$t = -5.641$，$p < 0.001$；当被试对反刻板目标进行观点采择时，观点采择正向影响了自我－他人重合，$\beta = 0.234$，$t = 3.150$，$p = 0.002$。结果表明，观点采择对象的刻板一致性在观点采择影响自我－他人重合的过程中具有调节作用。

综合以上分析，自我－他人重合在观点采择影响刻板化的过程中起到中介作用，并且这一作用受到刻板一致性的调节，即刻板一致性的交互项通过自我－他人重合影响刻板化。具体而言，当被试对刻板对象进行观点采择后，观点采择减少了自我－他人重合，进而表现出更高的刻板化水平；当被试对反刻板对象进行观点采择后，观点采择增强了自我－他人重合，进而表现出更低的刻板化水平。

然后，检验刻板易得性的中介作用与刻板一致性的调节作用。建立观点采择（X）、刻板一致性（U）和刻板易得性（W）及其交互项 UX、UW 与刻板化（Y）的关系模型。即检验方程 5 和方程 6。通过回归分析进行检验的结果见表 2。

由统计结果可知，观点采择（X）对刻板易得性的效应不显著，$a_1 = 0.068$，$t = 1.796$，$p > 0.05$；刻板一致性（U）对刻板易得性的效应显著，

$a_2 = 0.461$，$t = 9.735$，$p < 0.01$；观点采择和刻板一致性的交互项（UX）对刻板易得性的效应显著，$a_3 = 0.433$，$t = 9.201$，$p < 0.01$；刻板易得性（W）对刻板化水平的效应显著，$b_1 = 0.227$，$t = 2.225$，$p < 0.01$；刻板易得性与刻板一致性的交互项（UW）对刻板化水平的效应不显著，$b_2 = 0.068$，$t = 1.092$，$p = 0.276$。从统计结果可知，回归方程中 a_3 和 b_1 这两个系数显著，表明调节项 UX 通过中介变量 W，进而影响 Y。在方程 6 中观点采择和刻板一致性的交互项（UX）对刻板易得性的效应显著，$c'_3 = 0.186$，$t = 2.036$，$p < 0.05$，说明调节效应起到中介作用。

表 2 有中介的调节模型检验结果（$N = 285$）

	方程 4（校标：刻板化水平）		方程 5（校标：刻板易得性）		方程 6（校标：刻板化水平）	
	β	t	β	t	β	t
观点采择（X）	$c_1 = 0.014$	0.174	$a_1 = 0.068$	1.796	$c'_1 = -0.013$	-0.189
刻板一致性（U）	$c_2 = 0.084$	1.490	$a_2 = 0.461$	9.735**	$c'_2 = -0.021$	-0.224
$U \times X$	$c_3 = 0.319$	3.988**	$a_3 = 0.433$	9.201**	$c'_3 = 0.186$	2.036*
刻板易得性（W）					$b_1 = 0.227$	2.225**
$U \times W$					$b_2 = 0.068$	1.092
非刻板词回忆率			0.061	1.588	-0.075	-1.156
R^2	0.113		0.693		0.139	
F	11.891**		158.380**		7.506**	

方程 5 中，观点采择和刻板一致性的交互项（UX）对刻板印象易得性（W）的效应达到显著水平，为了揭示交互效应的实质，使用简单斜率检验进行简单效应分析。当被试对于刻板印象一致的目标进行观点采择时，观点采择显著正向预测了刻板易得性，$\beta = 0.344$，$t = 7.309$，$p < 0.001$；当被试对反刻板目标进行观点采择时，观点采择负向影响了刻板易得性，$\beta = -0.267$，$t = -5.665$，$p < 0.01$。说明观点采择对象的刻板一致性在观点采择影响刻板易得性的过程中具有调节作用。

综合以上分析，刻板易得性在观点采择影响刻板化的过程中起到中介作用，并且这一作用受到刻板一致性的调节。具体而言，当被试对刻板对象进行观点采择后，观点采择减少了刻板易得性，进而表现出更高的刻板化水平；当被试对反刻板对象进行观点采择后，观点采择增强了刻板易得性，进而表现出更低的刻板化水平。

五　讨论

对他人进行观点采择之后，会用怎么样的方式去评价所采择的目标？是用更刻板的方式，抑或是不那么刻板的方式？本研究再次对这一问题进行了回答。与以往的研究不同，本研究通过建构自我－刻板印象双重路径模型，考察观点采择对象的特点对认知加工过程的影响。正如假设所预期，结果支持了前人的研究，在一定的条件下观点采择的确能发挥降低刻板化水平的作用。在研究中，对反刻板个体进行观点采择的被试均表现出与前人的研究同样的结果（Galinsky & Moskowitz，2000；Todd et al.，2012），观点采择组的被试相较于控制组，表现出更低的刻板化水平和刻板易得性，以及更高的自我－他人重合。具体而言，女性被试在对与反性别刻板印象的男性进行观点采择后，在评价男性时更少使用刻板印象，同时被试主观上感觉自己与男性的表征有较大的重合。观点采择的确是一种有效降低被试的刻板化水平的策略。

但是同时，当女性被试对与刻板印象一致的男性进行观点采择后，则表现出更高的刻板化水平，更高的刻板易得性，以及更小的自我－他人重合程度。这说明被试在对男性进行观点采择后，会提升他们的刻板化水平。这一研究与 Sun 等（2016）和 Skorinko 等（2013）的研究发现相互印证。Skorinko 等（2013）考察了刻板印象凸显性在观点采择影响刻板化过程中发挥的作用，改变了 Galinsky 和 Moskowitz（2000）的研究中使用的老年人图片，重复其研究，发现了不一样的结果。当被试被要求对一张照片中的老年人进行观点采择，如果这个老年人的刻板印象是模糊的，采择老年人观点的被试，比控制组表现出更低的刻板化水平。但是当采择一个刻板印象凸显的老年人时，观点采择组的被试比控制组更倾向于使用刻板印象来评价老年人。

总体而言，本研究发现采择对象刻板一致性在观点采择影响刻板印象的过程中起到了调节的作用，当对反刻板个体进行观点采择时，观点采择是一种降低刻板化水平的有效策略，但是对刻板个体的观点采择可能会导致刻板化水平的提升。为什么会出现这样的结果？

在观点采择过程中可能同时使用自我知识和刻板信息作为信息来源，只不过当观点采择的对象发生变化时，对这两种信息使用的权重会发生改变。本研究发现对于刻板的观点采择对象，当被试进行观点采择时，由于采择对象自身的刻板印象凸显性比较高，在构建知觉对象的表征时，刻板印象的易得性提高，最终导致被试对目标对象更为刻板的评价。此外，还可能因为，刻板印象的一致性导致被试知觉到和目标对象的差异性增加。当被试知觉到与目标对象的相似性减少时，会引发刻板化的策略，导致其更多使用该群体刻板印象中的内容来评价对方（Ames，2004）。

对于反刻板的观点采择对象进行观点采择，一方面是由于违背刻板预期，抑制了刻板印象的可能性；另一方面由于研究中的被试为女性，观点采择对象为男性，所谓的反性别刻板印象的男性往往会表现出一些女性特质，增加了被试与采择目标的相似性。根据社会推断的相似偶然性模型（Similarity Contingency Model，Ames，2004），当被试知觉到与目标对象的相似性时，会引发自我投射的策略，更多将自我的相关特质投射到知觉对象身上。因此这种相似性可能使得被试在进行观点采择的时候更多使用自我信息的路径。

在观点采择的过程中刻板易得性与自我 - 他人重合呈现一种替代性的关系，表现出此消彼长的态势。这一发现与前人的观点一致（Ames，2004；Sedikides et al.，2021），但是这并不能说明，在观点采择过程中对自我信息和刻板信息这两条路径的选择是"有和无"的关系，只能说明在进行观点采择时，随着采择对象的特点或其他因素的变化，这两条路径在信息加工中的权重发生改变。两者之间转换的模式还有待进一步的研究。

六　结论

（一）观点采择对刻板化程度的影响受到观点采择对象特点的调节。当采择对象为与其所属群体刻板印象一致的个体，观点采择导致刻板化水平的上升；当采择对象为反刻板个体时，观点采择导致刻板化水平的下降。

（二）在观点采择影响刻板化的过程中，自我 - 他人重合与刻板易得性发挥着中介作用。当观点采择的对象与刻板印象一致，刻板易得性提升，进而导致刻板化水平提高；当对象表现出反刻板印象信息，观点采择导致自我 - 他人重合的增加，进而降低了个体的刻板化水平。

参考文献

叶宝娟、温忠麟，2013，《有中介的调节模型检验方法：甄别和整合》，《心理学报》第 9 期，第 1050 ~ 1060 页。

张晓斌、佐斌，2012，《基于面孔知觉的刻板印象激活两阶段模型》，《心理学报》第 9 期，第 1189～1201 页。

钟毅平、杨子鹿、范伟，2015，《自我－他人重叠对助人行为的影响：观点采择的调节作用》，《心理学报》第 8 期，第 1050～1057 页。

赵显、刘力、张笑笑、向振东、付洪岭，2012，《观点采择：概念、操纵及其对群际关系的影响》，《心理科学进展》第 12 期，第 2079～2088 页。

Ames, D. L. , Jenkins, A. C. , Banaji, M. R. & Mitchell, J. P. （2008）. Taking another person's perspective increases self-referential neural processing. *Psychological Science*, 19 （7）, 642－644.

Ames, D. R. （2004）. Strategies for social inference: A similarity contingency model of projection and stereotyping in attribute prevalence estimates. *Journal of Personality and Social Psychology*, 87 （5）, 573－585.

Aron, A. , Aron, E. N. & Smollan, D. （1992）. Inclusion of other in the self scale and the structure of interpersonal closeness. *Journal of Personality and Social Psychology*, 63 （4）, 596－612.

Batson, C. D. , Lishner, D. A. , Carpenter, A. , Dulin, L. , Harjusola-Webb, S. , Stocks, E. L. , Gale, S. , Hassan, O. & Sampat, B. （2003）. "... As you would have them do unto you": Does imagining yourself in the other's place stimulate moral action? *Personality and Social Psychology Bulletin*, 29 （9）, 1190－1201.

Batson, C. D. , Sager, K. , Garst, E. , Kang, M. , Rubchinsky, K. & Dawson, K. （1997）. Is empathy-induced helping due to self-other merging? *Journal of Personality and Social Psychology*, 73 （3）, 495－509.

Cialdini, R. B. , Brown, S. L. , Lewis, B. P. , Luce, C. & Neuberg, S. L. （1997）. Reinterpreting the empathy-altruism relationship: When one into one equals oneness. *Journal of Personality and Social Psychology*, 73 （3）, 481－494.

Davis, M. H. , Conklin, L. , Smith, A. & Luce, C. （1996）. Effect of perspective taking on the cognitive representation of persons: A merging of self and other. *Journal of Personality and Social Psychology*, 70 （4）, 713－726.

Davis, M. H. , Soderlund, T. , Cole, J. , Gadol, E. , Kute, M. , Myers, M. & Weihing, J. （2004）. Cognitions associated with attempts to empathize: How do we imagine the perspective of another? *Personality and Social Psychology Bulletin*, 30 （12）, 1625－1635.

Dovidio, J. F. , ten Vergert, M. , Stewart, T. L. , Gaertner, S. L. , Johnson, J. D. , Esses, V. M. , Riek, B. M. & Pearson, A. R. （2004）. Perspective and prejudice: Antecedents and mediating mechanisms. *Personality and Social Psychology Bulletin*, 30 （12）, 1537－1549.

Epley, N. & Waytz, A. （2010）. Mind perception. In S. T. Fiske, D. T. Gilbert & G. Lindzey, *Handbook of social psychology* （Fifth Edition）. Hoboken, NJ: John Wiley & Sons.

Erle, T. M. & Topolinski, S. （2017）. The grounded nature of psychological perspective-taking. *Journal of Personality and Social Psychology*, 112 （5）, 683－695.

Fiske, S. T. & Linville, P. W. （1980）. What does the Schema Concept Buy us? *Personality and Social Psychology Bulletin*, 6 (4), 543 – 557.

Fiske, S. T. & Neuberg, S. L. (1990). A continuum of impression formation, from catego-ry-based to individuating processes: Influences of information and motivation on attention and interpretation. In M. P. Zanna (Eds.), *Advances in Experimental Social Psychology* (Vol. 23, pp. 1 – 74). Academic Press.

Fyock, J. & Stangor, C. (1994). The role of memory biases in stereotype maintenance. *British Journal of Social Psychology*, 33 (3), 331 – 343.

Galinsky, A. D., Ku, G. & Wang, C. S. (2005). Perspective-taking and self-other overlap: Fostering social bonds and facilitating social coordination. *Group Processes & Intergroup Rela-tions*, 8 (2), 109 – 124.

Galinsky, A. D. & Moskowitz, G. B. (2000). Perspective-taking: Decreasing stereotype ex-pression, stereotype accessibility, and in-group favoritism. *Journal of Personality and Social Psychology*, 78 (4), 708 – 724.

Galinsky, A. D., Wang, C. S. & Ku, G. (2008). Perspective-takers behave more stereotyp-ically. *Journal of Personality and Social Psychology*, 95 (2), 404 – 419.

Gilbert, D. T. & Hixon, J. G. (1991). The trouble of thinking: Activation and application of stereotypic beliefs. *Journal of Personality and Social Psychology*, 60 (4), 509 – 517.

Goldstein, N. J. & Cialdini, R. B. (2007). The spyglass self: A model of vicarious self-per-ception. *Journal of Personality and Social Psychology*, 92 (3), 402 – 417.

Higgins, E. T. (1996). The "self digest": Self-knowledge serving self-regulatory functions. *Journal of Personality and Social Psychology*, 71 (6), 1062 – 1083.

Huang, Q., Peng, W. & Simmons, J. V. (2021). Assessing the evidence of perspective tak-ing on stereotyping and negative evaluations: A p-curve analysis. *Group Processes & Inter-group Relations*, 24 (8), 1306 – 1334.

Kunda, Z. (1999). *Social cognition: Making sense of people.* MIT Press.

Laurent, S. M. & Myers, M. W. (2011). I know you're me, but who am I? Perspective taking and seeing the other in the self. *Journal of Experimental Social Psychology*, 47 (6), 1316 – 1319.

Le Pelley, M. E., Reimers, S. J., Calvini, G., Spears, R., Beesley, T. & Murphy, R. A. (2010). Stereotype formation: Biased by association. *Journal of Experimental Psychology: General*, 139 (1), 138 – 161.

Leyens, J. – P., Yzerbyt, V. & Schadron, G. (1994). *Stereotypes and social cognition.* Lon-don: Sage Publications.

Lieberman, M. D., Straccia, M. A., Meyer, M. L., Du, M. & Tan, K. M. (2019). So-cial, self, (situational), and affective processes in medial prefrontal cortex (MPFC): Causal, multivariate, and reverse inference evidence. *Neuroscience & Biobehavioral Reviews*, 99, 311 – 328.

Mason, M. F. & Macrae, C. N. (2004). Categorizing and individuating others: The neural substrates of person perception. *Journal of Cognitive Neuroscience*, 16 (10), 1785 – 1795.

Monteith, M. J., Spicer, C. V. & Tooman, G. D. (1998). Consequences of stereotype suppression: Stereotypes on and not on the rebound. *Journal of Experimental Social Psychology*, 34 (4), 355 – 377.

Myers, M. W. & Hodges, S. D. (2009). Making it up and making do: Simulation, imagination, and empathic accuracy. In K. D. Markman, W. M. P. Klein & J. A. Suhr (Eds.), *Handbook of imagination and mental simulation*. New York: Psychology Press.

Ruby, P. & Decety, J. (2004). How would you feel versus how do you think she would feel? A neuroimaging study of perspective-taking with social emotions. *Journal of Cognitive Neuroscience*, 16 (6), 988 – 999.

Sedikides, C. & Alicke, M. D. (2019). The five pillars of self-enhancement and self-protection. In R. M. Ryan (Eds.), *The Oxford handbook of human motivation* (2nd ed.). Oxford University Press.

Sedikides, C., Alicke, M. D. & Skowronski, J. J. (2021). On the utility of the self in social perception: An Egocentric Tactician Model. In B. Gawronski (Eds.), *Advances in Experimental Social Psychology*, 63, 247 – 298.

Sherman, J. W., Kruschke, J. K., Sherman, S. J., Percy, E. J., Petrocelli, J. V. & Conrey, F. R. (2009). Attentional processes in stereotype formation: A common model for category accentuation and illusory correlation. *Journal of Personality and Social Psychology*, 96 (2), 305 – 323.

Sherman, S. J., Sherman, J. W., Percy, E. J. & Soderberg, C. K. (2013). Stereotype development and formation. In D. E. Carlston (Eds.), *The Oxford handbook of social cognition* (pp. 548 – 574). New York, NY: Oxford University Press.

Shih, M. J., Stotzer, R. & Gutiérrez, A. S. (2013). Perspective-taking and empathy: Generalizing the reduction of group bias towards Asian Americans to general outgroups. *Asian American Journal of Psychology*, 4 (2), 79 – 83.

Skorinko, J. L. & Sinclair, S. A. (2013). Perspective taking can increase stereotyping: The role of apparent stereotype confirmation. *Journal of Experimental Social Psychology*, 49 (1), 10 – 18.

Sun, S., Zuo, B., Wu, Y. & Wen, F. (2016). Does perspective taking increase or decrease stereotyping? The role of need for cognitive closure. *Personality and Individual Differences*, 94, 21 – 25.

Tarrant, M., Calitri, R. & Weston, D. (2012). Social identification structures the effects of perspective taking. *Psychological Science*, 23 (9), 973 – 978.

Todd, A. R., Bodenhausen, G. V. & Galinsky, A. D. (2012). Perspective taking combats the denial of intergroup discrimination. *Journal of Experimental Social Psychology*, 48 (3), 738 – 745.

Todd, A. R., Galinsky, A. D. & Bodenhausen, G. V. (2012). Perspective taking undermines stereotype maintenance processes: Evidence from social memory, behavior explanation, and information solicitation. *Social Cognition*, 30 (1), 94 – 108.

Vescio, T. K., Sechrist, G. B. & Paolucci, M. P. (2003). Perspective taking and prejudice reduction: The mediational role of empathy arousal and situational attributions. *European*

Journal of Social Psychology, 33 (4), 455 – 472.

Vorauer, J. D. , Hunter, A. J. , Main, K. J. & Roy, S. A. (2000). Meta-stereotype activa-tion: Evidence from indirect measures for specific evaluative concerns experienced by members of dominant groups in intergroup interaction. *Journal of Personality and Social Psy-chology*, 78 (4), 690 – 707.

Wang, C. S. , Ku, G. , Tai, K. & Galinsky, A. D. (2014). Stupid doctors and smart con-struction workers: Perspective-taking reduces stereotyping of both negative and positive targets. *Social Psychological and Personality Science*, 5 (4), 430 – 436.

Wang, C. S. , Lee, M. , Ku, G. & Leung, A. K. – Y. (2018). The cultural boundaries of perspective-taking: When and why perspective-taking reduces stereotyping. *Personality and Social Psychology Bulletin*, 44 (6), 928 – 943.

Wu, Y. & Zhang, Y. (2021). The impact of perspective taking on obesity stereotypes: The dual mediating effects of self-other overlap and empathy. *Frontiers in Psychology*, 12. https://www. frontiersin. org/article/10. 3389/fpsyg. 2021. 643708.

《中国社会心理学评论》 第 24 辑
第 211～226 页
© SSAP, 2023

文化对刻板印象威胁的影响机制[*]

王 祯 管 健^{**}

摘 要：近年来越来越多的证据表明刻板印象威胁效应存在较大的异质性，甚至部分研究出现了无/反刻板印象威胁效应。文化作为一个不可忽视的变量，是否会对刻板印象威胁产生影响具有重要的研究价值。基于此，本文根据文化心理学的个体主义－集体主义、自我建构、辩证思维三个方面阐述了文化对刻板印象威胁的影响。中国文化或能成为一种文化保护因子，减弱或消除刻板印象威胁对中国人的消极影响。

关键词：刻板印象威胁 个体主义－集体主义 自我建构 辩证思维 文化保护因子

一 引言

刻板印象威胁（stereotype threat），常用来解释黑人与白人在学业成绩上的差异、女性与男性在数理方面的差异，以及老年人与年轻人在认知能力上的差异（Spencer et al., 2016）。1995 年这一概念提出后便广受关注，成为刻板印象研究的一个热点，汇集了大量的研究（Steele & Aronson, 1995）；横向上，从验证性研究拓展到影响结果、内在机制、边界条件和

* 本研究获得国家社科基金重点项目（21ASH011）的资助。
** 王祯，南开大学周恩来政府管理学院社会心理学系博士生；管健，南开大学周恩来政府管理学院社会心理学系教授、博士生导师，通信作者，E-mail：nkguanjian@nankai.edu.cn。

干预策略等方面；纵向上，从青年拓展到老年和儿童等群体（Spencer et al.，2016）。在这些不同视角的探究中，刻板印象威胁"起效"的原因一直是研究者关注的重点。早期研究主要从单一机制（如焦虑、唤醒、预期和工作记忆等）、多威胁线索的三种加工模型（包括支配型、叠加型和双加工模型）和综合过程模型解释刻板印象威胁的内在机制（阮小林等，2009）。近期研究发现刻板印象威胁的内在机制主要涉及情绪/主观机制（如个性化倾向、受评担忧和自我效能等）、认知机制（如认知负荷、心智游移和消极思维等）和动机机制（自我设障、警觉和成就目标等）这三个方面（Pennington et al.，2016）。可以说，刻板印象威胁在社会心理学领域占据了重要的位置。

然而，近年来越来越多来自世界各国的研究却未能发现刻板印象威胁效应（范依婷等，2019；Chaffee et al.，2020；Deshayes et al.，2020；Wang et al.，2022）。这种现象主要表现为两种形式：一种是研究者在对刻板印象威胁进行实验操纵后，并未发现刻板印象威胁组的测试表现与控制组存在显著差异，即无刻板印象威胁效应；另一种则是出现了与刻板印象威胁相反的现象，表现为刻板印象威胁组的测试表现竟显著高于控制组，即反刻板印象威胁效应（Chaffee et al.，2020）。比如 Flore 等（2018）在重复刻板印象威胁对女孩的数学成绩的影响时发现，刻板印象威胁组的数学表现与控制组无显著差异，即无刻板印象威胁效应。更有学者在考察刻板印象威胁对留守儿童的认知表现的影响时发现，刻板印象威胁组的认知测试成绩竟显著高于控制组，即反刻板印象威胁效应（范依婷等，2019）。诸多无/反刻板印象威胁效应证据的出现，使部分研究者开始质疑刻板印象威胁的可信度（Flore et al.，2018；Warne，2022），并试图找到刻板印象威胁效应存在较大异质性的影响因素。

一系列元分析研究揭示，除了可能存在发表偏倚的影响（Shewach et al.，2019；Warne，2022），调节变量或许是其中重要的影响因素，比如刻板印象意识、领域认同和任务难度等（Steele，1997）。值得注意的是，虽然刻板印象本身是一种根植于文化的社会心理现象，但以往甚少有研究从文化心理学的视角思考文化对刻板印象威胁的影响。事实上，在不同国家、不同地域文化的影响下，人们所持有的刻板印象无论是在内容、程度或影响上均可能存在差异。这可能导致当消极刻板印象被激活后，个体是否会表现出刻板印象威胁效应，或表现出刻板印象威胁效应的程度有所不同。因此，亟须考虑文化对刻板印象威胁的影响。本文首先通过单纯努力说和刻板印象阻抗理论来阐述刻板印象威胁"失效"的理论机制；然后围绕文化心理学的三个核心传统，分析文化对刻板印象威胁的影响；最后根据本土文化的特点，指出中国文化或能成为一种保护因子，减少或消除刻板印象威胁对中国人的消极影响。

二　无/反刻板印象威胁效应的理论解释

（一）单纯努力说

根据单纯努力说（Mere Effort Account），刻板印象的效应取决于优势反应（对既定任务最可能产生的反应）的质量。具体而言，反驳刻板印象的动机会使受威胁个体努力增加优势反应的可能。当优势反应有误，且个体无方法、无动机或无时间去纠正该错误时，其任务表现会受损；而当优势反应无误，或个体能认识到其优势反应有误且有充分的动机和时间去予以纠正时，其任务表现则会提升（Jamieson & Harkins，2007；Seitchik & Harkins，2015）。对于困难任务，个体的优势反应通常是错误的，此时刻板印象威胁会降低其任务表现；而对于简单任务，个体的优势反应通常是正确的，此时刻板印象威胁会提高其任务表现（Drace et al.，2020）。比如Jamieson 和 Harkins（2009）发现，虽然人们普遍存在"女性的数学能力比男性差"的消极性别刻板印象，但当该刻板印象被激活后（刻板印象威胁条件），相比于无刻板印象威胁条件，女性在困难的数学测试上表现更差，却在简单的数学测试上表现更好。之所以出现后者这种反刻板印象威胁效应，研究者认为可能是因为刻板印象威胁引发的评估会驱动女性想要表现良好的意愿，从而增强了其在给定情境中的优势反应；对于简单的数学测试，这种优势反应无误，因此其数学测试表现不但没有下降，反而提高了。当前，单纯努力说除了用于解释性别与成绩领域出现的无/反刻板印象威胁效应（Seitchik & Harkins，2015），也应用于性别与运动表现（Deshayes，Zory，Seitchik，Chalabaev，& Clément-Guillotin，2020）、种族刻板印象（Drace et al.，2020），以及年龄刻板印象（Deshayes et al.，2020）等。

（二）刻板印象阻抗理论

根据刻板印象阻抗理论（Stereotype Reactance Theory），刻板印象的效应主要取决于刻板印象的激活方式。通常，相比于内隐激活，刻板印象被外显激活后更可能使目标个体意识到该刻板印象是指向自身的，因而会通过与之不一致的行为表现将其反驳（Kray et al.，2001）。该理论以心理阻抗理论（Psychological Reactance Theory）为基础，强调了当个体感到其自由受到威胁时，可能产生强烈的动机以复原其能动性和自主性（Brehm，1966）。其中，"自由"指个体能完成某一特定行为的信念，与其能做什么、如何做以及何时做有关。换言之，心理阻抗是一种动机状态，其目的是恢复或保护受威胁的自由，表现为个体重建被威胁自由的行为和意愿的增加（Brehm，1966；Mühlberger & Jonas，2019）。因此，当消极刻板印象被激活后，目标个体可能将其感知为对自身表现能力的限制，进而引发与消极刻板印象不一致的行为。比如 Wang 等（2022）发现，启动性别身份的女性在数学测试上的表现非但没有因消极刻板印象的影响而下降，反而比未启动身份的女性的数学测试表现更好。究其原因，研究者认为可能是因为女性在受到消极刻板印象后，会感到自己的任务表现受限，进而对消极刻板印象做出阻抗反应。当前，以刻板印象阻抗理论来解释反刻板印象威胁效应已涉及多个刻板印象领域，如性别刻板印象（Deshayes et al., 2019）、种族刻板印象（Hakim et al., 2017），以及年龄刻板印象（Weiss, 2018）等。

总体而言，单纯努力说和刻板印象阻抗理论都为与刻板印象威胁效应不一致的现象提供了理论解释框架，强调在面对消极刻板印象时，个体受动机驱使可能做出与刻板印象威胁不一致的行为表现。不同的是单纯努力说强调的动机是基于任务的难度（简单与困难任务），而刻板印象阻抗理论强调的动机是基于刻板印象的激活方式（外显与内隐激活）；此外，前者虽然主要用于阐释反刻板印象威胁效应，但也能为无刻板印象威胁效应提供解释，而后者就其概念而言，主要针对反刻板印象威胁效应。孰优孰劣，究竟何种理论能更好地解释无/反刻板印象威胁效应，可能还需要根据具体情境下刻板印象的激活方式、情境任务的难度和研究得出的结果来定。然而，有研究却对这两种理论提出了质疑。比如 Wulandari 和 Hendrawan（2021）在研究中虽然设置了三种不同难度（简单、中等、困难）的实验任务，却均未发现刻板印象威胁效应。Shewach 等（2019）的元分析显示外显激活比内隐激活能产生更大的刻板印象威胁效应。因此，仅靠这两种理论似乎难以全面解释刻板印象威胁效应的有无，尚需考虑其他变量（如文化）在其中的影响。

三 文化对刻板印象威胁的影响

鉴于以往甚少有研究思考文化对刻板印象威胁的影响，本文拟从文化心理学的三个核心传统（价值传统：个体主义－集体主义；自我传统：自我建构；认知传统：辩证思维）（Spencer-Rodgers et al.，2010）来阐述文化对其可能的影响，并试图思考在中国文化影响下刻板印象威胁的表现。

（一）　个体主义与集体主义文化下的刻板印象威胁

个体主义（individualism）与集体主义（collectivism）是文化心理学中最为成熟的文化维度之一。前者更关心自我的需要、目标和兴趣，主要以欧洲和北美洲国家为代表；而后者更关心群体的需要、目标和兴趣，主要以亚洲、非洲和南美洲国家为代表。比如在个体主义文化中，个体更可能同意"我经常做自己的事"和"发生在我身上的事是我自己做的"等类似的表达；而在集体主义文化中，个体更可能同意"我经常为了群体的利益而牺牲自我利益"和"我的快乐主要取决于我周围人的快乐"等类似的表达（Brewer & Chen，2007）。

根据刻板印象威胁理论，当个体担心自己的行为表现可能印证对其所属内群体的消极刻板印象时，个体的行为表现会下降（Spencer et al.，2016）。也就是说，对自我行为表现的担忧是刻板印象威胁效应产生的主要机制（Pennington et al.，2016）。相较于个体主义文化，这种担忧在集体主义文化中可能更为明显。因为受集体主义文化影响的个体更易担心自己的表现不仅会标识其个人能力，更会反映其所在内群体的能力（Mok et al.，2017）。因此，当消极刻板印象被激活后，受集体主义文化影响的个体可能比受个体主义文化影响的个体表现出更为明显的刻板印象威胁效应。比如研究发现，受刻板印象威胁的影响，土耳其移民学生的学业成绩远低于德国学生，文化在其中起调节作用；具体表现为在刻板印象威胁条件下的土耳其移民者持有的集体主义观越强，其任务表现越差（Froehlich et al.，2022）。据此逻辑，中国深受集体主义文化的影响，可能预示着集体主义文化所强调的群体归属感及与内群体成员保持积极联系对中国人来说尤为重要。由此在消极刻板印象情境中，中国人更可能担心个人表现会印证对其所属内群体的消极刻板印象，进而比西方人表现出更为明显的刻板印象威胁效应。但值得注意的是，近年来中国人的心理呈现个体主义价值的日益增长和集体主义价值的日渐衰落（蔡华俭等，2020）。这就意味着，虽然中国在传统上属于集体主义文化国家，但在日益增长的个体主义文化的影响下，中国人受到的刻板印象威胁在程度上可能会有所降低，逐渐趋同于西方人。

（二）　独立型自我建构与互依型自我建构下的刻板印象威胁

自我建构（self-construal），指个体如何感知自己与群体里他人的关系

（Markus & Kitayama, 1991），可分为独立型自我建构（independent self-con-
strual）和互依型自我建构（interdependent self-construal）。具有较高独立型
自我建构的个体渴望独立、表达自我、认为自己与其所属内群体的他人存
在区别；而具有较高互依型自我建构的个体重视与其内群体之间的联系，
倾向于根据其所属的内群体来定义自我。自我建构深受文化的影响：在个
体主义文化中，个体更倾向于持有独立型自我建构，将自我看作独一无二
的，认为"人生而不同"；而在集体主义文化中，个体更倾向于持有互依
型自我建构，将自我看作相互联系的，认为"人与人之间存在基本的联
结"（Markus & Kitayama, 1991）。

　　根据多重威胁框架（Multi-Threat Framework），刻板印象威胁根据目标
（自我或群体）和来源（自我、外群体或内群体他人）这两个维度的不同，
可被分为六种不同的刻板印象威胁（Shapiro & Neuberg, 2007）。从目标维
度来看，当个体更担心消极刻板印象与自我有关时，则会感到以自我为目
标的威胁（self-as-target threat）；而当个体更担心消极刻板印象与自我和其
所属内群体有关时，则会感到以内群体为目标的威胁（ingroup-as-target
threat）。因此，结合刻板印象威胁的内在机制，当消极刻板印象被激活后，
具有较高独立型自我建构的个体可能更担心自我的表现会反映其个人能
力，进而受到以自我为目标的刻板印象威胁；而具有较高互依型自我建构
的个体可能更担心自我的表现会反映其所在内群体的能力，进而受到以内
群体为目标的刻板印象威胁（Kim et al., 2022）。比如 Febriani 和 Sanitioso
（2021）发现虽然刻板印象威胁会降低法国和印度尼西亚老年人的记忆表
现，但这两者的机制是不同的。法国老年人（倾向于独立型自我建构）主
要担心自己的表现会反映其自我形象，即表现焦虑（performance anxiety）
引发了刻板印象威胁效应；而印度尼西亚老年人（倾向于互依型自我建
构）主要担心自己的表现会反映其群体形象，即群际焦虑（intergroup anx-
iety）引发了刻板印象威胁效应。这表明，不同的自我建构对刻板印象威
胁的影响存在差异。

　　值得注意的是，心理阻抗相关的研究发现，不同自我建构的个体也可
能对自由威胁做出阻抗反应（Mühlberger & Jonas, 2019）。比如，当自我的
自由受到威胁时，倾向于独立型自我建构的个体可能对其做出更多的阻抗
反应；而当集体的自由或他人的自由受到威胁时，倾向于互依型自我建构
的个体可能对其做出更多的阻抗反应（Jonas et al., 2009）。刻板印象作为
一种对某一社会类别的个体属性的信念，在本质上更容易导致个体产生以
内群体为目标的威胁。这就意味着互依型自我建构的个体可能比独立型自

我建构的个体更易对刻板印象威胁做出阻抗反应。比如 Bae 和 Jo（2022）发现年龄刻板印象威胁会驱动韩国老年人购买大众奢华品的意愿，自我建构在其中起调节作用。具体表现为老年人越重视与他人的基本关系（互依型自我建构倾向越明显），对年龄刻板印象威胁越敏感，进而有更强的动机脱离其老年群体。据此逻辑，中国人更倾向于互依型自我建构，这就意味着在消极刻板印象被激活后，中国人可能比独立型自我建构的个体更易做出阻抗反应，减少刻板印象威胁对自身的消极影响。

（三）低辩证思维与高辩证思维下的刻板印象威胁

辩证思维（dialectical thinking）作为一种全面而复杂的认知风格，受道家哲学等思想文化的影响。通常，具有高辩证思维的东方人比低辩证思维的西方人更倾向于认为事物存在矛盾、期望现象发生变化，以及用整体的方式看待世界（Peng & Nisbett，1999）。辩证思维包含三个相互关联的原则：（1）变化原则（principle of change），东方人倾向于认为现实是一个动态且灵活的过程，人、事、物能朝着相反的方向变化（比如消极变为积极），而西方人倾向于认为事物的发展是稳定的或呈线性变化的（比如稳定增加或减少）；（2）矛盾原则（principle of contradiction），东方人倾向于认为现实是复杂且充满矛盾的，新与旧、好与坏、强与弱等虽然矛盾，却又共存于一体（比如事物一分为二），而西方人倾向于拒绝矛盾的事物，认为现实是固定且客观的（比如事物相互排斥）；（3）联系或整体原则（principle of relationship or holism），东方人倾向于认为世上没有任何事物能独立存在，万事万物都存在联系，而西方人倾向于聚焦在事物本身，认为事物能从背景中抽离出来独立存在。相较于具有低辩证思维的西方人，东方人的辩证思维水平更高，更容易相信事物存在变化性、矛盾性和联系性（Spencer-Rodgers et al.，2018）。

根据刻板印象威胁效应的整合过程模型（Integrated Process Model of Stereotype Threat Effects），刻板印象威胁是一种情境困境（situational predicament）。在该困境中，刻板印象威胁线索会诱发目标个体的一系列消极想法、评价和情绪，进而引发其生理应激反应、使其监控自己的行为表现并试图抑制这些消极想法、评价和情绪；这些过程会损耗个体的工作记忆及其他执行资源，最终降低其行为表现（Schmader et al.，2008）。而相比于低辩证思维的个体，高辩证思维的个体更可能看到事物的转变（Spencer-Rodgers et al.，2018），如福祸相依、否极泰来等。因此，在面对刻板印象威胁这样的情境困境时，相比于低辩证思维的个体，高辩证思维的个体一方面可能会产生较轻的消极想法、评价和情绪，但另一方面也更可能看到该困境中所蕴含的希望，产生一些积极想法、评价和情绪，进而促进其做出积极的行为，导致刻板印象威胁效应发生变化。比如研究发现，辩证思维能减缓个体本身所持有的和感知到的污名；相比于低辩证思维的个体，高辩证思维的个体对精神疾病做出内归因的可能性更小，甚至能增加对污名个体的积极刻板印象（Yang，2016）。这就意味着高辩证思维的个体在面对消极刻板印象时比低辩证思维的个体表现出的刻板印象威胁效应可能更小，甚至出现无/反刻板印象威胁效应。据此逻辑，中国文化深受道家思想的影响，比如《老子》曰："祸兮福所倚，福兮祸所伏"，这一辩证观便暗含了万事万物相互对立却又相互转化的哲理。因此，相比于西方人，中国人的辩证思维水平更高（Peng & Nisbett，1999）。这就意味着，中国人比西方人更倾向于相信万事万物存在相互排斥、相互矛盾和相互斗争的两面，并且这两面能在生生不息的循环中相互转化。比如研究发现，中国人比加拿大人在面对苦难时能建构更多的积极成分（Yap et al.，2021）。由此在消极刻板印象被激活后，具有较高辩证思维的中国人虽然同具有较低辩证思维的西方人一样身处情境困境，但更可能看到该困境中的希望（比如"失之东隅，收之桑榆"），进而提高其在任务上的表现，减少刻板印象威胁的消极影响，甚至表现出反刻板印象威胁效应。

　　总体而言，不同的文化对刻板印象威胁可能产生不同的影响。虽然在价值传统上，集体主义文化中的个体可能比个体主义文化中的个体更易表现出刻板印象威胁效应，但也需要结合自我传统和认知传统，考虑不同自我建构和不同思维风格的个体在面对消极刻板印象时的反应。比如互依型自我建构的个体可能比独立型自我建构的个体更易对消极刻板印象做出阻抗反应；高辩证思维的个体也可能比低辩证思维的个体更易看到消极刻板印象的积极面，表现出更弱的刻板印象威胁效应，甚至出现无/反刻板印象威胁效应。这揭示了文化对刻板印象威胁的影响具有一定的复杂性，未来从文化的视角对其予以探讨显得更为重要和迫切。对于中国而言，其文化的复杂性虽然令中国人是否受刻板印象威胁，或受刻板印象威胁的程度如何难以精准预测，但中国人在困境中"迎难而上"的行为与阻抗反应存在天然的相似，以及所持有的辩证思维也可能令其达到"柳暗花明"之意。因此，似乎可以预见中国文化或能成为一种保护因子，减少或消除刻板印象威胁对中国人的消极影响。

四　中国文化保护因子的思考

从刻板印象威胁被提出至今，虽然得到了众多研究的支持，但也有研究者断言"有证据表明不存在刻板印象威胁效应"（Chaffee et al.，2020；Flore et al.，2018）。此外，一系列元分析结果也表明刻板印象威胁效应存在较大的异质性（Shewach et al.，2019；Warne，2022）。究其原因，调节变量可能在其中发挥着极其重要的作用。本文从文化心理学视角出发，结合刻板印象威胁理论、多重威胁框架和刻板印象威胁效应的整合过程模型，阐述了被以往众多研究所忽略的文化因素对刻板印象威胁的影响。同时结合中国文化，分析了刻板印象威胁对中国人的影响。考虑到中国在现代化进程中所表现出来的巨大文化变迁和心理变化，因此有必要进一步思考中国文化对刻板印象威胁可能产生的影响。

（一）个体主义增长下的刻板印象威胁

相比于西方国家（比如美国），中国深受集体主义文化的影响，这就意味着中国人可能因集体主义文化所强调的群体联系而担心自己的行为表现印证了大众对其所属内群体持有的消极刻板印象，进而比西方人更易受刻板印象威胁的影响。但随着经济全球化、政治多极化和文化多元化，人类文化和心理发生了巨大的变化，尤其体现为个体主义上升和集体主义式微的趋势（黄梓航等，2018）。在这样宏大的变化背景下，中国人的心理也呈现个体主义价值和心理行为的日益增长，以及集体主义价值日渐衰落的趋势。比如与中国传统文化密切相关的人情、面子和关系等方面出现了下降的趋势（蔡华俭等，2020）。有研究对1920～2005年中国人的名字进行了分析，结果发现中国人名字的独特性在不断增加（Bao et al.，2021），这揭示了个体主义在中国呈增长趋势。因此，虽然中国在传统上属于集体主义国家，但随着社会的巨大变迁，在日益增长的个体主义文化的影响下，中国人受刻板印象威胁的影响在强度上可能有所降低。

（二）不同地域文化下的刻板印象威胁

除了从国与国的角度分析中国文化相比于西方文化对刻板印象威胁的影响，也有必要从国家内部层面考察不同地域文化对刻板印象威胁的影响。中国是一个幅员辽阔且历史悠久的多民族国家，不同地域的文化根据其自然地理环境、历史传统、宗教信仰、地区语言和经济发展等方面的不同而有所差异（朱秀梅等，2022）。比如根据 Talhelm 等（2014）的稻米理论（Rice Theory），小麦种植区的个体更倾向于个体主义，而水稻种植区的个体更倾向于集体主义。由此相比于水稻种植区的个体，中国小麦种植区的个体可能因为对自我更加关注，而较少受刻板印象威胁的影响。此外，根据不同地域文化的划分标准（比如以气候和温度等地理划分南北；以各省之间的文化相似性，将各省、自治区和直辖市分为东北、西北和西南等 7 个文化区），不同地区的个体所呈现的文化价值观也存在差异（朱秀梅等，2022）。比如 Ren 等（2021）提出了三线框架（Triple-Line Framework），认为通过胡焕庸线、长城线和秦岭 - 淮河线可将中国分为四大区域，分别是以新疆、内蒙古和西藏等省份为代表的第一区域；以黑龙江、吉林和辽宁等省份为代表的第二区域；以河北、山东和河南等省份为代表的第三区域；以及以江苏、四川和广东等省份为代表的第四区域，而这四个区域所表现出的集体主义价值观依次增加。如此，相比于第三区域和第四区域，第一区域和第二区域的个体可能较少受刻板印象威胁的影响。

（三）儒、释思想文化下的刻板印象威胁

如前所述，受道家哲学等思想文化的影响，中国人倾向于持辩证思维。这可能使其在面对消极刻板印象时，建构更多的积极成分，进而不易表现出刻板印象威胁效应。但除了辩证哲学，中国传统文化还深受儒家和佛家等思想的影响。由此在这两种思想文化的影响下，中国人对消极刻板印象又会做出怎样的反应？研究发现，刻板印象威胁不一定会降低情境困境中的动机，相反可能会增强个体在给定任务上表现良好并反抗对其所属内群体的消极刻板印象的意志（Steele & Aronson，1995）。而儒家思想强调坚韧不拔、自强不息。正如《孟子》曰"故天将降大任于斯人也，必先苦其心志，劳其筋骨，饿其体肤，空乏其身，行拂乱其所为，所以动心忍性，曾益其所不能"，便强调了人历经磨难更要卧薪尝胆，身处逆境亦要愈挫愈勇（席居哲等，2015）。李廷睿和侯玉波（2012）也证明了这种亲挫折思想是儒家式应对的重要维度之一，能帮助中国人有效对抗困境和压力。如此受儒家等思想文化影响的中国人，可能在刻板印象威胁这样的情境困境中"燃起"对抗该困境的意志，进而表现出无/反刻板印象威胁效应。此外，根据刻板印象威胁的整合过程模型，个体为监控和抑制由刻板印象威胁线索引发的一系列消极想法、评价和情绪，会损耗认知资源，最终导致行为表现受损（Schmader et al.，2008）。而佛家思想所主张的"明心见性"和"平常心是道"，非但不是消极避世，反而揭示了在逆境面前，

个体应根据环境主动调节自身认知、情绪和行为，随缘自适（席居哲等，2015）。比如 Xu（2021）揭示了创造意义应对（meaning-making coping）作为佛家式应对的一种，会使个体倾向于将苦难重构为自我精神成长的机会。如此受佛家等思想文化影响的中国人，在刻板印象威胁这样的"情境困境"中依旧可能主动对自身的认知、情绪和行为加以调整，进而减少刻板印象威胁的消极影响。

（四）中国文化下不同的刻板印象威胁

诚然，一方面需要看到不同的文化可能对刻板印象威胁产生不同的影响，但另一方面也需要进一步考虑到不同领域的刻板印象在文化的影响下可能呈现不一样的效应。（1）就性别刻板印象威胁而言，中国几千年的传统文化强调"男尊女卑"和"男强女弱"，这可能加剧中国人的性别刻板印象。研究也发现相比于西方人，东方人顺应性别角色的压力更大，持有的性别刻板印象可能更强（Song et al.，2017）。这是否意味着相比于其他领域的刻板印象威胁，中国人更易受性别刻板印象威胁的影响？但需要注意的是，随着社会规范和人类文明的不断提高，传统的性别刻板印象在逐渐削弱（Charlesworth & Banaji，2022）。1949 年新中国成立后，我国就一直倡导并积极践行性别平等的相关条例，比如 2022 年 10 月新修订的《中华人民共和国妇女权益保障法》经第十三届全国人大常委会第三十七次会议表决通过，标志着我国对男女平等基本国策的落实再上一个台阶。这些举措在不断淡化中国人的性别刻板印象。如此，在面对性别刻板印象威胁时，中国人的行为表现虽然刚开始可能会呈现更为复杂的模式，但随着性别刻板印象的逐渐减弱，中国人可能逐渐不受性别刻板印象威胁的影响。（2）就年龄刻板印象威胁而言，东方文化比西方文化更加强调对老年人的尊敬、服从和钦佩，尤其是对老年人日积月累的生活经验所汇集的人生智慧的尊重，因此东方人持有的年龄刻板印象更弱（Nicolas et al.，2021）。这就意味着相比于西方人，东方人受到的年龄刻板印象威胁可能更弱。比如 Tan 和 Barber（2020）发现虽然刻板印象威胁仍会降低居住在美国的中国老年人的记忆表现，但当给这些老年人呈现有关孝道的传统文化时，其记忆表现便不再受刻板印象威胁的消极影响。相比于美国，在几千年儒家孝道文化熏陶下的中国，人们对孝更为重视，包括尊敬安乐父母、服从父母、和颜对待父母、安身不辱父母和陪伴父母等（葛枭语，2021）。如此，中国人可能不易表现出年龄刻板印象威胁效应。（3）就民族刻板印象威胁而言，民族与民族之间的和谐关系一直是国家关注的重点，在"各民族交往交流交融”的民族政策的引导下，我国民族关系日益和谐。随着中华民族共同体意识的铸牢，在手足相亲、守望相助的历史进程中各民族共同开拓疆域、共同书写历史、共同创造文化、共同培育民族精神，预示着消极的民族刻板印象在我国可能已“渐行渐远”，中国人受到的民族刻板印象威胁也将日益平缓。

五　结语

刻板印象威胁作为一种经典的社会心理学现象，其不良影响不仅涉及个人层面，还会波及人际和群际层面。但如此重要的概念，其复杂性在以往研究中常常被人们所低估。比如文化作为影响个体认知、情感、意识和行为的一个多层次结构，虽然可能对刻板印象威胁产生深远的影响，但在以往研究中并未得到重视。因此，未来研究者有必要从文化心理学的视角考察文化对刻板印象威胁的影响。而中国文化在中国巨大的社会变迁过程中，呈现的复杂性和多样性，更加提示了亟须研究者探讨中国文化对刻板印象威胁的影响。若“辩证思维”、“愈挫愈勇”和“随缘自适”等信念的中国文化真能使刻板印象威胁减弱或消除，这提示着中国文化所传递的精神特质或能成为一种保护因子，降低或消除刻板印象威胁对中国人的消极影响。这一方面或许能为刻板印象威胁的干预提供崭新的研究思路，另一方面更可能是对文化自觉和文化自信的充分肯定和积极践行，彰显出中国传统文化内在不可低估的当代价值。

参考文献

蔡华俭、黄梓航、林莉、张明杨、王潇欧、朱慧珺、敬一鸣，2020，《半个多世纪来中国人的心理与行为变化——心理学视野下的研究》，《心理科学进展》第10期，第1599~1618页。

范依婷、周天爽、杨莹、崔丽娟，2019，《刻板印象威胁对城市出生流动儿童认知表现的积极效应及机制》，《心理科学》第4期，第884~890页。

葛枭语，2021，《孝的多维心理结构：取向之异与古今之变》，《心理学报》第3期，第306~321页。

黄梓航、敬一鸣、喻丰、古若雷、周欣悦、张建新、蔡华俭，2018，《个人主义上升，集体主义式微？——全球文化变迁与民众心理变化》，《心理科学进展》第11期，第2068~2080页。

李廷睿、侯玉波，2012，《儒家式应对的心理结构及其验证》，《湖南师范大学教育科学学报》第3期，第11~18页。

潘文静、温芳芳、佐斌，2018，《老年刻板印象威胁及其研究操纵》，《心理科学进展》第 9 期，第 1670～1679 页。

温芳芳、佐斌，2021，《刻板印象威胁研究》，华中师范大学出版社。

阮小林、张庆林、杜秀敏、崔茜，2009，《刻板印象威胁效应研究回顾与展望》，《心理科学进展》第 4 期，第 836～844 页。

席居哲、曾也恬、左志宏，2015，《中国心理弹性思想探源》，《中国临床心理学杂志》第 3 期，第 555～559 页。

朱秀梅、郑雪娇、许海、徐艳梅，2022，《国家内部地域文化差异及其对组织的影响》，《心理科学进展》第 7 期，第 1651～1668 页。

Bae, H. & Jo, S. H. (2022). The impact of age stereotype threats on older consumers' intention to buy masstige brand products. *International Journal of Consumer Studies*, 1 – 14.

Bao, H. W., Cai, H., Jing, Y. & Wang, J. (2021). Novel evidence for the increasing prevalence of unique names in China: A reply to Ogihara. *Frontiers in Psychology*, 12, 731244.

Brehm, J. W. (1966). *A theory of psychological reactance.* New York: Academic Press.

Brewer, M. B. & Chen, Y. R. (2007). Where (who) are collectives in collectivism? Toward conceptual clarification of individualism and collectivism. *Psychological Review*, 114 (1), 133 – 151.

Chaffee, K. E., Lou, N. M. & Noels, K. A. (2020). Does stereotype threat affect men in language domains? *Frontiers in Psychology*, 11, 1302.

Charlesworth, T. E. & Banaji, M. R. (2022). Patterns of implicit and explicit stereotypes III: Long-term change in gender stereotypes. *Social Psychological and Personality Science*, 13 (1), 14 – 26.

Deshayes, M., Clément-Guillotin, C., Chorin, F., Guérin, O. & Zory, R. (2020). "Not performing worse but feeling older!" the negative effect of the induction of a negative aging stereotype. *Psychology of Sport and Exercise*, 51, 101793.

Deshayes, M., Clément-Guillotin, C. & Zory, R. (2019). "Men are better than women!" The positive effect of a negative stereotype toward women on a self-paced cycling exercise. *Journal of Sport and Exercise Psychology*, 41 (4), 242 – 250.

Deshayes, M., Zory, R., Seitchik, A. E., Chalabaev, A. & Clément-Guillotin, C. (2020). Can the stereotype threat and lift phenomenon be applicable to a muscular endurance task? *Research Quarterly for Exercise and Sport*, 91 (2), 354 – 360.

Drace, S., Korlat, S. & Đokić, R. (2020). When stereotype threat makes me more or less intelligent: The informative role of emotions in effort mobilization and task performance. *British Journal of Social Psychology*, 59 (1), 137 – 156.

Febriani, A. & Sanitioso, R. B. (2021). Stereotype threat, intergenerational contact, and performance among the elderly across cultures: A comparative study of France and Indonesia. *Cross-Cultural Research*, 55 (2 – 3), 127 – 147.

Flore, P. C., Mulder, J. & Wicherts, J. M. (2018). The influence of gender stereotype threat on mathematics test scores of Dutch high school students: A registered report.

Comprehensive Results in Social Psychology, 3 (2), 140 – 174.

Froehlich, L. , Mok, S. Y. , Martiny, S. E. & Deaux, K. (2022). Stereotype threat-effects for Turkish-origin migrants in Germany: Taking stock of cumulative research evidence. *European Educational Research Journal*, 21 (2), 330 – 354.

Hakim, C. , Kurman, J. & Eshel, Y. (2017). Stereotype threat and stereotype reactance: The effect of direct and indirect stereotype manipulations on performance of Palestinian citizens of Israel on achievement tests.. *Journal of Cross-Cultural Psychology*, 48 (5), 667 – 681.

Jamieson, J. P. & Harkins, S. G. (2007). Mere effort and stereotype threat performance effects. *Journal of Personality and Social Psychology*, 93 (4), 544 – 564.

Jamieson, J. P. & Harkins, S. G. (2009). The effect of stereotype threat on the solving of quantitative GRE problems: A mere effort interpretation. *Personality and Social Psychology Bulletin*, 35 (10), 1301 – 1314.

Jonas, E. , Graupmann, V. , Kayser, D. N. , Zanna, M. , Traut-Mattausch, E. & Frey, D. (2009). Culture, self, and the emergence of reactance: Is there a "universal" freedom? *Journal of Experimental Social Psychology*, 45 (5), 1068 – 1080.

Kim, J. Y. , Brockner, J. & Block, C. J. (2022). Tailoring the intervention to the self: Congruence between self-affirmation and self-construal mitigates the gender gap in quantitative performance. *Organizational Behavior and Human Decision Processes*, 169, 104118.

Kray, L. J. , Thompson, L. & Galinsky, A. (2001). Battle of the sexes: Gender stereotype confirmation and reactance in negotiations. *Journal of Personality and Social Psychology*, 80 (6), 942 – 958.

Markus, H. R. & Kitayama, S. (1991). Culture and the self: Implications for cognition, e-motion, and motivation. *Psychological Review*, 98 (2), 224 – 253.

Mok, S. Y. , Martiny, S. E. , Gleibs, I. H. , Deaux, K. & Froehlich, L. (2017). The interaction of vertical collectivism and stereotype activation on the performance of Turkish-origin high school students. *Learning and Individual Differences*, 56, 76 – 84.

Mühlberger, C. & Jonas, E. (2019). Reactance theory. In K. Sassenberg & M. L. W. Vliek (Eds.), *Social psychology in action. Evidence-based interventions from theory to practice* (pp. 79 – 94). Cham: Springer.

Nicolas, P. , Régner, I. & Lemaire, P. (2021). Cultural differences in susceptibility to stereotype threat: France versus India. *The Journals of Gerontology: Series B*, 76 (7), 1329 – 1339.

Peng, K. & Nisbett, R. E. (1999). Culture, dialectics, and reasoning about contradiction. *American Psychologist*, 54 (9), 741 – 754.

Pennington, C. R. , Heim, D. , Levy, A. R. & Larkin, D. T. (2016). Twenty years of stereotype threat research: A review of psychological mediators. *Plos One*, 11 (1), e0146487.

Ren, X. , Cang, X. & Ryder, A. G. (2021). An integrated ecological approach to mapping variations in collectivism within China: Introducing the triple-line framework. *Journal of Pacific Rim Psychology*, 15 (1), 1 – 12.

Schmader, T. , Johns, M. & Forbes, C. (2008). An integrated process model of stereotype threat effects on performance. *Psychological Review*, 115 (2), 336 – 356.

Seitchik, A. E. & Harkins, S. G. (2015). Stereotype threat, mental arithmetic, and the mere effort account. *Journal of Experimental Social Psychology*, 61, 19 – 30.

Shapiro, J. R. & Neuberg, S. L. (2007). From stereotype threat to stereotype threats: Implications of a multi-threat framework for causes, moderators, mediators, consequences, and interventions. *Personality and Social Psychology Review*, 11 (2), 107 – 130.

Shewach, O. R. , Sackett, P. R. & Quint, S. (2019). Stereotype threat effects in settings with features likely versus unlikely in operational test settings: A meta-analysis. *Journal of Applied Psychology*, 104 (12), 1 – 21.

Song, J. , Zuo, B. , Wen, F. & Yan, L. (2017). Math-gender stereotypes and career intentions: An application of expectancy-value theory. *British Journal of Guidance & Counselling*, 45 (3), 328 – 340.

Spencer-Rodgers, J. , Anderson, E. , Ma-Kellams, C. , Wang, C. & Peng, K. (2018). What is dialectical thinking? Conceptualization and measurement. In J. Spencer-Rodgers & K. Peng (Eds.), *The psychological and cultural foundations of East Asian cognition: Contradiction, change, and holism* (pp. 1 – 34). New York: Oxford University Press.

Spencer-Rodgers, J. , Williams, M. J. & Peng, K. (2010). Cultural differences in expectations of change and tolerance for contradiction: A decade of empirical research. *Personality and Social Psychology Review*, 14 (3), 296 – 312.

Spencer, S. J. , Logel, C. & Davies, P. G. (2016). Stereotype threat. *Annual Review of Psychology*, 67, 415 – 437.

Steele, C. M. (1997). A threat in the air: How stereotypes shape intellectual identity and performance. *American Psychologist*, 52 (6), 613 – 629.

Steele, C. M. & Aronson, J. (1995). Stereotype threat and the intellectual test performance of African Americans. *Journal of Personality and Social Psychology*, 69 (5), 797 – 811.

Talhelm, T. , Zhang, X. , Oishi, S. , Shimin, C. , Duan, D. , Lan, X. & Kitayama, S. (2014). Large-scale psychological differences within China explained by rice versus wheat agriculture. *Science*, 344 (6184), 603 – 608.

Tan, S. C. & Barber, S. J. (2020). Confucian values as a buffer against age-based stereotype threat for Chinese older adults. *The Journals of Gerontology: Series B*, 75 (3), 504 – 512.

Wang, Z. , Guan, J. & Zhao, L. (2022). Priming science identity elicits stereotype boost for Chinese science female students: Evidence from math performance. *Basic and Applied Social Psychology*, 44 (3 – 6), 95 – 108.

Warne, R. T. (2022). No strong evidence of stereotype threat in females: A reassessment of the meta-analysis. *Journal of Advanced Academics*, 33 (2), 171 – 186.

Weiss, D. (2018). On the inevitability of aging: Essentialist beliefs moderate the impact of negative age stereotypes on older adults' memory performance and physiological reactivity. *The Journals of Gerontology: Series B*, 73 (6), 925 – 933.

Wulandari, S. & Hendrawan, D. (2021). Trust your abilities more than the stereotype:

Effect of gender-stereotype threat and task difficulty on word production, clustering, and switching in letter fluency. *Pertanika Journal of Social Sciences and Humanities*, 28 (4), 2567 – 2588.

Xu, J. (2021). The lived experience of Buddhist-oriented religious coping in late life: Buddhism as a cognitive schema. *Journal of Health Psychology*, 26 (10), 1549 – 1560.

Yang, X. (2016). *Does dialectical thinking benefit stigma reduction.* Doctorial dissertation. The Chinese University of Hong Kong.

Yap, S., Lee, A., Ji, L. J., Li, Y. & Dong, Y. (2021). Cultural differences in people's psychological response to COVID – 19. *Frontiers in Psychology*, 12, 636062.

《中国社会心理学评论》 第 24 辑

第 227~239 页

© SSAP，2023

"我们"与"他们"谁更同质？群际关系的感知内/外群体变异性新视角[*]

柯文琳　温芳芳　戴　钰　何好佳[**]

摘　要： 感知群体变异性研究表明"外群体同质性效应"的普遍存在，导致了内群体偏爱和对外群体的刻板印象、偏见和歧视。但在不同的群体地位和规模、客观群体特征、群际接触与身份威胁下，这种效应会改变，甚至出现"内群体同质性效应"。研究者主要从社会动机和认知加工两方面对其做出理论解释。进一步以感知群体变异性为视角综合考虑不同的影响因素对群际关系的作用，从而为降低群际冲突和群际歧视提供新的研究证据和方法，这将成为未来研究的重要方向。

关键词： 感知群体变异性　外群体同质性效应　内群体同质性效应　群际偏见　社会动机

荀子曰"人之生，不能无群"。群体作为人类存在的本质属性，人们会将给定的群体与某个特征联系起来，但对该群体成员拥有该特征的程度有着不同的看法（Chappe & Brauer, 2008），他们可能会认为成员之间在这个特征维度上非常相似，也可能会认为同样的群体成员在这个维度上彼此非常不同，这种人们对某个社会群体成员感知到的变异性被称为感知群体

* 本研究获得国家社科基金后期资助项目（20FSHB003）和国家社科基金重大项目（18ZDA331）的资助。

** 柯文琳，华中师范大学心理学院硕士生；温芳芳，华中师范大学心理学院副教授、硕士生导师，通信作者，E-mail：wenff@ccnu.edu.cn；戴钰，华中师范大学心理学院硕士生；何好佳，华中师范大学心理学院硕士生。

变异性 （perceived group variability） （Andrews et al. , 2018; Rubin & Badea,
2012; Swart et al. , 2011）。这一领域研究者聚焦于关注感知者的群体从属
关系如何影响对自己所属的内群体和自己不属于的外群体的感知变异性。
最初关于内外群体感知变异性的研究发现人们普遍存在 "外群体同质性效
应" （Out-group Homogeneity Effects, OHE）, 即倾向于将外群体成员理解为
更同质的类别, 即 "他们都是一样的" （Judd & Park, 1988）, 并且这种偏
差可以快速且自动发生 （Palese & Mast, 2020）。认为外群体是同质的在一
定程度上会降低对外群体的心理复杂程度的感知, 强化对外群体的刻板印
象并导致群际偏见和歧视 （Shilo et al. , 2019）。但在一些情况下, 人们也
会表现出 "内群体同质性效应" （In-group Homogeneity Effects, IHE） 的反
向效应, 即认为自己的内群体更加同质 （Deska, 2018; Goldenberg et al. ,
2019; Simon, 1992; Wilson & Hugenberg, 2010）, 例如, 新近研究表明在群
体分类中为了减少不确定性, 人们更倾向于选择情绪表达更同质的群体为
自己的内群体 （Goldenberg et al. , 2019）。

那么, "外群体同质性效应" 与 "内群体同质性效应" 何时发生, 受
到哪些因素的影响以及存在怎样的心理机制呢？对这些问题进行梳理, 一
方面有助于理解和丰富感知内/外群体变异性的相关理论, 另一方面对于
干预因为群体同质性感知导致的群际偏见和歧视 （Er-rafiy & Brauer, 2012;
Palese & Mast, 2019; Shilo et al. , 2019） 也具有重要的现实价值。

一　感知群体变异性

（一）感知群体变异性的由来

群体变异性指群体成员在群体属性上相似或不同的程度 （Hutchison et
al. , 2013）, 这是一种客观上的差异。但研究表明同一个群体的变异程度
在不同的人身上和在不同的情境中看起来可能是不同的 （Badea et al. ,
2012; Canbeyli, 2019; Wilson & Hugenberg, 2010; Hannon et al. , 2020）, 相
比群体的真实变异程度, 研究者更关注人们对群体变异性的感知程度, 特
别关注对内群体和外群体的感知群体变异性的差异 （Rubin & Badea,
2012）。

（二）感知群体变异性对群际关系的影响

首先, 研究感知群体变异性有助于理解刻板印象过程, 刻板印象的一

个核心特点是倾向于笼统地把某群体成员划分到某个类别上（Hughes et al.，2019）。认为一个群体是同质的，特别是认为外群体是同质的，会导致人们更容易将他们的刻板印象从一个群体成员身上泛化到其他群体成员身上，这在一定程度上会强化对某群体的刻板印象（Shilo et al.，2019）。

除此之外，对一个群体的同质性感知可能涉及贬低一个人独特的人类特征，同质被认为比异质群体的心理复杂程度更低（非人化）（Deska，2018），而非人化是引起群体冲突的破坏性因素（Pavetich & Stathi，2021；Simon & Gutsell，2019；孙钘诒、刘衍玲，2021），这容易引起群际偏见和歧视（Capozza et al.，2017；Savitsky et al.，2016；Palese & Mast，2019）。而增强对一个群体变异程度的感知能有效减少对该群体的偏见以及歧视（Errafiy & Brauer，2012）。因此，研究感知群体变异性也许可以为干预群体的刻板印象、偏见和歧视以及群际冲突提供新的视角，具有重要的意义。

二　内/外群体同质性之争

内/外群体关系一直是群际研究的重点，而在感知群体变异性的研究中，感知者的内/外群体身份也得到了研究者广泛的关注（Judd & Park，1988；Konovalova & Mens，2019；Palese & Mast，2020；Shilo et al.，2019）。关于感知内/外群体变异性的研究发现其存在一定的复杂性，一些研究表明存在外群体同质性效应（Konovalova & Mens，2019；Shilo et al.，2019；温芳芳等，2020），另一些研究则表明存在内群体同质性效应（Deska，2018；Goldenberg et al.，2019）。

（一）"外群体同质性效应"的普遍性

最初关于感知内/外群体变异性的研究发现，人们倾向于将外群体成员理解为"他们都是一样的"（Judd & Park，1988），这被一些学者称为"外群体同质性效应"（Out-group Homogeneity Effects，OHE）（Konovalova & Mens，2019；Judd & Park，1988；Shilo et al.，2019）。近年来，"外群体同质性效应"得到了不同研究领域、跨文化和跨年龄的实证检验，众多研究结果表明"外群体同质性效应"的存在具有普遍性。

在面孔感知领域，一些研究表明异族效应（Cross Race Effect，CRE）是"外群体同质性效应"在人脸识别上的表现（Howard et al.，2019；Wilson & Hugenberg，2010），人们对同种族的人脸识别优于对异族的人脸识别（Vingilis-Jaremko et al.，2020），倾向于关注内群体成员的个性化面孔特征

（Kawakami et al. , 2018；温芳芳等，2020）。有研究者对其进行了更深入的研究，发现这一效应发生在面孔感知的早期阶段，具体表现为对其他种族面部变异性的神经敏感性降低（Hughes et al. , 2019）。此外，"外群体同质性效应" 也发生在人们对不同的群体做出性格或价值观等个性特征评价的过程中（Konovalova & Mens, 2019；Ishii & Kitayama, 2011）。并且 Shilo 等（2019）的实证研究表明，"外群体同质性效应" 在儿童时期就已明显存在，这一研究结果使得此效应得到了跨年龄群体的验证。

除此之外，与内群体相比，人们更不可能识别出外群体成员在社会互动期望方面的个体差异，而对互动对象的期望做出正确推断是表达行为适应性的先决条件（Palese & Schmid Mast, 2019）。因此，Palese 和 Schimid Mast（2020）认为，人们在与外群成员互动时，表达行为适应性的可能性较小，这可能会导致负面的互动结果。

（二）"内群体同质性效应" 的发生

虽然 "外群体同质性效应" 是普遍存在的，但在某些情况下，人们也会表现出 "内群体同质性效应"（In-group Homogeneity Effects, IHE）的反向效应，即认为自己的内群体更加同质（Deska, 2018；Goldenber et al. , 2019；Simon, 1992）。所以，有时我们会说 "我们都是一样的" 而不是 "他们都是一样的"。在面孔感知领域，Wilson 和 Hugenberg（2010）研究发现对美国白人被试的种族独特性进行威胁将会在面孔感知中导致 "内群体同质性效应" 的发生。在人格特质、社会生活和学术成绩方面，个体在被置于一种提高其同化或分化需求的情境后，会调整其对群体变异性的感知，呈现对内群体同质性感知增强的趋势（Pickett & Brewer, 2001）。而对儿童的研究也得到了类似的结果，具体表现为白人儿童表现出了 "外群体同质性效应"，相比之下，黑人儿童表现出了 "内群体同质性效应"（Guinote et al, 2007）。因此，在这种情况下需要对感知群体变异性的影响因素做进一步的研究和梳理，有助于理解 "外群体同质性效应" 和 "内群体同质性效应" 的发生条件和心理机制。

三　感知内/外群体变异性的边界条件

虽然不同的研究从不同的角度表明了外群体同质性效应的普遍存在，但在某些条件下情况却发生了反转，内群体同质性效应也同时发挥着作用。认为一个群体是同质的，特别是 "外群体同质性" 可能会导致负面的群际互动结果，在这种情况下，找寻影响内外群体感知变异性的边界条件也许能为群体间歧视和冲突的解决提供一些启示和有效的干预手段。现有研究表明，群体地位、群体规模、群体客观变异性、群体特征典型性、群体接触与熟悉性和群体身份威胁均为群体感知变异性的影响因素。

（一）群体规模和地位

群体规模和群体地位作为重要的群体属性，是感知群体变异性的重要预测因素。小群体似乎会诱发对内群体同质性的感知（Canbeyli，2019），这可能是因为人们应用群体规模大小的知识作为一种启发方式来评估群体变异性，所以大的群体被看作比小的群体具有更多的异质性（杜秀芳，2006）。也可能是由于群体间的单方面依赖，规模小的群体会依赖规模大的群体，这种依赖性增加了小群体对大群体中与他们期望不一致信息的关注，更加关注大群体内部的差异（Canbeyli，2019）。在一项比较研究中（Guinote，2001），研究者发现生活在德国的葡萄牙被试（作为少数群体）表现出更多的外群体异质性，而生活在葡萄牙的葡萄牙被试（作为多数群体）则表现出外群体同质性。

低地位的群体被认为比高地位的群体更同质，并且弱势群体的成员也倾向于认为自己的内群体更加同质（Badea et al.，2012；Canbeyli，2019）。Badea 和 Deschamps（2009）的研究使用最小群体范式，通过一个动态的实验过程表明群体地位较低的成员会感知到更高的内群体同质性，然而，这种效应会在该群体地位上升到较高地位时（从被选择到拥有主导权）消失。类似地，他们又比较了群体地位不同的自然社会群体，结果表明，群体地位最低的成员对内群体同质性的感知最高（Badea & Deschamps，2009）。这可能是因为弱势群体的成员不爱表现自己，个体更关注优势群体成员或不太了解弱势群体成员（Canbeyli，2019）。另一种解释是人们倾向于对高地位个体的行为进行性格归因，而对低地位个体的行为进行情境归因，所以认为高地位的成员更具个性化（Badea et al.，2012）。值得一提的是，如果在竞争情境下，群体需要通过努力获得胜利，而不是处于一个既定的客观社会地位，这时竞争获胜（高地位）的群体会被认为比失败的群体更具同质性，因为这时的群体同质性与具有积极价值的群体凝聚力有关（Badea et al.，2012）。

群体规模的不同常常伴随着群体地位的不同，但群体规模不等同于群体地位，群体规模小不代表群体地位低，同时考虑群体地位和群体规模两个因素，探索其交互作用对群体感知变异性的影响也是未来研究的方向。

（二） 群体客观变异性和特征典型性

在探讨自然群体的感知群体变异性时考虑群体客观变异性和特征典型性也很有必要，感知群体变异性可能会受到对群体客观情况的准确感知的影响，不同群体对感知变异性判断的差异可能不是一种感知偏差，而是对现实的反映（Badea et al. , 2012）。例如，上述提到的弱势群体被认为比优势群体更同质，这可能是因为地位高促使优势群体的成员更愿意表现自己，从而表现得更多样化，而在客观上这些人比弱势群体成员表现的变异性更大（Chappe & Brauer, 2008）。

某一群体特征的典型性也会影响人们对该群体变异性的感知，前人的实证研究发现了从典型外群特质的相对外群同质性到典型内群特质的相对内群同质性的逆转（Simon, 1992），人们会判断某群体在具有刻板印象的特质维度上更加同质（Rubin & Badea, 2010），这可能是因为人们通常遵循"同质性等于特质拥有"的启发，人们对群体的刻板印象特征进行相对同质的评价，以表明他们认为群体拥有这些特征（Rubin & Badea, 2012）。在实验室中使用最简群体范式等方法构建暂时的内外群体，这种操作有利于控制群体的客观变异程度。

（三） 群际接触与身份威胁

大量社会心理学实验证明群体间接触和保持积极社会认同的动机可能会影响个人对群体变异性的感知。群体接触不仅仅指直接接触，间接接触作为干预手段也被证明在减少外群体偏见方面是有效的（Vezzali et al. , 2015）。在群体感知变异性方面，Turner 等 （2013） 证明仅仅想象与外群体成员进行交谈就可以增加感知到的外群体变异性。

但当这种接触造成了群体身份威胁，情况又有所不同。根据社会认同理论（Tajfel, 1978），保持积极的社会认同的动机可能会影响个人对群体变异性的感知，对被试所在群体的不恰当的刻板印象威胁会导致被试对内群体同质性的高度感知，从而增加社会支持感，带来安全感（Lee & Ottati, 1995）。而当群体成员的群体身份在至关重要的维度上遭到威胁时也会引发内群体同质性感知的提升（Hutchison et al. , 2013），在 Wilson 和 Hugenberg （2010） 的研究中，受到移民威胁的白人对内群体同质性的感知显著增加了，这表明对内群体同质性的感知会受到对群体身份威胁的影响。

四　内外群体感知变异性的心理机制

为什么会发生外群体同质性效应向内群体同质性效应的逆转呢？根据以上边界条件可以看出，当在信息加工能利于节约认知资源和强调社会身份以确保积极的自我概念时，群体成员倾向于认为他们的内群体比外群体更同质。概况而言，研究者主要从信息认知加工和社会动机需求两个方面对其做出解释，以便更好地理解以上影响因素发挥作用的心理机制。

（一）信息认知加工

信息存储与检索理论（Information Storage and Retrieval Theories）主要从信息认知加工方面对群体感知变异性的心理机制做出解释（Ostrom & Sedikides，1992）。

1. 存储信念理论

人们做出关于同质性的不同判断可能是由于先前存储的关于内外群体同质性的样本数量不同，并对这些信息进行了差异性存储。根据 Park 等（1991）提出的关于同质性的存储信念（stored beliefs）理论，人们可能会存储先前获得的关于群体同质性的信念。而根据双存储模型（Dual-Storage Model），关于内群体成员的信息存储在人性的类别中，而关于外群体成员的信息存储在与刻板印象相关的属性类别中（Castano & Yzerbyt，1998），外群体同质性效应是对内群体和外群体信息进行差异处理和存储的结果（Canbeyli，2019）。并且人们基于他们对不同群体成员拥有的存储样本的数量做出关于同质性的不同判断，样本量更大则认为其更具多样性，那么群体规模越大的群体就越容易被感知为异质的（Konovalova & Mens，2019）。同理，考虑到人们对内群体成员接触的更多，也更加熟悉，人们很可能基于有限数量的原型成员获得外群体成员信息，而基于更大数量的样本获得内群体信息。因此，增加对外群体的熟悉性也会增加对外群体的异质性感知。

2. 信息编码与检索理论

根据信息编码与检索理论（Information Encoding and Retrieval Theories），外群体同质性效应也源于人们编码和检索信息的方式（Read & Urada，2003）。这个理论与 Park 等（1991）提出的存储信念理论都认为群体感知变异性受暴露频率的影响，但两者之间的一个关键区别是信息编码与检索理论强调学习和遗忘过程的作用。Linville 等（1989）认为，具有极端特征的样本更容易被记住，因为它们在编码时受到更多的关注，而群体规模越大、暴露频率越高，遇到极端情况的可能性就越大，就越容易被感知为异质的。

（二）社会动机需求

Ostrom 和 Sedikides（1992）提出了动机需求理论（Need-Based Theories）来解释内外群体感知变异性的不同，人们可能出于不同的动机去感知内外群体。

1. 积极社会认同需求

出于积极社会认同的需要（Tajfel, 1978；1982），对群体变异性的感知可能是因为人们想通过强调社会身份以确保积极的自我概念。人们更可能将积极的特质归于自我，而在某种程度上个性的多样化和与众不同被视为一种积极的特质，所以在一般情境下，人们倾向于表现外群体同质性效应（Rubin & Badea, 2012）。而当内群体遭受不恰当的刻板印象威胁或在群体身份遭受到威胁时，为了获得积极的社会认同，人们对内群体同质性的感知会提高，这是为了在内群体中获得一种支持感和安全感（Lee & Ottati, 1995）。

2. 可预测性需求

另外，出于对可预测性的需求，人们会以更好地预测周围环境信息为目的去感知内外群体的变异性。人们可能会为了更好地预测外群体的行为而高估外群体的同质性，以便更好地应对外群体并减少焦虑感。然而，当内群体遭受了来自外部的威胁而促使个体更密切地关注外群体成员中哪一个最危险时，外群体同质性效应可能会发生逆转（Stephan, 1977）。

3. 自我与他人相似性需求

社会投射是期望自己与他人之间有相似之处的倾向，也有研究者通过人们对内外群社会投射的差异来解释内外群体同质性效应（Robbins & Krueger, 2005）。Robbins 和 Krueger（2005）研究表明内群和外群的社会投射的差异对感知到的群体同质性的基线有影响。根据社会投射理论，当群体身份遭受威胁时，个体可能会增强期望自己与群体内成员更相似的动机，更强的内群体投射会导致内群体同质性效应。

五　研究展望

有关感知内/外群体变异性的影响因素和理论解释等方面的研究已经取得了丰硕的成果，在这些研究基础上，聚焦群体同质性和群际关系，以下几个方面将成为未来研究的重要方向。

　　首先，聚焦感知内/外群体变异性对群际关系的影响，未来研究可以将影响感知内/外群体变异性的边界条件作为操纵变量，通过操纵感知群体变异性来干预群际偏见。感知到的外群体同质性会导致对外群体的偏见和歧视以及对内群体的偏爱（Er-rafiy & Brauer，2012；Shilo et al.，2019）。在一些条件下人们能降低对外群体同质性的感知，例如，研究证明增加对外群体的接触和熟悉性能减少对外群体的同质性感知（Al Ramiah & Hewstone，2013），也有研究证明增加对外群体的熟悉性在减少外群体偏见方面是有效的（Vezzali et al.，2015），但较少有研究直接探讨感知群体变异性对群体偏见的影响。若感知群体变异性可以影响群际偏见，未来研究可以以感知内/外群体变异性的边界条件为视角，探究这些因素对群体偏见的作用，从而为降低群际冲突和群际歧视提供新的研究证据和方法。

　　其次，关于感知内/外群体变异性的边界条件，未来研究可以对感知群体变异性的影响因素进行深入分析，在不同情境下探究多个影响因素的交互作用对感知变异性的影响。例如，在现实生活中群体地位的不同常常伴随着群体规模的不同，但群体地位不等同于群体规模，综合考虑这两个因素，探索其交互作用对感知群体变异性的影响是未来研究的有趣方向。并且在探究边界条件时，有研究探讨了自然存在的群体（Wilson & Hugenberg，2010），而越来越多的研究开始使用最简群体以控制无关变量的影响（Deska，2018；佐斌、温芳芳、吴漾、代涛涛，2018）。为了提高不同研究结果的可比性，研究人员有必要对不同的方法进行对比分析。

　　此外，竞争获胜的群体会被认为比失败的群体更具同质性，因为这时的群体同质性与具有积极价值的群体凝聚力有关（Badea et al.，2012）。聚焦群体同质性与群体实体性的联系也是未来研究的有趣方向。同质性强调群体成员间的相似性，可能会给群际关系带来消极影响；而群体被视为一个紧密结合的有机整体的程度被称为群体实体性（entitativity；Campbell，1958），实体性则强调成员间的凝聚力，是一种积极的感知。未来研究可以更深入地探究群体同质性与群体实体性之间的关系，探讨两者的影响因素以及心理机制的异同点。

参考文献

杜秀芳，2006，《国外外群体同质性效应研究述评》，《心理科学》第 2 期，第 380 ~ 382 页。

孙钘诒、刘衍玲，2021，《去人性化知觉：内涵、测量及相关研究》，《心理发展与教育》第 3 期，第 447 ~ 456 页。

温芳芳、佐斌、马书瀚、谢志杰，2020，《面孔识别的自我群体偏向》，《心理科学进展》第 7 期，第 1164 ~ 1171 页。

佐斌、温芳芳、吴漾、代涛涛，2018，《群际评价中热情与能力关系的情境演变：评价意图与结果的作用》，《心理学报》第 10 期，第 114 ~ 130 页。

Abascal, M. (2020). Contraction as a response to group threat: Demographic decline and Whites' classification of people who are ambiguously white. *American Sociological Review*, 85 (2), 298 – 322.

Aboud, F. E. (2003). The formation of in-group favoritism and out-group prejudice in young children: Are they distinct attitudes? *Developmental psychology*, 39 (1), 48 – 60.

Al Ramiah, A. & Hewstone, M. (2013). Intergroup contact as a tool for reducing, resolving, and preventing intergroup conflict: Evidence, limitations, and potential. *American Psychologist*, 68 (7), 527 – 542.

Andrews, N. P. , Kumar, Y. , Walker, M. J. & Miles, H. (2018). Effect of valenced vicarious online contact on out-group prejudice and perceived out-group variability: A study of online poker. *Journal of Applied Social Psychology*, 48, 571 – 581.

Badea, C. , Brauer, M. & Rubin, M. (2012). The effects of winning and losing on perceived group variability. *Journal of Experimental Social Psychology*, 48 (5), 1094 – 1099.

Badea, C. & Deschamps, J. (2009). Perception d'homogénéité intragroupe et dynamique du statut social. *Revue Internationale De Psychologie Sociale*, 22, 91 – 115.

Brewer, M. B. (1991). The social self: On being the same and different at the same time. *Personality and Social Psychology Bulletin*, 17, 475 – 482.

Brewer, M. B. (2011). Social identity, distinctiveness, and in-group homogeneity. *Social Cognition*, 11 (1), 150 – 164.

Campbell, D. T. (1958). Common fate, similarity, and other indices of the status of aggregates of persons as social entities. *Behavioral Science*, 3, 14 – 25.

Canbeyli, M. (2019). The outgroup homogeneity effect studied in children with migration background from Turkey (Unpublished master's thesis). Georg-August-University, Göttingen.

Capozza, D. , Bernardo, G. & Falvo, R. (2017). Intergroup contact and outgroup humanization: Is the causal relationship uni-or bidirectional? *Plos One*, 12 (1), e0170554.

Castano, E. & Yzerbyt, V. Y. (1998). The highs and lows of group homogeneity. *Behavioural Processes*, 42 (2 – 3), 219 – 238.

Chappe, B. & Brauer, M. (2008). Stereotypes and perceived variability within groups: Review and issues at stake. *L'année Psychologique*, 108 (1), 133 – 167.

Deska, J. C. (2018). They're all the same to me: Homogeneous groups are denied mind (Unpublished doctorial dissertation). Miami University, Florida.

Di Bernardo, G. A. , Vezzali, L. , Stathi, S. , Cadamuro, A. & Cortesi, L. (2017). Vicarious, extended and imagined intergroup contact: A review of interventions based on indirect contact strategies applied in educational settings. *Testing*, *Psychimetrics*, *Methodology in Applied Psychology*, 24 (1), 3 – 21.

Er-rafiy, A. & Brauer, M. (2012). Increasing perceived variability reduces prejudice and discrimination: Theory and application. *Social & Personality Psychology Compass*, 6 (12), 920 – 935.

Goldenberg, A., Sweeny, T. D., Shpigel, E. & Gross, J. J. (2019). Is this my group or not? The role of ensemble coding of emotional expressions in group categorization. *Journal of Experimental Psychology General*, 149 (3), 445 – 460.

Guinote, A. (2001). The perception of group variability in a non-minority and a minority context: When adaptation leads to out-group differentiation. *British Journal of Social Psychology*, 40 (1), 117 – 132.

Guinote, A., Mauro, C., Pereira, M. H. & Monteiro, M. B. (2007). Children's perceptions of group variability as a function of status. *International Journal of Behavioral Development*, 31 (2), 97 – 104.

Hannon, L., Keith, V. M., Defina, R. H. & Campbell, M. E. (2020). Do white people see variation in black skin tones? Reexamining a purported outgroup homogeneity effect. *Social Psychology Quarterly*, 84 (1), 95 – 106.

Howard, S., Thomas, A. K. & Sommers, S. R. (2019). "They all still look the same to me": Navon processing and the cross-race effect. *Journal of Cognitive Psychology*, 31 (8), 839 – 851.

Hugenberg, K. & Corneille, O. (2010). Holistic processing is tuned for in-group faces. *Cognitive Science*, 33 (6), 1173 – 1181.

Hughes, B. L., Camp, N. P., Gomez, J., Natu, V. S., Grill-Spector, K. & Eberhardt, J. L. (2019). Neural adaptation to faces reveals racial outgroup homogeneity effects in early perception. *Proceedings of the National Academy of ences of the United States of America*, 116 (29), 14532 – 14537.

Hutchison, P., Abrams, D. & Georgina, R. D. M. (2013). Corralling the ingroup: Deviant derogation and perception of group variability. *Journal of Personality & Social Psychology*, 153 (3), 334 – 350.

Ishii, K. & Kitayama, S. (2011). Outgroup homogeneity effect in perception: An exploration with Ebbinghaus illusion. *Asian Journal of Social Psychology*, 14, 159 – 163.

Judd, C. M. & Park, B. (1988). Out-group homogeneity: Judgments of variability at the individual and group levels. *Journal of Personality & Social Psychology*, 54 (5), 778 – 788.

Kawakami, K., Friesen, J. & Vingilis-Jaremko, L. (2018). Visual attention to members of own and other groups: Preferences, determinants, and consequences. *Social and Personality Psychology Compass*, 12 (4), e12380.

Kenneth, S., Jeremy, C., Jeffrey, R. & Richard, P. E. (2016). Haters are all the same: Perceptions of group homogeneity following positive vs. negative feedback. *Journal of Experimental Social Psychology*, 64, 50 – 56.

Koch, A., Alves, H., Krüger, T. & Unkelbach, C. (2016). A general valence asymmetry in similarity: Good is more alike than bad. *Journal of Experimental Psychology Learning Memory & Cognition*, 42 (8), 1171 – 1192.

Konovalova, E. & Mens, G. L. (2019). An information sampling explanation for the in-group heterogeneity effect. *Psychological Review*, 127 (1), 47 – 73.

Lee, Y. T. & Ottati, V. (1995). Perceived in-group homogeneity as a function of group membership salience and stereotype threat. *Personality & Social Psychology Bulletin*, 21 (6), 610 – 619.

Linville, P. W. , Fischer, G. W. & Salovey, P. (1989). Perceived distributions of the characteristics of in-group and out-group members: Empirical evidence and a computer simulation. *Journal of Personality & Social Psychology*, 57 (2), 165 – 188.

Ng, Y. L. , Kulik, C. T. & Bordia, P. (2016). The Moderating role of intergroup contact in race composition, perceived similarity, and applicant attraction relationships. *Journal of Business & Psychology*, 31 (3), 415 – 431.

Noyes, A. & Christie, S. (2016). Children prefer diverse samples for inductive reasoning in the social domain. *Child Development*, 87 (4), 1090 – 1098.

Ostrom, T. M. & Sedikides, C. (1992). Out-group homogeneity effects in natural and minimal groups. *Psychological Bulletin*, 112 (3), 536 – 552.

Palese, T. & Schmid Mast, M. (2019). Interpersonal accuracy and interaction outcomes: Why and how reading others correctly has adaptive advantages in social interactions. In R. J. Sternberg & A. Kostic (Eds.), *Social intelligence: The adaptive advantages of nonverbal communication* (pp. 305 – 331). Palgrave-Macmillan.

Palese, T. & Schmid Mast, M. (2020). The role of social categorization and social dominance orientation in behavioral adaptability. *Journal of Personality and Social Psychology*. doi: 10. 1037/PSPI0000351.

Park, B. , Judd, C. M. & Ryan, C. S. (1991). Social categorization and the representation of variability information. In W. Stroebe & M. Hewstone (Eds.), *European review of social psychology* (Vol. 2, pp. 211 – 245). Chichester, England: Wiley.

Pavetich, M. & Stathi, S. (2021). Meta-humanization reduces prejudice, even under high intergroup threat. *Journal of Personality and Social Psychology*, 120 (3), 651 – 671.

Pickett, C. L. & Brewer, M. B. (2001). Assimilation and differentiation needs as motivational determinants of perceived in-group and out-group homogeneity. *Journal of Experimental Social Psychology*, 37 (4), 341 – 348.

Poslon, X. D. & Lášticová, B. (2019). The silver lining between perceived similarity and intergroup differences: Increasing confidence in intergroup contact. *Human Affairs*, 29, 1989 – 2004.

Read, S. J. & Urada, D. I. (2003). A neural network simulation of the outgroup homogeneity effect. *Personality and Social Psychology Review*, 7 (2), 146 – 169.

Robbins, J. M. & Krueger, J. I. (2005). Social projection to ingroups and outgroups: A review and meta-analysis. *Personality & Social Psychology Review*, 9 (1), 32.

Rubin, M. & Badea, C. (2010). The central tendency of a social group can affect ratings of its intragroup variability in the absence of social identity concerns. *Journal of Experimental Social Psychology*, 46, 410 – 415.

Rubin, M. & Badea, C. (2012). They're all the same! …but for several different reasons: A review of the multicausal nature of perceived group variability. *Current Directions in Psychological Science*, 21, 367 – 372.

Savitsky, K. , Cone, J. , Rubel, J. & Eibach, R. P. (2016). Haters are all the same: Perceptions of group homogeneity following positive vs. negative feedback. *Journal of Experimental Social Psychology*, 64, 50 – 56.

Shilo, R. , Orfer, A. W. , Rakoczy, H. & Diesendruck, G. (2019). The out-group homogeneity effect across development: A cross-cultural investigation. *Child development*, 90 (6), 2104 – 2117.

Simon, B. (1992). Intragroup differentiation in terms of ingroup and outgroup attributes. *European Journal of Social Psychology*, 22 (4), 407 – 413.

Simon, J. & Gutsell, J. (2019). Effects of minimal grouping on implicit prejudice, infrahumanization, and neural processing despite orthogonal social categorizations. *Group Processes & Intergroup Relations*, 23 (3), 323 – 343.

Stephan, W. G. (1977). Stereotyping: The role of ingroup-outgroup differences in causal attribution for behavior. *The Journal of Social Psychology*, 101 (2), 255 – 266.

Swart, H. , Hewstone, M. , Christ, O. & Voci, A. (2011). Affective mediators of intergroup contact: A three-wave longitudinal study in South Africa. *Journal of Personality and Social Psychology*, 101 (6), 1221 – 1238.

Tajfel, H. (1978). Social categorization, social identity and social comparison. *Differentiation Between Social Group*, 24 (1), 285 – 295.

Tajfel, H. (1982). Social psychology of intergroup relations. *Annual Review of Psychology*, 33, 1 – 39.

Turner, R. N. , Tam, T. , Hewstone, M. , Kenworthy, J. & Cairns, E. (2013). Contact between Catholic and Protestant schoolchildren in Northern Ireland. *Journal of Applied Social Psychology*, 43 (2), 216 – 228.

Vezzali, L. , Stathi, S. , Crisp, R. J. , Giovannini, D. , Capozza, D. & Gaertner, S. L. (2015). Imagined intergroup contact and common ingroup identity. *Social Psychology*, 46 (5), 265 – 276.

Vingilis-Jaremko, L. , Kawakami, K. & Friesen, J. P. (2020). Other-groups bias effects: Recognizing majority and minority outgroup faces. *Social Psychological & Personality Science*, 11 (7), 1 – 9.

Wilson, J. P. & Hugenberg, K. (2010). When under threat, we all look the same: Distinctiveness threat induces ingroup homogeneity in face memory. *Journal of Experimental Social Psychology*, 46 (6), 1004 – 1010.

Chinese Social Psychological Review
2023 – Vol. 24

Table of Contents & Abstracts

Theoretical Hypothesis and Research Exploration of Social Group Impression Evaluation

ZUO Bin / 1

Abstract: Group is a basic category of social psychology and a field of multidisciplinary concern. Some influential theories have been formed in the study of group stereotype. Due to the mixed use of group and social group, the theory and method of social group impression evaluation need to be further explored. According to the social attributes of groups, social groups are defined as a collection of people with a certain scale and boundary composed of people with the same social identity and behavioral characteristics. The objective attributes and perceptual attributes of social groups directly affect the impression evaluation of social groups. From the perspective of social division of labor and social role, we construct a two-dimension theoretical model of position-contribution of Chinese social group impression evaluation. The 13 papers published in this Collection, focusing on the theme of social group impression evaluation, respectively discuss the influence of social group attributes on impression evaluation, the role of cultural variables in evaluating real social group impression, and the psychological processing mechanism of group stereotype, which have important inspiration for exploring the psychology of contemporary Chinese social groups and provide a reference direction for research on social group impression evaluation.

Keywords: group; group stereotype; social group impression evaluation; the position-contribution two dimension model

Stereotype Content of Social Groups: From the Perspective of Individual and Society

YANG Cui, ZUO Bin/ 16

Abstract: Previous studies have found that stereotype content ratings were more negative when participants were asked to provide society's perspective compared to their own perspective, but only on an already depreciated stereotype content dimension. Based on the Stereotype Content Model (SCM), this study investigates the stereotype content of social groups from two perspectives. In Study 1, 40 social groups were obtained through nomination, literature sorting and familiarity evaluation. In Study 2, the stereotype content scale was used to evaluate 40 social groups from two perspectives. Result show that people's evaluations were consistent in warmth and competence from two perspectives while evaluating four types of group, and people tend to give all groups positive evaluations. In general, these findings integrated the disputes on the use of perspective in previous studies and modified the content distribution of stereotype in Chinese social groups.

Keywords: social group; stereotype content; individual's perspective; society's perspective; group impression evaluation

The Importance Perception of Group Objective Attributes and its Influence on Impression Evaluation

ZUO Bin, YAO Yi, YE Hanxue/ 30

Abstract: In the process of group perception and group impression evaluation, the group objective attributes play an important role. This study focuses on "what group objective attributes people will use to evaluate the group's impression". Through three sub-studies, the main contents of group objective attributes, individual's perceptual bias towards group objective attributes in the process of group perception and its role in impression evaluation are clarified. In Study 1, the main contents of group objective attributes were obtained by semi-structured interviews and nominations. Study 2 further used a subjective assessment task and attribute forced selection task to find different perceptual importance of 9 group objective attributes. Study 3 found that the group objective attributes of three levels of importance will further extend to their influence weight and dominant effect in the group impression evaluation by the trait evaluation task and picture evaluation task.

Keywords: group objective attribute; importance perception; group impression evaluation; the dominant effect

Cross-category Stereotype Content between Intimate Relationship Status and Gender

WEN Fangfang, HAN Shi, JU Yiyan, WANG Jing/ 57

Abstract: Intimate relationship status is an important cue for classifying social attributes. Based on the stereotype content model, this study examined the content of warmth and competence stereotypes across relationship status(never been in a intimacy relationship, loving, split up, married, divorced) and gender intersection through both explicit and implicit measures. The results found that (1) people rated the warmth and competence of people in the relationship connection state higher than those in the relationship break state; (2) In the explicit evaluation, there is a "dominance effect" on the influence of gender comparison status on people's evaluation on the warmth dimension, while there is an "integration effect" on the relationship status and gender crossed on the competence dimension. (3) There is an explicit and implicit separation between people's evaluation of warmth and competence of male and female groups with different relationship status. On the implicit level, relationship status and gender crossing have no obvious influence on the evaluation of warmth dimension, while on the competence dimension, people have a higher implicit evaluation of relationship fracture group. The research has not only enriched theories on the content of cross-category stereotypes, but also provided a deeper understanding of the social perceptions of people in different intimate relationship situations.

Keywords: Stereotype Content Model; intimacy relationship status; gender; cross category; implicit relationship assessment procedure

Explicit and Implicit Attitudes of Young People Toward "Wuhan People" and "Xi'an People" after the COVID – 19 Outbreak

LI Shiying, WEI Xuyang, WEN Yi/ 82

Abstract: After Wuhan became the hardest hit area of COVID – 19, people in other parts of the country showed deep sympathy and concern to Wuhan people, but also discrimination and repulsion out of the fear of the disease. Taking Xi'an people's attitudes as a contrast, we used questionnaires and implicit association test to examine the explicit and implicit attitudes of college students and young professionals toward Wuhan people after the lockdown of the city ended. The results showed that: (1) Regarding the explicit emotional attitudes, the two youth groups showed no significant preference toward people from Wuhan or Xi'an, and there was no significant difference between groups. (2) In terms of explicit cognitive attitudes, college students were significantly more likely to think that people from Wuhan were more dangerous than people from Xi'an, while young professionals held neutral attitudes. Both youth groups thought that Wuhan people deserved more sympathy than Xi'an people, and there was no difference between groups. (3) In terms of implicit attitudes, both college students and young professionals significantly thought people in Wuhan were dangerous and worthy of sympathy, and there was no significant difference between groups. These findings reflected negative and positive intergroup attitudes after large-scale public health events.

Keywords: explicit attitude; implicit attitude; the youth group; COVID – 19

The Effect of Moral Elevation on the Public Stigma of AIDS: Mediating Role of Non-prejudiced Motivation

ZHANG Yanyan, ZHAO Yingnan, ZHOU Jiayue/ 100

Abstract: AIDS-related public stigma refers to the stereotype and hostile behavioral tendency towards patients with AIDS by the majority of society. The current study explored the status quo and the factors that influence the AIDS-related public stigma using a college student sample. Study 1 examined the implicit and explicit AIDS-related public stigma of college students and the relationship between implicit and explicit stigma. Study 2 primed subjects' moral elevation with video clips and examined the effect of moral elevation on the AIDS-related public stigma. In addition, individuals' non-prejudiced motivation was assessed with questionnaires to test the mediating effect of non-prejudiced motivation in the relationship between moral elevation and public stigma of AIDS. Results indicated that: 1) Both explicit and implicit public stigma of AIDS presented among college students, and they were independent of each other. 2) Both explicit and implicit public stigma of AIDS could be reduced by moral elevation, and implicit public stigma was more susceptible to moral elevation than explicit public stigma. 3) There was no significant difference between "Justice-oriented" moral elevation and "Care-oriented" moral elevation in reducing the public stigma of AIDS. For the implicit public stigma of AIDS, there was a significant interaction between gender and types of moral elevation . 4) Non-prejudiced motivation mediated the link between moral elevation and public stigma of AIDS.

Keywords: public stigma of AIDS; moral elevation; non-prejudiced motivation; mediation effect

The Identity Dilemma of Infected People under the Influence of HIV Stigma

DUAN Zhizhuang/ 118

Abstract: Since the concept of "stigma" was put forward, a lot of research has been carried out in various fields around the concept, and AIDS as a "social issue" is no exception. However, as a typical non-intuitive disease, infected people may show avoidance in the field of artificial identity because of the strong conflict under the oppression of the stigma of AIDS. It is also under such a background that when legislators try to define the rights and obligations of the relevant subjects by directly adopting medical standards, there is a great possibility that the normative standards would deviating from medical judgment.

Keywords: HIV stigma; identity; legal regulation

The Impact of Disease Threats and Cultural Beliefs on Intercultural Group Assistance

CHANG Le, CHEN Xia/ 132

Abstract: Existing research has confirmed that when people perceive the realistic threat of infection or death from out-groups, it can activate a pattern of out-group exclusion among the local people. Is it possible to improve inter-group relations even under the situations? Experiment 1 set up the situations to prime two cultural beliefs: Polyculturalism and Cultural Essentialism, and selected three types of disease threat: COVID – 19 infection with high infection and high death threats, Norovirus infection with high infection threat but low death, and heart disease with high death threat but no infection, which were combined into a total of six experimental conditions. Comparative analysis was conducted on the willingness levels for inter group assistance, reported by the participants under different experimental conditions. Experiment 2 set up high and low level of Polyculturalism to detect the interacted influence of cultural belief and disease threats upon the participants' willingness to help the patients from Austria, Japan, and India. The results implies: Firstly, COVID – 19 activated the perception of infection and death threats, so as to suppress the participants' motivation for cross cultural inter-group assistance; Secondly, Polyculturalism belief weakened the negative impact of disease threats on inter group relationships, while enhancing the willingness of participants to assist out-group members; Thirdly, in the context of infectious threat, the promoting effect of cultural convergence beliefs on cross-cultural group assistance willingness is more likely to be suppressed; Fourthly, when the level of disease threat being extremely high, or with historical memories of inter-group conflicts, the promoting effect of Polyculturalism belief on cross-cultural assistance will be suppressed.

Keywords: polyculturalism; essentialism; Behavioral Immune System Theory; Terror Management Theory; cross intercultural group assistance

The Influence of Dialect Cues on Prosocial Behavior: The Mediating Role of Social Class and Psychological Distance

WANG Hao, SUN Xun, DING Yi, JI Tingting/ 157

Abstract: Dialects is a typical form of language in daily communication and it contains social class signals, which has an important impact on people's social interaction. Taking Nanjing and Xuzhou dialects as examples, the present study compared individual's prosocial level toward dialect speakers from regions of different economic status. Results of two studies showed that dialects have potential social class signal effect, that is, compared to dialect speaker from relatively high economic level regions (i. e. , Nanjing) , individuals perceived dialect speakers from relatively low economic level regions(i. e. , Xuzhou) have lower social status and showed lower prosocial behaviors toward them. In addition, psychological distance perceptions mediated the effect of dialect types on prosociality toward dialect speakers.

Keywords: dialect; prosocial behavior; social class signals; psychological distance; subjective social class

The Mechanisms of Stereotype Activation in Person Perception

LI Xinlu, DUAN Xiayuan, ZHANG Xiaobin/ 174

Abstract: Person perception is an unique ability of human being. Stereotype activation is the key process of person perception. We reviewed studies on the mechanism of stereotype activation. It was found that stereotype knowledge was a unique social knowledge and the neural basis between stereotype knowledge and general semantic knowledge was different. The way of stereotype activation changed from the automatic activation to controlled activation. N400 was a good indicator of stereotype activation, although there were controversies on the brain localization of stereotype activation. Finally, the paper introduced a two-stage model of stereotype activation, and provided an outlook for future research.

Keywords: person perception; stereotype activation; social categorization

The Influence of Perspective Taking on Stereotyping: The Perspective of Self-Stereotype Dual Model

SUN Shan/ 189

Abstract: Does perspective-taking increase or decrease stereotyping? The inconsistent results raise concerns about the robustness of the perspective-taking phenomenon. Previous research has demonstrated that taking the perspective of an outgroup member is an effective strategy to reduce stereotyping. Nevertheless, a growing body of research suggests that perspective-taking has increased stereotyping toward certain groups. Self and stereotype are the two basic templates on which people relied to perceive the mental state of others. In the present study, we hypothesized and found that the effect of perspective-taking on stereotyping depends on the target of perspective-taking consistent with group stereotypes or the counter-stereotype salience. Results indicated that self-other overlap and stereotype accessibility mediated the relationship between perspective-taking and stereotyping. Specifically, participants who took the perspective of an outgroup member who was counter stereotypic were less likely to engage in stereotyping mediated by self-other overlap. However, when participants who took the perspective of a stereotype-consistent outgroup member, perspective-taking increases stereotype accessibility, which then increases stereotyping.

Keywords: perspective taking; gender stereotype; self; stereotype accessibility; counter-stereotype

The Effects of Culture on Stereotype Threat

WANG Zhen, GUAN Jian/ 211

Abstract: In recent years, there has been increasing evidence of great heterogeneity in stereotype threat effects, even worse, some studies have found no or counter stereotype threat effects. It is important to discuss whether culture, as a crucial variable, impacts stereotype threat. Therefore, this study recapitulates the potential effects of cultures on stereotype threat from the perspectives of three core traditions of cultural psychology(individualism/collectivism; Self – construal; dialectial thinking) . This study reflects that Chinese culture may be a cultural protective factor to decrease or even eliminate the effects of stereotype threat.

Keywords: stereotype threat; individualism-collectivism; self-construal; dialectical thinking; cultural protective factor

Are "We" or "They" the Same? A New Perspective on Perceived In/Out-Group Variability in Intergroup Relationships

KE Wenlin, WEN Fangfang, DAI Yu, HE Yujia/ 227

Abstract: Extensive researches suggest that people generally tend to exhibit the out-group homogeneity effects(OHE) . To some extent, this will result in the ingroup favoritism and the stereotype, prejudice and discrimination of the out-group. However, under different group status and size, objective group character-istics, intergroup contact and identity threat, this effect will change and even show the in-group homogeneity effects(IHE) . The researchers mainly explain it from two aspects: social motivation and cognitive processing. It is important for future research to further explore the effects of different influencing factors on in-tergroup relations from the perspective of perceived group variability, so as to provide new research evidence and methods for reducing intergroup conflict and discrimination.

Keywords: perceived group variability; out-group homogeneity effects; in-group homogeneity effects; intergroup prejudice; social motivation

《中国社会心理学评论》投稿须知

　　《中国社会心理学评论》是由中国社会科学院社会学研究所主办的学术集刊。本集刊继承华人社会心理学者百年以来的传统，以"研究和认识生活在中国文化背景下的人们的社会心理，发现和揭示民族文化和社会心理的相互建构过程及特性，最终服务社会，贡献人类"为目的，发表有关华人、华人社会、华人文化的社会心理学原创性研究成果，以展示华人社会心理学研究的多重视角及最新进展。

　　本集刊自 2005 年开始出版第一辑，每年一辑。从 2014 年开始每年出版两辑，分别于 4 月中旬和 10 月中旬出版。

　　为进一步办好《中国社会心理学评论》，本集刊编辑部热诚欢迎国内外学者投稿。

　　一、本集刊欢迎社会心理学各领域与华人、华人社会、华人文化有关的中文学术论文、调查报告等；不刊登时评和国内外已公开发表的文章。

　　二、投稿文章应包括：中英文题目、中英文作者信息、中英文摘要和关键词（3~5 个）、正文和参考文献。

　　中文摘要控制在 500 字以内，英文摘要不超过 300 个单词。

　　正文中标题层次格式：一级标题用"一"，居中；二级标题用"（一）"；三级标题用"1"。尽量不要超过三级标题。

　　凡采他人成说，务必加注说明。在引文后加括号注明作者、出版年，详细文献出处作为参考文献列于文后。文献按作者姓氏的第一个字母依 A - Z 顺序分中、外文两部分排列，中文文献在前，外文文献在后。

　　中文文献以作者、出版年、书（或文章）名、出版地、出版单位（或期刊名）排序。

　　例：

　　费孝通，1948，《乡土中国》，北京：生活·读书·新知三联书店。

　　杨中芳、林升栋，2012，《中庸实践思维体系构念图的建构效度研究》，《社会学研究》第 4 期，第 167~186 页。

外文文献采用 APA 格式。

例：

Bond，M. H.（2010）. *The Oxford Handbook of Chinese Psycho-logy*. New York，NY：Oxford University Press.

Hong，Y. Y.，Morris，M. W.，Chiu，C. Y.，& Benet-Martinez，V.（2000）. Multicultural minds：A dynamic constructivist approach to culture and cognition. *American Psychologist*，55，709 – 720.

统计符号、图表等其他格式均参照 APA 格式。

三、来稿以不超过 15000 字为宜，以电子邮件方式投稿。为了方便联系，请注明联系电话。

四、本集刊取舍稿件重在学术水平，为此将实行匿名评审稿件制度。本集刊发表的稿件均为作者的研究成果，不代表编辑部的意见。凡涉及国内外版权问题，均遵照《中华人民共和国版权法》和有关国际法规执行。本集刊刊登的所有文章，未经授权，一律不得转载、摘发、翻译，一经发现，将追究法律责任。

五、随着信息网络化的迅猛发展，本集刊拟数字化出版。为此，本集刊郑重声明：如有不愿意数字化出版者，请在来稿时注明，否则视为默许。

六、请勿一稿多投，如出现重复投稿，本集刊将采取严厉措施。本集刊概不退稿，请作者保留底稿。投稿后 6 个月内如没有收到录用或退稿通知，请自行处理。本集刊不收版面费。来稿一经刊用即奉当期刊物两册。

中国社会心理学评论编辑部

主编：杨宜音

主办：中国社会科学院社会学研究所

联系电话：86 – 010 – 85195562

投稿邮箱：chinesespr@ cass. org. cn

邮寄地址：北京市东城区建国门内大街 5 号中国社会科学院社会学研究所中国社会心理学评论编辑部，邮编 100732

《中国社会心理学评论》
"社会变迁与变迁认知"专辑征稿启事

本辑焦点为社会变迁与变迁认知。选择这一主题的想法源于我们置身社会变迁的巨流之中，社会实践为社会心理学提供了丰富的研究问题。

社会变迁（social change）是社会心理学中少有的中国比西方更具特色和潜在优势的研究领域（杨宜音，2011；蔡华俭等，2020）。与西方发达国家相比，亚洲尤其中国的社会变迁在社会发展阶段和社会变迁的实践方面更为剧烈和具有文化色彩。开展这一领域的研究将拓展对社会与文化变迁研究，乃至对理解和建构整个社会心理学一些基本理论做出贡献。

中国社会变迁研究包括（1）以心理传统性和心理现代性研究为代表的本土心理学；（2）关注社会心态、社会现实问题和以社会心理服务为代表的转型心理学研究；（3）以考察某个社会或对比不同文化（包括亚文化）在价值观、自我和动机等具有跨文化比较意义的心理维度在时间和历史上的变化与进化为主要研究范式的文化变迁心理学。

与社会变迁关注社会与文化心理在直接或间接的时间维度上的变化不同，社会变迁认知的研究重点考察人们对社会与文化心理变迁的感知、表征、认识、信念和适应。尽管社会变迁与社会变迁认知之间存在着一些差异，但两者之间不仅具有紧密的联系，而且可能存在相互影响相互建构的关系。

探讨社会变迁与社会变迁认知，以及两者之间关系的研究具有重要的理论意义和现实意义。本专辑将秉持《中国社会心理学评论》关注中国时代发展背景下重大社会问题的一贯主旨，聚焦"社会变迁与变迁认知"专题，征集相关议题的原创性研究，具体包括（但不限于）如下几方面。

1. 中国人的社会与文化心理变化，例如具有时间和历史因素设计的纵向研究、大数据研究、代际比较研究等。

2. 社会变迁视域下的社会心态特征与演进研究，能够反映社会变迁的中国不同区域的社会心理比较研究，公益慈善等社会行为的发展变迁及其影响机制研究，等等。

3. 中国人的社会变迁认知研究，如中国人对某种社会心理变迁或整体社会变迁的认知，中国人的历史表征研究，中国人对中国文化发展的认知，等等。

4. 考察某种社会心理如何受到具有社会与文化变迁意义的因素影响的研究，如考察社会生态因素、文化价值观维度、社会变迁认知因素等对某种社会心理的影响。

5. 中国人对社会与文化变迁的适应研究，中国社会与文化变迁背景下的社会心理现实问题及解决之道的政策研究、行动研究，等等。

6. 其他能够反映中国人社会变迁与变迁认知的原创研究。

（说明：所有选题均包括进行中外文化对比的研究）

《中国社会心理学评论》自 2014 年进入 CSSCI，目前也收录于社科文献名录集刊和优秀集刊，2023 年被中国社会科学评价院评为核心集刊，多篇论文被《中国社会科学文摘》和人大报刊资料《心理学》等选摘。

诚挚邀请海内外学者赐稿！

本专辑截稿时间：2023 年 12 月 31 日

投递方式及评审：截稿期后将请相关领域专家匿名评审，请作者将稿件投递至：韦庆旺 wqwmickey@126. com，谭旭运 tanxuyun@cass. org. cn

本辑特约主编：韦庆旺 谭旭运

集刊主编：杨宜音

附：稿件的格式要求如下：

一、本集刊欢迎社会心理学各领域与华人、华人社会、华人文化有关的中文学术论文、调查报告等；不刊登时评和国内外已公开发表的文章。

二、投稿文章应包括：中英文题目、中英文作者信息、中英文摘要和关键词（3～5 个）、正文和参考文献。

中文摘要控制在 500 字以内，英文摘要不超过 300 个单词。

正文中标题层次格式：一级标题用"一"，居中；二级标题用"（一）"；三级标题用"1"。尽量不要超过三级标题。

凡采他人成说，务必加注说明。在引文后加括号注明作者、出版年，详细文献出处作为参考文献列于文后。文献按作者姓氏的第一个字母依A－Z顺序分中、外文两部分排列，中文文献在前，外文文献在后。

中文文献以作者、出版年、书（或文章）名、出版地、出版单位（或期刊名）排序。

例：

费孝通，1985，《乡土中国》，北京：生活·读书·新知三联书店。

赵志裕、温静、谭俭邦，2005，《社会认同的基本心理历程——香港回归中国的研究范例》，《社会学研究》第5期，第202～227页。

外文采用 APA 格式

例：

Chiu，C.－Y.，& Hong，Y.（2006）. Social psychology of culture. New York：Psychology Press.

Chiu，C.－Y.，Gries，P.，Torelli，C. J.，& Cheng，S. Y－Y.（2011）. Toward a social psychology of globalization. Journal of Social Issues，67，663－676.

统计符号、图表等其他格式均参照 APA 格式。

三、来稿以不超过15000字为宜，以电子邮件方式投稿。为了方便联系，请注明联系电话。

四、本集刊取舍稿件重在学术水平，为此将实行匿名评审稿件制度。本集刊发表的稿件均为作者的研究成果，不代表编辑部的意见。凡涉及国内外版权问题，均遵照《中华人民共和国版权法》和有关国际法规执行。本集刊刊登的所有文章，未经授权，一律不得转载、摘发、翻译，一经发现，将追究法律责任。

五、随着信息网络化的迅猛发展，本集刊拟数字化出版。为此，本集刊

郑重声明：如有不愿意数字化出版者，请在来稿时注明，否则视为默许。

六、请勿一稿多投，如出现重复投稿，本集刊将采取严厉措施。本集刊概不退稿，请作者保留底稿。投稿后6个月内如没有收到录用或退稿通知，请自行处理。本集刊不收版面费。来稿一经刊用即奉当期刊物两册。

图书在版编目（CIP）数据

中国社会心理学评论. 第 24 辑 / 杨宜音主编. -- 北
京：社会科学文献出版社，2023.6
ISBN 978 - 7 - 5228 - 2199 - 3

Ⅰ.①中…　Ⅱ.①杨…　Ⅲ.①社会心理学 - 中国 - 文
集　Ⅳ.①C912.6 - 0

中国国家版本馆 CIP 数据核字（2023）第 141210 号

中国社会心理学评论　第 24 辑

主　　编／杨宜音
本辑特约主编／佐　斌　温芳芳

出 版 人／冀祥德
责任编辑／孙海龙　胡庆英
责任印制／王京美

出　　版／社会科学文献出版社·群学出版分社（010）59367002
　　　　　地址：北京市北三环中路甲 29 号院华龙大厦　邮编：100029
　　　　　网址：www.ssap.com.cn
发　　行／社会科学文献出版社（010）59367028
印　　装／三河市龙林印务有限公司

规　　格／开　本：787mm × 1092mm　1/16
　　　　　印　张：16.25　字　数：291 千字
版　　次／2023 年 6 月第 1 版　2023 年 6 月第 1 次印刷
书　　号／ISBN 978 - 7 - 5228 - 2199 - 3
定　　价／109.00 元

读者服务电话：4008918866